后浪

古代中国的战争之道

[美] 费正清 小弗兰克·A. 基尔曼 | 著 陈少卿 | 译

CHINESE WAYS IN WARFARE

BY JOHN KING FAIRBANK & FRANK A. KIERMAN

民主与建设出版社
·北京·

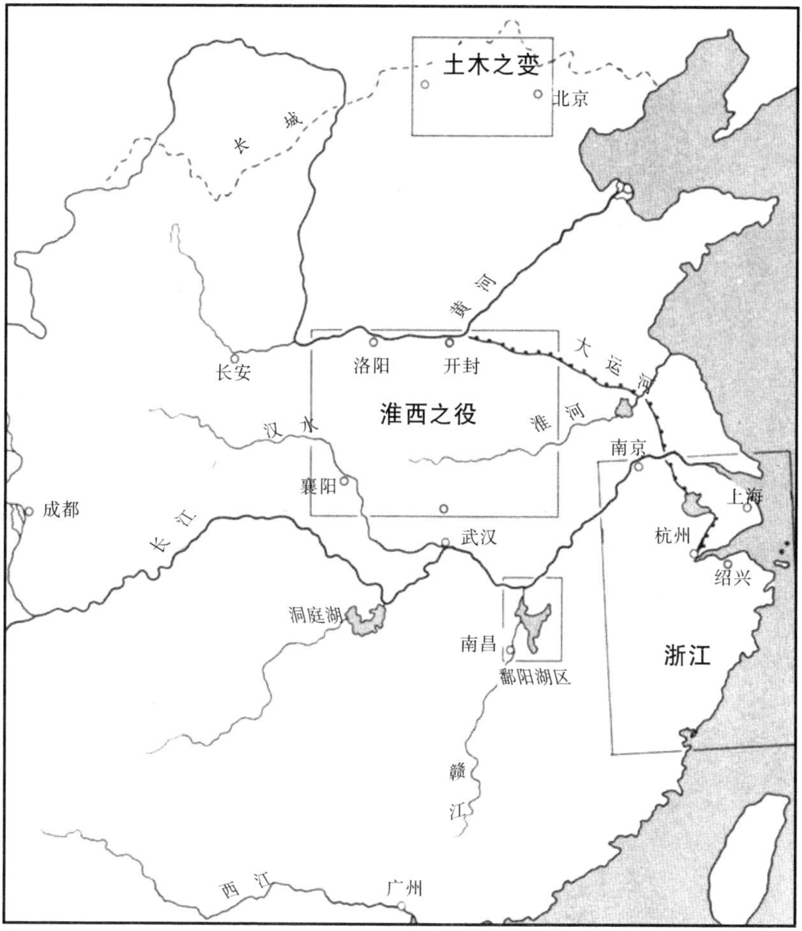

本书涉及的军事事件位置示意图

目　录

致 谢

十年前就有世界多地的学者为中国军事史的研究鼓与呼，然而总体而言，这门学问仍然乏人问津。1963年，社会科学研究所在哈佛大学召开了一场关于中国政治制度的探索性会议。会上，罗荣邦教授应邀发表了一篇关于中国军事的导论性文献综述。1965年召开了关于明代政府的学术会议，这次会议由美国学术团体协会（ACLS）主办、贺凯（Charles O. Hucker）先生出面组织。与会者强烈建议尽快召开军事史的研讨会。随后，芮沃寿（Arthur F. Wright）任主席的美国学术团体协会中国文明研究委员会，邀请小弗兰克·A. 基尔曼（Frank A. Kierman，Jr）出面，并在贺凯和费正清（John King Fairbank）两位先生的协助下，承担了会议的组织工作。1969年8月24日至29日，在美国学术团体协会和哈佛大学东亚研究中心的支持下，会议在戴德姆（Dedham）麻省理工学院的恩迪考特中心（Endicott House）召开。

会议为期一周，内容不单单围绕着本书中收入的文章的早期版本，还有其他的口头或书面报告。以下诸位学者也是我们衷心感谢的：密歇根大学的张春树，哥伦比亚大学明代传记历史工程的房兆楹，法国陆军准将、前法国驻华武官纪业马将军（General

Jacques Guillermaz)，卫斯理大学的詹姆斯·米林杰教授（James Millinger），从华盛顿赶来的中国台湾陆军中将蔡文治，前美国陆军上校威廉·惠特森（William Whitson），理查德·L. 约翰斯顿（Richard L. Johnston），韦德·威尔基森（Wade Wilkison）。

我们全体人员都要感谢杨教授的巨大的贡献，这一点在致辞中也表达了。我们还要感谢普林斯顿大学的牟复礼（Frederick W. Mote）和迈阿密大学的爱德华·L. 德雷尔（Edward L. Dreyer）给予这些论文上的机会。作为主编我们当然也很感谢彼此和本书的各位作者。

费正清

小弗兰克·A. 基尔曼

1973年3月

导　言

中国军事经验的多样性

费正清（John King Fairbank）

中国对今日世界的诸多贡献中，最乏人问津的要数它独特的军事经验。本书的研究范围，囊括了野战与围城、外征与内讨、御侮与平乱，起于公元前632年，止于公元1556年，其目标主要是用细腻的分析，呈现中国的军事风格和军事传统。

如今20世纪下半叶行将过半，控制战争规模对人类生存至关重要，本书的出现显得恰逢其时。国家或政权间的暴力冲突是当今人类面临的主要问题和共同威胁。如果想借鉴军事史去应对现在的危机，那么必须重视中国人战与和的经验。西方扩张的余波在越战中达到某种顶点，我们可以从中观察到中国战争方式的扩张性弱于西方。中华人民共和国也是新的动员和防御艺术的突出范例。作为核大国，中美被一个同样的难题困扰：如何驾驭新兴的核力量，用它自卫，而不被它反噬？双方都需要用尽可能全面的视角看问题。

正如沃尔特·米里斯（Walter Millis）十年前所说："继续将过去的战史套用到未来，不但可能，甚至必然造成一个文明的灾难。"

他说，亨利·哈勒克将军（Henry Halleck）、G. F. R. 亨德森（G. F. R Henderson）、查尔斯·奥曼爵士（Sir Charles Omen）、阿尔弗雷德·赛耶·马汉（Alfred Thayer Mahan）、J. F. C. 富勒（J. F. C. Fuller）等人，并不比约米尼和克劳塞维茨高明到哪里去。他说，军事史必须“少研究一点过去的战例……少一点纯军事视角，多一点文化视角……多运用政治哲学、经济学、社会学……还要利用应用科学提升研究水平。”[①] 在这些方面，中国的独到经验也许会有特别的启发。

中国参与新的国际秩序是大势所趋，国际社会必须为此做出调整。研究中国人的战争之道，可以使这种调整更顺畅。这样一来，理解中国军事传统就有了实用价值，中国政府正是它的嫡派传人。同时，我们还可以去粗取精，为我所用。毕竟中国历史是人类的共同遗产。

中国的军事传统的魅力，不仅在于它的实效，还在于它每每能够推陈出新，有时创造力甚至更胜西方。中国人不仅发明了弩、铸铁、火药，还发明了纸、印刷术、科举和职业文官制度。他们还有一项很早就取得的成就：确立文主武从的观念。因此，中国“和平主义”的名声在西方民间经久不衰。中国古史中兵制和战功的记载之多，前现代民族中无出其右者。公元前 221 年，名副其实的战国时代定于一统，其后的十二个主要朝代，和其他十六个次要朝代，都是通过军事手段建立的。可谓“刀剑里面出政权。”统一一方

---

① Walter Millis, *Military History* (Washington D. C., Service Center for Teachers of History, American Historical Association, 1961)。这部著作博大精深，却没有提到亚洲的情形。大多数军事史的研究著作都是如此。例如 Edward Mead Earle, ed., *Makes of Modern Strategy*: *Military from Machiavelli to Hitler* (Princeton, Princeton University Press, 1944)。

面要靠武力，一方面也要靠非军事因素，这些因素军事史家也不能忽视。

本书分析了从古至今中国军事经验的典型形式：春秋时礼仪化的战争、战国时兼具礼仪和计谋的战争、汉代的内亚问题、唐代对藩镇势力的镇抚、明代沿海的倭患、围城战与内陆水战的战略战术，以及当权者错误决策造成的军事灾难。当然，这些战例都可以同其他地区的战例横向比较，且能得出丰硕的成果。它们都发生在中国特殊的文化和社会背景中，然而其中一些方面是有着普遍意义的。

文与武：军事在社会秩序中的作用

如果注意到统一中国必须面对种种复杂的地形条件，那么我们将愈加钦佩这一成就。乔治·克雷西（George Cressey）是一位游踪广布的地理学家，他将中国的山脉比作“青藏高原上伸下来的手指”[①]。几条大河沿着这些山谷东流，使得这些山脉更难逾越。然而还有其他南北走向的山脉，它们把地形横截成一个个孤立的台地或盆地。例如，四川的成都平原是一个很早就得到人工灌溉的鱼米之乡，四周崇山环绕。从北面的陕西入川要经过重重关隘，从东面入川要乘船穿三峡，溯江而上。这简直是上天为割据势力准备的天堂。福建的河谷和广东的沿海平原也与此类似，前往中原都要翻山越岭。西南的云南和西北的山西也都是峻岭环绕的台地。一般来说，中国的几个经济人口中心之间的距离要远于欧洲国家之间的距离。空间维度上，中国比美、俄等新兴巨头更加广袤；时间维度

① George Babcock Cressey, *China's Geographic Foundation* (New York, McGraw-Hill, 1934), p.38.

上，中国甚至比欧洲更古老。不得不说，单单靠暴力，永远不足以统一这样一片文化多元、历史各异、地理隔绝的广大地域。从华北平原到长江三角洲的路途并不比欧洲北部平原更平坦，但是欧洲北部平原多国并立，中国却保持着统一。一言以蔽之，统一中国不只需要兵马饷械，更需要政治军事的想象力和社会组织的天才，军事力量只是补充而已。

从地理上看，西方的扩张性源于希腊罗马对海洋的利用，它孕育出远洋贸易、殖民地和地中海帝国，比19世纪的欧洲帝国主义早了两千年之久。欧洲帝国主义继承了希腊罗马的扩张性，最终掌握了世界霸权。相比之下，中国的防御性源于华北平原封闭的地理环境，它远离其他文明中心，也远离通向它们的海路。中国对安定内政的渴望压过了开疆拓土的雄心。欧洲有克里特制海权、特洛伊战争、雅典海军和腓尼基海洋贸易，而中国却少有类似的成就。中华帝国统一发展了一千年之后，与邻近的东南亚的贸易才渐形重要起来。又过了一千年，中国人“下南洋”蔚成风潮；然而，下南洋的部分原因是欧洲人的鼓动，他们出洋乘坐的是欧洲船只，进入的也是欧洲殖民地。有一种观点值得借鉴：今天西方扩张的特殊活力逐渐枯竭的时候，中国对内部社会组织的特殊兴趣也可能同时枯竭了。

文主武从，并不是修史的文人向壁虚造的。相反，这是中国维持社会秩序的一大成就。怎样让军人服从现有的社会秩序？今天，美国乃至全球的军事技术都在突飞猛进，这个问题重新浮出水面。而在中国历史上，这不过是老生常谈罢了。这是考察中国军事史首先要注意到的一点。

从历史分期上讲，我们可以将中国军事史分为两个阶段：第一阶段是公元前221年之前，此阶段战争愈演愈烈；第二阶段是前221年之后，这一阶段中国已进入帝制时期，特点是武力钳制。先秦中国对秩序和统一的追求经历了漫长的过程。一百五十个诸侯国渐渐兼并成十几个，又经过激烈的混战，只剩下七八个大国。前221年，列国终归一统。

在这五百年中，从公元前722年到前481年的二百五十年称为“春秋”①，当时的人还没有像后来那样鄙视武力，因为战争的胜利是衡量统治者价值的最终标准。②战争只是这一时期“国际关系”的一部分。史书上还记载着很多外交活动：建立、承认或灭亡国家；派遣使节或人质；占领或割让土地；引渡罪犯；调解争端；协同救荒；通过临时的盟会或约定结成同盟，有些同盟目的在于限制战争。③

公元前403年到前221年的两个世纪战乱频仍，史称“战国”。这一时期战争愈发激烈，组织愈发完备，战况愈发残酷，参战国的实力愈发雄厚，技术愈发先进。最近一项研究认为，春秋时期“不下一百一十个国家”被灭亡或吞并，只有二十二个生存到了战国时代④。进入战国后，国家的数量还在急剧减少。大约战国中期，弩应用于实战；前4世纪中叶，铁开始用于兵器制造。⑤与此同时，征

---

① 对于春秋与战国的起止时间，学界似无定论。国内有观点认为，公元前770年至前476年为春秋时代；公元前475年至前221年为战国时代。——编者

② 见本书小基尔曼的文章《早期中国战争的模式与诸阶段》。

③ 入江啓四郎：《中国古典と国際法》（東京，成文堂，1966）。较早的研究可参看Richard L. Walker, *The Multi-state System of Ancient China* (Hamden, Conn. Shoe String Press, 1953)。

④ Cho-yun Hsu, *Ancient China in Transtion: An Analysis of Social Mobility, 722—222 B.C.* (Standford, Standford University Press, 1965), p.59.

⑤ 想总体上了解中国古代军事技术，请参见Joseph Needham and others, Science and Civilization in China (李约瑟：《中国科学技术史》) (Cambridge, Eng., Cambridge University of Press, 1971)。这部多卷本著作最新出到第四

发的军队规模更大、训练更精。士兵听从统一号令，协同作战，职业军人担任指挥。这些职业将领不再措意于繁文缛节，而是专心于沙场胜负。步卒取代了贵族的戎车。论述战略战术的兵书开始出现，最著名的便是《孙子兵法》。《孙子兵法》大约成书于公元前400年到前320年之间，时至今日仍影响着中国乃至世界的军事思想。[①] 中原人很快又从北方少数民族那里引入了骑战技术，同时还引入了裤子，方便骑手跨坐在马背上。但是马镫还没有出现。

关于作战指挥的艺术，以及战争的手段和目的，前辈战略家已经积累了丰富的智慧，《孙子兵法》之所以成为经典，就是因为它将这些智慧总结提炼了出来。和同时代的《孟子》放在一起比较可以看到，《孙子兵法》重视扰乱对手的心神、打乱对手的布置，它明显同早期儒家一样，认为精神状态是人间万事的首要因素。虽然帝制时期"换了人间"，但同其他生逢乱世的战国子书一样，《孙子兵法》流传到了后世（公元前221年之后两千年的军事史应该如何恰当地分期，是需要进一步研究的重大课题）。

秦始皇的统一带来了内战永久终结的曙光。"统一"成为一个伟大的政治理想，因为它带来内部的安定，这是繁荣和文明生活的前提。安定还意味着思想的统一。正统思想是治国的法宝，汉代前期，朝廷转而尊奉孔子（公元前551—前479）及其弟子。由此形成的帝制时期的儒学，吸纳了法家等其他学派思想，是一个混血儿。假如孔子复生，恐怕会被这种儒学吓一跳。无独有偶，罗马教廷的思想基础也不单是耶稣的教义，而是融合了众多源于其他宗教和社

卷第三部分《土木工程与航海技术》。

① Samuel B. Griffith, trans, *Sun Tzu: The Art of War* (London, Oxford University Press, 1963)。毛泽东的战术原则也受到了《孙子兵法》的影响。

会的思想。汉代正统观念对战争是鄙夷的，这种鄙夷因此获得了道德基础，中国思想从此打上了轻武的烙印。接下来的研究要厘清汉宋两代的文官主导权的差异。宋代士大夫的主导权有理学的加持，更臻成熟完善。

这样一来，中国正统观念中的理想社会，是于家于国都等级森然的社会。这一秩序的本质是一些人理所当然地高高在上，另一些人理所当然地身居下位。“父”和“君”居于“家”和“国”的顶端，占据支配地位。维系儒家社会的“三纲”则要求“夫为妻纲，父为子纲，君为臣纲”。

为了维持这一来之不易的秩序，中国人采取了多种手段。这些手段同样等级森严。最高等且最可取的手段是“教化”。扎扎实实地灌输圣贤之道，让每个人都能深入理解伟大的“社会风俗的准则”（即“礼”，礼仪、行为准则），从而各守本分，各安其业。当教化失效，尤其对于没有良好教养的下等人，就要用次一等的手段——“刑赏”，就是“胡萝卜加大棒”。统治者根据行为对社会秩序的影响程度施以奖惩。儿子殴打父亲要问斩，而父亲杀死不孝子是无罪的，除非手段特别残忍。因为孝道是社会的基石。[①]

在这个规范性结构中，军事在第三个层面上发挥作用。当教化和刑赏已经不足以挽救乱局，军事则是最后的撒手锏。如果君主树立了崇德向善的风气，国家与社会机构运转良好，诸如战争等大规模的暴力强制则不再必要。

孔孟之教素来不推崇外在的强制。儒家认为，君子是一个人自

---

① 关于律法维护社会秩序的作用，参见Derk Bodde and Clarence Morris, *Law in Imperial China* (Cambridge, Mass, Harvard University Press, 1967), pt.1。

我修养的最高境界。君子应该能不借助暴力而达成自己的目的。这种观念是出于一种乐观的信念：君子的嘉言懿行能够感化旁人，旁人因此承认君子的道德权威。端正的言行本身就能化作权力。所以，在正确的时机以正确的方法做正确的事情，不仅维系着文明化的人际关系网络，还确定了一个人在其中的地位。

对于在社会金字塔顶端的那个“余一人”，尤其如此。对于一个君主来说，诉诸武力等于承认自己没能用圣人之道施政，等于承认了文治的失败。所以，军事应该是没有办法的办法；它需要在历史和现实中寻找正当性。

在这里潜藏着中国传统中的绥靖倾向。战争很难有什么光荣可言，因为理想上来说，它就不该发生。道德的绝对准则都是在和平一边的。没有足够的经济利益以使战争显得正当，没有富裕的邻邦吸引中国盗寇穿过边境或越过海洋去劫掠。正如顾立雅（Herrlee G. Creel）所言，[①] 对外征战成为罗马的主要产业，而中国一直不强调征战的光荣。中国的年轻人没有亚历山大、恺撒、拿破仑这样的榜样可供崇拜或效仿，西方的英雄崇拜在中国年轻人中是找不到的。他们最多可以找到一个罗宾汉式的偶像——三国时期（222—280）的诸葛亮。所以中华帝国的历史上很难找到“神圣战争”，同样很难找到复仇的上帝或者震怒的耶和华。中国道德的价值不是由一个支持你、并且随时准备消灭异教徒的神祇赋予的。中国的世界观并不像《旧约》或伊斯兰教那样有着强烈人格化的神，也不那么好战。

武力的地位降低，内政外交的地位同样降低，它们其实是一个连续统一体。皇帝居于一系列辐射状的影响区域的中心。如果他英

① Herrlee G. Creel, *The Origins of Statecraft in China*, vol.1: *The Western Chou Empire* (Chicago, University of Chicago Press, 1970).

明仁厚，以德服人，自然会获得权威。皇帝的榜样从文明秩序的中心照临四方，不仅直接治下中国的臣民应当臣服，连中国周边的异族君长也要臣服，虽然影响力会随着距离的增加而衰减。[①] 结果就是，无论在中国还是域外，一切以暴力破坏社会秩序的行为都有他的一份责任。两种情况都被视为叛逆，因为它破坏了应有的秩序。1840 年，英国挑起鸦片战争，意图用武力改变广州贸易体制，中国人也将他们称为“逆”，这种“逆”不是针对中国这个国家，而是针对以北京为中心的这个文明，而英国本身也是这个文明边缘上的一员。

这一套出于儒家之手的约束武力的规范性理想，是否比耶稣的“登山宝训”更管用，是一个需要研究的重大问题。但是它比基督教更加注重既成秩序，因为它认为和平是惠及每一个人的，而受压迫者的暴力反抗对谁都没好处。行为合乎秩序的理想已经融入了中国人的宇宙观，破坏这个理想有可能导致整个宇宙系统的崩溃。结果是，在中国“反抗权利”的正当，不能靠个人或集体自由来证明。要反抗必须以整个社会秩序为借口，宣称君主没有充分而正确维护社会秩序，天命已失。末世昏君的形象就是这个原则的一例。[②] 是他昏庸无道才使得天下大乱，反抗因而获得了正当性。反叛者往往以社会秩序的名义起事，它既是一个巨大的国家合法化的神话，也暗地里为一切诉诸武力的行为提供道德正当性。

---

① 关于朝贡体系的研究，见 John K. Fairbank, ed., *The Chinese World Order: Traditional China's Foreign Relations* (Cambridge, Mass., Harvard University Press, 1968)。

② 关于末代昏君的刻板印象的研究，见 Arthur F. Wright: “Sui Yang Ti”, in A. F. Wright, ed., in *Confusion Persuasion* (Stanford, Stanford University Press, 1960), 62ff.。

用“文”的手段，尤其是以君主的贤德来扩张势力，是合乎天意的正道；用“武”的手段，则绝不能宽恕。即使是在书写与这种观念背道而驰的武力扩张的历史时，这种观念依然受到尊重。

官僚政治能在多大程度上遏制好战倾向？

文人驯服武人有一个强大的助力，这就是中国的一项早就获得的成就——官僚政府。中国人多数居于内陆，扩张主要通过陆路缓慢推进，所以其精力主要集中于社会内部的组织，而不是外向的发展扩张。汉代的君主虽然同地方诸侯、蛮夷君长保持着宗藩关系，但也建立了一套地方行政制度——郡县制。不久，中国人开始科举取士，择才而用。官员选拔上来后，出任地方官，任期有限，俸禄固定。朝廷下旨，官员上奏，朝廷由此控制了官员的行为。这样，科层制诞生了。[①] 其成效就是军事更易纳入中央集权，原因之一是军队本身科层化了。朝廷掌控着人事和财政大权，军队同样要服从它的控制。士兵们看到的是文官为他们分配任务，考较功过，提供给养，指示方略，还在史书上褒贬他们。有才干的普通人从行伍之间发迹的机会极其有限，除非赶上天下大乱。[②]

文官科层制驯服武人的效果如何？这个问题需要分朝代考察。整体上看，武人难以作为一个独立的职业通向权力的最高层；高级武官按惯例须授予文职；刚刚结束战争的开国皇帝往往很快会换上

① H. G. Creel，“The beginning of Bureaucracy：The Origin of Hsien”，*Journal of Asia Studies* 23.2：155—184（February，1964）.

② 关于文主武从现象的案例研究，参见 Jung Pang-lo，“Policy Formation and Decision-Making on Issues Respecting Peace and War”，in Charles O. Hucker ed.，*Chinese Government in Ming Times*：*Seven Studies*（New York，Columbia University Press，1969），pp.41—72。

明君的面具，而他的继承者们基本上不会亲临战阵。皇上还有其他更有价值的事要做。

朝廷并不喜欢用兵，掌握兵马的必须是文官，用兵与否依情形而定。消灭顽匪顽敌需要用兵，但即使在用兵时也是随时准备招抚，“抚”的手段有恐吓、收买、诱骗、挑拨，都是非军事的。19 世纪 60 年代曾国藩剿捻是经典案例。他只问寇首，不问胁从，还将投降的捻军收入麾下。他一直劝告叛乱者回头，而且送给粮食、减免赋税，让投降有实实在在的好处。[①] 政治、思想、经济诸多层面的运作，已超过了一介武夫的能力范围，却是儒家官僚的拿手好戏，他们知道怎样在自己的政治戏码中运用武力，单是这个原因就能让军队听话。武人可以有自己的武举制度，也有自己的一套官僚体系，包括层级、利益、晋升、特权。但是这只不过强调了武人作为一个整体在帝国官僚体系中处于从属地位。

要研究军队纳入文官秩序的问题，还有一个切入角度——法律。中国的军法当然会严厉地处罚违反纪律和打架斗殴的人[②]。但是总体上说，中国的官府不会在战时颁布异于和平时期的法律。战时和平时没有清晰的、法律上的区分。这部分是因为中国社会中正式的法律发挥的作用不及近几个世纪法律在西方发挥的作用大。中国社会秩序的构成要素和西方不同。例如，中国社会中，文武是不平等的，善恶之间也没有任何平衡可言，法律从属于道德，从未

---

① Mary Clabaugh Wright, *The Last Stand of Chinese Conservatism: The T'ung-Chih Restoration, 1862—1874* (Stanford, Stanford University Press, 1957), chap.6.

② Herbert Franke, “The Omnipresent Executioner: A Note on Martial Law Medieval China”，这是一篇参加1969年中国法律传统学术会议的论文；*Zum Militärstrafrecht im chinesischen Mittealter*, Bayerische Akademie der Wissenschaften Sitzungsberichte, 1970, vol. 5 (München, 1970)。

独立。

试举一例，汉语中“法”多译为“law”，也译作“method”。有个先秦学派主张用律法作为非人格的普世规则来控制社会。他们被称为“法家”，而顾立雅认为称他们为“治家”（administrators）更合适，因为它们是官僚制的发明者。[①] 秦朝在他们的谋划下实现了统一（前221年）。到汉代，法家表面上没有儒家得势，儒家倡导社会秩序的学说上文已经涉及，但是从那以后，帝制时期的儒学都打上了法家遗产的烙印。事实上，汉朝第一个皇帝曾痛苦地宣称，汉家统治的基石是儒家学说，但设计制度和制定政策时也会参考法家的办法。这一宣示效果如此巨大，以至于真相到了20世纪才浮现出来。

无独有偶，公元前4世纪的《孙子兵法》流行至今，无疑是因为它比《毛泽东选集》还要切合毛泽东的思想。[②]《孙子兵法》明确指出，暴力只是战争的一个组成部分，而且不是一个优先的部分。战争的目的是最终制服对手，改变其态度，诱使其就范。最经济的手段就是最好的手段：通过欺诈、偷袭等办法，让敌人感到自己处于劣势，从而不战而降，至少也是不战而退。

强调不战而屈人之兵，并不是不切实际的幻想，它来源于不使用暴力而维持既有秩序的追求。《孙子兵法》的作者如果看到今天的核威胁体系，一定会有很透彻的理解。如果他听到美国人对自己核力量吹嘘，大概会一笑置之，因为这是错把手段当目的。在古代中国，不管武人的武艺如何高强，战争对他们来说都太复杂了。战争

---

① H.G.Creel，“Fa-chia，‘Legalistsor’‘Administrators’？”《中央研究院历史语言研究所集刊》，增刊四，（台北，1961），页607—636。

② Samuel B.Griffith，trans，*Sun Tzu*：*The Art of War*（London，Oxford University Press，1963）.

的目标不是胜利，而是重建秩序，为了这一目的，和平的艺术和战争的艺术同样重要。

内亚对中国军事史的影响

地中海之于古代欧洲的军事史，大概相当于内亚的茫茫戈壁草原之于古代中国的军事史。在那里，中国的精耕细作的农业无从扎根，游牧民族的骑兵的劫掠无法根除。深入亚洲内陆，靠的不是船只，而是大车，所以补给成了一个棘手的问题。劫掠的大军可以横越蒙古草原，而喀什噶尔的绿洲可以作为沙海上的停靠港，有时甚至是商路上的军事基地。但是以海洋类比草原不能太过头。无论如何，直到中华帝国的末期的 18 世纪 50 年代，装备了火枪的八旗军队占领伊犁，击破了漠西蒙古的势力，内亚才真正被纳入版图。

到那时为止，游牧民族的问题已经持续了超过两千年，至少从公元前 4 世纪起，可能是匈牙利人始祖的匈奴人，就开始从中国北境南下，劫掠定居村庄。约在基督纪元开始，游牧的骑兵有了真正的马镫，战斗力自然大增。从 4 世纪到 14 世纪的一千年，是骑射手称雄的一千年，其顶峰就是蒙古征服波斯、南部罗斯和中国。在这三大定居地区中，宋帝国离蒙古最近，却抵抗得最久。1279 年，它还是最终落入了蒙古之手。一千五百年以来，蒙古人的祖先不断侵略中国北方，虽然时断时续，但势头越来越猛。

长期的苦难给中国军事思想与应对方式打下了不可磨灭的印记，其影响程度还没有被充分地估计。首先，我们假定防御意识是需要的，但这种防御意识有时会成为一种“长城心态”，比马奇诺将军的错误更加根深蒂固。因为中国直到 18 世纪才彻底控制亚洲内陆，那时已是西方从海上入侵中国的前夜，所以游牧民族的威胁的持续存在，是一个不得不接受的现实。中国无法消灭游牧民族，只能以某种方式与其共存，于是他们成为中国社会秩序的边缘部分。长城以内的百姓也会产生和游牧民族类似的作用。长城内的农民中也会出现盗贼，甚至起义军。接下来的研究应该揭示，中国历代的儒家帝国体制怎样扩展并容纳内亚的异族。中华帝国最终在军事战略的意义上成为囊括全东亚的帝国。清朝最终解决了这一问题，帝国由两部分构成，即人口稠密的汉族地区和内亚地区。与今天的中华人民共和国的疆域大致重合。

游牧民族在中国的长期存在产生了许多后果。他们通过朝贡体制被纳入中国中心的世界，朝贡体制本身就是一门学问。游牧民族经常成为中国边防力量的组成部分，被派去对付其他的游牧民族。欧文·拉铁摩尔（Owen Lattimore）三十年前绘声绘色地描写了汉族和非汉族的势力在中国边疆地带的拉锯与消长。中国王朝的更替，草原势力的分合，可能使得主导权时而在此，时而在彼。①

对这一广阔的历史区域的研究，既有广而博的，也有窄而深的，从中我们可以提出一些值得进一步验证的假设。第一，中国前现代时期的主要外交经验得自于内亚。这种"外交"并没有我们想象的那么"外"，因为从军事目的上说，内亚虽然有点边缘，但很早就是中国军事舞台的组成部分之一。第二，维持汉族地区社会秩序的手段，同样可以用于维持与游牧部落的平稳关系：手段之一是社会风俗的准则，文明和礼仪，这一点经常是打了折扣的；手段之二

① Owen Lattimore, *Inner Asian Frontiers of China*, 2d ed. (New York, American Geographical Society, 1951 [1940]); and *Studies in Frontier History: Collected Papers, 1928—1958* (London, Oxford University Press, 1962). See also Wolfram Eberhard, *Conquers and Rulers: Social Forces in Medieval China*, 2d ed. (Leiden, Brill, 1965).

是“刑赏”，包括给异族酋长多种形式的馈赠；第三种手段是战争，这是没有办法的办法。换言之，应对内亚的经验，对提升军事力量在中国整体战略中的地位很可能没有什么帮助。卫青、霍去病单靠“虽远必诛”之类的铁腕政策也难取得胜利，应对内亚需要在各个层面施展更细腻和复杂的措施。

有一个假设有待验证：长期与内亚接触的经验，是不是并未助长中国对武力的轻视。游牧民族必然是擅长骑射的马背民族，是天生的战士。他们很早就开始为汉族人当雇佣兵，或者充当汉族人在边疆的盟友。不久他们也开始入侵长城，有时会统治长城以内的地区。最终他们统治了全中国，而且有两次。虽然他们的人口与汉族相比永远是少数，大概只是汉族人口的百分之一二。显而易见的是，1644 年之后满人入主中原，不是靠着人口之众，也不是靠着弓马之多，而是靠着智略。他们成功的秘密在于，将打天下的能力和治天下的能力结合起来。满人的成功不仅因为武力的强悍，更是因为政治组织的高明。这一秘密反过来就是边疆游牧民族同边疆地区的汉人合作，通过这种合作，将非汉族的战斗才能和汉族臣属宝贵的管理才能结合在一个政权之下，也就是将怎样打天下和怎样治天下结合在一起。夷夏合作统治中国的进程在清朝（1644—1912）达到顶峰。但这一成就以两千年“夷夏”合作的经验与尝试为基础，并不是天上掉下来的。[①]日本和西方的观察者对中国历史的这一面相津津乐道，而对中国各个阵营的爱国者来说，这一问题又是敏感而尴尬的。

---

① Jonathan D. Spence, *Ts'ao Y'in and the K'ang-hsi Emperor, Bondservant and Master* (New Haven and London, Yale University Press, 1966)。这是一个引人入胜的案例研究，揭示了满洲统治者如何利用汉人统治中国。

如今正是时候更进一步指出，夷夏合作长期存续在一定意义上是汉人的成就。关键在于一个变量：“如果你无法打败他，那么就加入他吧！”中国人需要稳定统治的王朝，需要能够长久掌握权力并维持安宁和秩序的家族。这是一项特殊的职责，其稳定延续依靠精神的保持，依靠全力以赴地从事艰苦工作。这种特殊的品质，可能少数异族入侵者更容易拥有。非汉族皇室往往能保持勇武，而汉族皇室更容易沉溺于声色犬马。比较明清两代的帝王，朱元璋的子孙腐化的速度大大快于努尔哈赤的子孙，是非常明显的。明朝前两代皇帝之后，宦官就开始乱政，而清朝统治了两百年之后宦官干政才出现。1860—1908年，慈禧太后或许表现出不思进取的倾向，但和万历皇帝相比，她简直堪称劳模。1573—1620年，万历皇帝在位四十八年，大部分时间不理朝政。

简而言之，这个假设值得研究：非汉族的王朝最终统治了中国，主要是因为有足够多的汉人愿意这么做；而另外一个原因是更多的人对这个问题根本不关心。支持异族统治的就是和异族合作的人，他们往往感到，汉人充当内亚王朝的支持者，比汉人自己当皇帝过得更好。漠然处之的人是广大农民，他们已经学会将政府的事情交给统治阶级，不管这个统治阶级是谁。异族征服者在中国找到自己的角色，他们将自己塑造成职业的战士和统治者。他们越来越成为中国军事力量的组成部分。元朝（1279—1368）和清朝（1644—1912）时，中国的军事力量归他们统率。

在夷夏之间的合作与让步的过程中，不少人注意到赶走蒙元政权的明朝的形象更加专制，它在某些方面模仿元朝的军事制度，并且一直受到蒙古军事力量复兴的威胁。可以肯定，明初的君主就开始追求天下一家的政治排场，遣使八方，建立朝贡关系。1405—

1433年派出规模惊人的航海舰队，远达印度、阿拉伯半岛和非洲沿海，表现出了向外部世界扩张的兴趣。[①]然而，明廷同样对向蒙古草原的扩张感兴趣。明朝海路七下西洋的同时，还发动了五次深入大漠的远征，其中还有几次是御驾亲征，然而并没有什么用。漠西蒙古远在伊犁和塔尔巴哈台，明廷鞭长莫及，对蒙古的远征无疑抑制了明朝的海上扩张。最大的战略威胁还是来自亚洲腹地，这一点在1449年得到了夸张的表现。蒙古太师也先俘虏了英宗，包围北京。一百年后同样的戏码再次上演，1550年，俺答汗率军突破长城，京师震动。

蛮夷对汉族生活的具体贡献程度是一个大题目，还需要进一步的探讨和考察。可以确定的是，他们对帝国的军事贡献很大，不但提供了人马，更重要的可能是军事制度上的影响。儒士要想把异族征服者的武力控制在从属地位是很难的。然而总体来说，他们竟然非常成功。因为他们要通过所有非军事的政治手段，帮助异族君主掌握了权力。

可以想见，通过这种方式，汉族官僚把军事交给异族武人打理，自己则更专精于“抚”的艺术，这种倾向至少在清朝是显而易见的。直到19世纪中叶，农民起义迫使曾国藩一代的汉族官僚承担起办理和指挥团练、保卫传统秩序的任务。[②]孔飞力已经揭示，19世纪50年代，朝廷对于地方士绅办理团练非常犹疑，因为地方

---

① 关于郑和下西洋的最新成果是J. V. G. Millis 翻译并作导言的马欢著作《瀛涯胜览》(*Ying Ya Sheng Lan*: “*The Overall Survey of Ocean's Shores [1433]*,” Cambridge, Eng., Cambridge University Press for the Hakluyt Society, 1970)。

② 关于地方士大夫转变为军事领袖的潮流，可参考孔飞力 (Philip A. Kuhn) 的重要研究：*Rebellion and Its Enemies in Late Imperial China: Militarization and Social Structure, 1796—1864* (Cambridge, Mass, Harvard University Press, 1970)。

武装往往导致割据，威胁中央。明智的君主会全力将军队乃至整个政府与汉族统治阶级隔离。从这一方面看，外来的清朝控制秩序和征收财赋的做法继承自明朝，且青出于蓝，而明朝的办法部分是学自元朝的。

本书战例研究介绍

在中国，或许战争与和平的交织比注重法律的西方国家更加微妙，所以应该把军事史作为中国史的一个特殊面相，而非一个独立的领域。就如中国法制史的研究，我们知道中国的律法汗牛充栋，但是真能执行者寥寥无几。各种制度错综复杂，形同泥沼，而各种专门术语则如同灌木丛覆盖其上，这是深入研究必须克服的障碍。研究者必须借着自说自话的官修史书和儒士不切实际的记载的昏暗光线前行。真实深刻的战例研究于是就非常宝贵了。本书的研究有一个优点，就是多样性强，内容和年代涵盖面广，描述了中国在不同情形下的不同类型的战争，展现了中国军事史发展的几个主要阶段。

小弗兰克·A. 基尔曼长期致力于中国古史研究，并曾在美国军队和政府中供职，所以他最有资格组织此次会议并发表第一篇战例研究。[①]《左传》和《史记》记载了许多国家间的战争，不少为战争做准备的仪式性的活动和道德上的考虑或随之产生，对此他做了系统的研究，阐述了个人-封建关系的背景，迷信、占卜、仪式的

① Frank Algerton Kierman, Jr., *Ssu-ma Chien's Historiographical Altitude as Reflected in Four Late Warring States Biographies* (Wiesbaden, Otto Harrassowitz, 1962), published in the Series Studies on Asia (Seattle, University of Washington for the Far Eastern and Russian Institute).

规则，以及贵族武士在战斗中的行为规范。他还从战术层面研究了两场著名战役——公元前632年的城濮之战和公元205年的井陉之战。

这四百多年间，战争形式经历了沧桑巨变。战争的仪式性越来越弱，而更像一场有组织的杀戮。但是记录两场战役的史家，都着重渲染了诡谋、奇袭、以智取胜。城濮之战是一个经典战例，晋军一翼佯败，而中军不动，诱使楚军冲入包围圈，另一路晋军从侧翼杀出，将楚军包抄歼灭。基尔曼发现，四个世纪过去了，战争的关键仍然在于心理的较量以及敌人是否轻率。在技术上，昂贵的战车的重要性降低了。在任何一场战斗中，战车都不能起到"古代坦克"的作用。她的作用更多的是仪式性的，用来搭载贵族，并且是弓手的平台。马镫还没有出现，所以真正意义上的骑兵也没有出现，步兵是军队的主体。战争还是邦国或家族君长之间的事情，是相当个人化的，很可以拿来同荷马和色诺芬比较。基尔曼先生还提出了许多有待解决的问题。

剑桥大学中文讲师鲁惟一（Michael Loewe）通过研究汉代西北边塞的行政文书，取得了汉学领域划时代的成果。当时纸张还没有发明，文书是写在木简上的，为考古学家发现。他的《汉代行政记录》（*Records of Han Administration*）是对这些原始史料切近的、第一手的解读。[①] 他的论文《汉武的征伐》（The Campaigns of Han

① Michael Loewe, *Records of Han Administration*, vol. 1: Historical Assessment; vol. 2 Documents (Cambridge, Eng., Cambridge University Press, 1970). 本研究基于七百余枚居延汉简。从1927年开始，考古学家在额济纳河畔的古居延地区（汉代的西北边塞）陆续发现了万余枚简牍，年代在公元前后一百年间，这七百枚就是从中选出的。鲁惟一在劳榦等学者的研究成果的基础上，主要研究了来自前线的简牍，厘清了汉代军事组织及其运行的基本情况。随后他又更进一步，写出了 *Everyday Life in Imperial China During the Han Period, 202 B.C—A. D. 220*

Wu-ti），将汉朝的军事活动置于新统一帝国内部的国家建构的大背景下研究。从天朝的视角来看，匈奴不是平起平坐的对手，而是化外的叛逆。匈奴的威胁无非是烧杀掳掠，而不是真的征服。汉朝的基本方针是取守势，一面建立强固的要塞与防线，一面探索通向西域诸部的商路。对西域诸部的中立君主，运用讨伐、收买、与中立领袖外交谈判等多种手法，这个整体框架下也会出兵惩戒。战争需要大量的马匹、车辆、车夫、粮食。他们实际上是汉代的突击部队，目标是擒拿匈奴单于与诸王，钝其锋锐，挫其攻势，有可能的话迫其臣服。汉朝没有指望能将匈奴斩草除根，也没有想把匈奴的地盘纳入自己的领土。

战争的代价是高昂的。鲁惟一通过仔细研究居延汉简，估算出大致的军费。出动 10 000 名骑兵，需要 1320 辆大车运送一个月的粮饷，还有 360 辆车运盐。10 000 匹马的饲料需要 1440 辆车运送。即使备用的马匹可以吃草原上的草，不用另外运送饲料，那么补给车队也不会少于 3000 辆，这还没有算车夫和杂役。后勤负担如此沉重，无怪乎鲁惟一发现一场战役很少能持续两个月以上的。这就让人联想到与现代军队伴生的大规模补给和后勤问题。

后勤补给和人马征调引出了另外一个问题：汉代的军事越来越依赖官僚机构。鲁惟一指出，汉代边防由地方官员负责，没有常设将帅，没有常备军。武人是受到限制的。

汉武帝饱受诟病的远征之后，匈奴的威胁依然存在。他的继承者只能用其他代价换取和平，甚至称单于为“叔父”。鲁惟一和基尔曼有同样的疑问：游牧民族是农业中国在草原上的附庸，粮食、

(London, B. T. Batsford, Ltd; New York, G. P. Putnam's Sons, 1968)。

布匹、金属制品很大程度上要依靠马匹换取，如果汉朝执行更优惠的商业政策，难道不会大大降低他们的好战性吗？

康奈尔大学的助理教授毕德森（Charles A. Peterson）的研究关注晚唐。这一时期外族开始渗入中国北方，对帝国力量的复兴做出了贡献。唐朝人发扬光大了汉朝人的功业，平定了四周所有的少数民族，但是有个问题一直悬而未决：怎样既授予千里之外的将帅以充分的统兵征粮之权，又能确保他们的忠顺？这一问题还附带着另一问题，汉族少有能征惯战的将领，于是许多异族将领脱颖而出，例如玄宗宠信的安禄山。755年，安禄山率重兵大破唐朝的中央军。9世纪初，帝国力量衰微，军事关注的重点已经从外部转向内部。毕德森研究了唐宪宗发动的一场历时近三年的战事，唐朝由此将藩镇大权收归朝廷。

直到此时，上千年帝制和大一统理想还起着潜移默化的作用，也得到淮西历任节帅的认可。他们算不得军阀，而是倾向于建立一个更为松散的帝国观念——比如可以将节度使之职传予子孙，自己决定藩镇内的大小事务。这种诉求对任何一个名副其实的皇帝都是无法接受的，冲突不可避免。

唐宪宗的行动表现出了朝廷积累已久的智慧。朝廷征讨淮西的军队由二十个来自不同地方的军队组成，各部队格格不入，难以拧成一股绳，也没有一个最高统帅，而是分由五个将领指挥，从五个方向集中到淮西。很明显，这样的作战效能大大弱于统一指挥的效能；然而出于同样的原因，他们对朝廷的威胁也会大大降低。皇帝们已经学会了多想一步棋。我们可以看到，在满洲八旗军鼎盛时期，同样是由小股力量临时组成部队，专门执行某项任务，同样无法发展自己的野心。

淮西的防御讲究积极地占领外部据点，将战事挡在辖境之外，于是境内的生产得以持续。两年以后，才开始粮饷匮乏，从而导致士气削弱，部将倒戈。此时唐军将领以惊人的胆略发动奇袭，突然间结束了战争。这是继承《孙子兵法》优良传统的又一经典战例。毕德森发现，淮西防御之所以可以如此持久，是因为它是“阵地战”。淮西创造了一个以关键的要塞城镇为基础、外围遍布野战工事的边境区域。在这一区域，积极防御可以配合阵地战对抗入侵者。这也可以帮助我们理解，为什么晚唐和五代时期（907—960）的藩镇势力可以长期割据。

慕尼黑大学远东研究所教授傅海波（Herbert Franke）专精宋元史。[①] 中世纪和近代早期留有大量手稿，内容就是守城的实践指南，他对围城战的研究就从这里入手。这个时候，中国的有城垣城市（与欧式的城堡不同）长久以来是农村的统治阶级的权力中心。它既可以保卫身家，又可以积聚资财。守城的第一要义是坚壁清野，将城郊乡村能运的全部运进城去。城外空空如也，除了投了毒的水井，就是一圈专为防御设置的燃烧地带。城中则有充足的粮草物资，比敌人费尽力气搜罗到的多得多。所以被围一方一定占有优势。傅海波推断，后勤补给的难题使得围城很少有超过几个月的。围城一方很可能因为粮草匮乏便解围而去。

用大投石机投掷火球是攻城的重要手段。中国的投石机利用的是杠杆而非扭转原理，每次需要四十到一百人去拉杠杆的绳子。这

① 傅海波的作品有：*Geld und Wirtschaft in China unter der Mongolen-herrschaft*：*Beitrage zur Wirtschaftsgeschichte der Yuan-zeit*（Leipzig，Otto Harrassowitz，1949）；*Wissenschaftliche Forschungsberiche Band 19*，*Sinologie*（Bern，A. Francke AG，1953）；*Das chinesiche Kaiserreich*（Frankfurt，Fischer Bucherei，1968）；此外，他还与陶泽德（Rolf Trauzettel）共同撰写了一部截至1911年的中国通史，并独立撰写了大量文章。

种投石机称为“火炮”（“火炮”一词在现代汉语中一般指加农炮），并不是真正的火药武器。虽然“火炮”也施放火药填充的炸弹，但人们看中的是火药的燃烧效果，中国的城门、城楼和房屋是木结构的，用火药可以烧毁。守城用的投石机可以放火，也容易着火。攻城武器还有巨弩（有固定的也有旋转的）、火箭等。投石机也会投射黏土制成的大球，其冲击力与石块一样，但是击中即碎，敌人没办法再打回来。第一门原始加农炮出现于 1332 年。

傅海波还研究了另一类型的史料——从蒙古南侵开始到结束的三次围城战中亲历者的私人日记。他发现，这些日记基本上可以与兵书战册相印证。守城的特点是，严格盘查并控制进城的难民，城墙上的军纪也非常严格。日记的作者表现出统治阶级对于穷苦百姓的极大的不信任。然而如果想守住城市，城中百姓必须积极参与防御。傅海波的研究生动地揭示了，为什么所向无敌的蒙古人在灭亡南宋时用了最长的时间。傅海波发现，宋朝将领一旦陷入绝境，往往选择投降，而很少死战到底，他认为“文武官员之间长期矛盾”是原因之一。这是文主武从的代价。

迈阿密大学历史学助理教授爱德华·L. 德雷尔（Edward L. Dreyer），1969 年本会召开时正远在日本。本书收录的《1363 年鄱阳之战：明朝开基的内陆水战》（The Poyang Campaign，1363：Inland Naval Warfare in the Founding of the Ming Dynasty）是从他 1970 年哈佛大学博士论文的一部分修改而来的。“内陆水战”（inland naval warfare）对西方读者来说很新鲜。西方人已经习惯了将海军和陆军分为截然不同的两个军种，就如游鱼和飞鸟、男人和女人。从克里米亚到维克斯堡再到诺曼底和仁川，都能看到海陆军的协同作战，但是几乎见不到既是“内陆的”又是“水上的”战争。

德雷尔先生使用的“内陆水战”一词非常切合14世纪中期对长江下游的争夺。长江下游地区既有大江横陈，又有大小湖泊星罗棋布，水军可以独立作战。19世纪外国炮舰也侵入过这一地区。太平天国起义（1851—1864）中，江河湖泊也是重要的战场。很明显，中国的中部和南部的交通运输非常依赖内河水道，即使在20世纪30年代的抗日战争中也是如此。这使我们不得不把“内陆水战”好好研究一番。

德雷尔强调，在元末的乱世中，中国筑城城市非常普及，在1368年达到顶峰，那正是明朝驱逐蒙古统治者、统一中国的第一年。但是在城市之间，“交通线是长江及其支流”。所以，这一地区军事史的关键在于运送军队，以舰队围城。发生在1363年的鄱阳湖水战，就是一支舰队要解围一座被另一支舰队围困的城市。关于此次战役的史料极多，而研究极少。

德雷尔分析了朱元璋的烦恼。朱氏政权要同时对付上游和下游的两个对手。朱元璋在舰船上似乎也居于劣势。他的水军跟德雷克的舰队类似，灵活不易搁浅，但船体比敌军小。朱元璋英明的领导和部将的忠诚弥补了这一不足。敌军的三层楼船如移动的堡垒，可以把高高的船尾直接抵住沿河的城墙，供士卒架上天梯直接攻城。水战中，双方舰船互相投射火弹，同当时的围城战一样。最后，朱氏军队把握有利风向，施放火船，敌军避无可避，最终惨败。

普林斯顿大学东亚系的主任牟复礼（Frederick W. Mote），对于蒙元王朝和元末汉人起义有着特别的兴趣。[①] 1970年12月，他在

---

① 牟复礼除了许多论文，还有以下研究成果：*The Poet Gao Ch'i，1336—1374*（Princeton，Princeton University Press，1962），*Intellectual Foundations of China*（New York，Knopf，1971）。现在正在研究元末明初的历史。

美国历史学会会议上宣读的论文，清晰地阐述了15世纪中期的明蒙关系，勾勒出1449年土木堡惨祸的来龙去脉。贪婪、自私、愚昧的宦官王振为了耀武扬威而出师边塞，导致皇帝被俘。这一事件让人警醒，朝廷是如此容易被妄人把持。当宫里的大太监可以指挥兵马、玩弄将帅于股掌之间时，不待外敌入侵，明朝自己就会垮掉。牟先生还指出，1449年之后，明朝固执地以被动防御应对蒙古的威胁，结果和汉朝一样没有认识和利用游牧民族对贸易的兴趣（1514年之后，中国对待欧洲的政策仍是如此），导致了亡国惨祸。

密歇根大学中文与历史教授贺凯（Charles O. Hucker）是当今方兴未艾的明史研究的领军人物。他完成了一项重要的工作——研究明朝政府的整体架构，尤其是监察制度，以及晚明专权的宦官与东林党的斗争。[①] 在本书中，他考察了胡宗宪对付1556年沿海和长江三角洲倭寇的诸般手段，这些倭寇以日本最南方的几个岛屿为基地，此时的倭寇之中，中国海盗的数量比日本浪人还多。倭寇其实和同时代的葡萄牙、英国及其他海盗一样，伴随世界各地海上新商路的开辟而大量产生。对中国来说，他们只是海路来的“匈奴人”，只做些神出鬼没、烧杀劫掠的勾当，却没有问鼎中原的远图。16世纪50年代明朝应对倭寇表现出的被动姿态，与以往在长城沿线表现出的有过之而无不及。明朝的办法不是组建一支海军，打造

---

① 尤其需要关注以下成果：Charles O. Hucker, *The Traditional Chinese State in Ming Times, 1368—1644* (Stanford, Stanford University Press, 1966)；“The Tung-lin Movement of the Late Ming Period,” in J.K.Fairbank, ed, *Chinese Thoughts and Institutions* (Chicago, University of Chicago Press, 1957)。1944—1946年，贺凯的军事史研究是在美国空军第五航空队开始的，他全面了解了美国西南太平洋司令部的战斗机和空中预警机活动的情况，撰写了大量著作。据说这些著作依旧被秘密保存在圣路易斯（St. Louis）附近的一个仓库里，以备后世之用。

海上的对等力量，而是在沿海建立哨所、碉堡、灯塔，由小股军队守卫，增援部队往往要等倭寇深入内地、造成严重损失之后，才会向事发地集结。身为浙江南直隶总督的胡宗宪，手头没有什么资源可以依恃。贺凯非常老练清晰地将胡宗宪运用的种种手段，抽丝剥茧，娓娓道来：便宜行事之权、笼络、收买内奸、毒酒、道德、假情报、拖延、美女、立誓、贿赂、宴飨、恐吓、哄骗、暗杀、强攻。最终将徐海消灭。这可谓是权谋的集大成，远非头脑简单的武夫所能胜任，说明了为什么这种典型的中国式战争非常值得研究。贺凯发现，胡宗宪和他的部下在应对瞬息万变的局势时，有着高度灵活的手腕，同时展现出他们的责任感、主动性和警惕心。

战例研究首先应该关注诸如战役、战斗之类的核心军事现象，类似于1851年出版的爱德华·克里希（Edward Creasy）的《十五场世界经典战役》（*Fifteen Decisive Battles of the World*）。每一位作者，虽然都应该从最基本的层面着手，但是也展示出军事制度和军事思想领域尚未开发的广阔空间。可以预见，为了回应新的问题，会出现许多基于中日学者既有研究的更深入的研究。

众多军事制度中，唐初的府兵制是需要格外仔细研究的一个。在府兵制下，六百个军府分地域管理在籍的自给自足的府兵。朝廷需要时就从中征调兵员，统一指挥。[①] 屯田也是一个历史悠久的制度，最初屯田是大部分由犯人组成的自给自足的军事社区，驻扎在边境防备胡人。后来辽金元等异族征服王朝的朝廷为防备汉人，在汉族地区的战略要地也搞起屯田。明代的主要军事机构是卫，由世袭的职业军人组成，编入军籍，独立于地方行政系统。明朝约有

① 相关研究的综述，见Kuhn，pp. 15—20。

五百个卫，其中有些在汉族地区，有些在边疆的游牧部落中组建。清代实行八旗制度，在原有的满洲八旗之外，又增加了蒙古八旗和汉军八旗。通过八旗制度，满洲和蒙古的部民得以被纳入官僚机构的管理，而为其效力的汉人则成为包衣。现在已有大量关于军事力量制度化手段的中文和日文的学术文献。

上述制度创立和运作的过程中，产生了一系列军事思想，同样很值得研究。比如，孔飞力指出，19 世纪中期镇压叛乱的官员深受明代将领的著作的影响。例如戚继光（1528—1587）极其重视官兵对将帅的个人忠诚："每一级的官员都挑选自己的下属，其在公的权威也由于私人的忠诚而加强。"[①] 从晚清的曾国藩到民国的冯玉祥和蒋介石，用的都是这套办法。[②]

中国的战争之道

许多中外的军事经验是可以直接比较的。汉帝国和罗马帝国各个方面的比较当然是一个重大的历史问题，还要等高人来解决。例如：中国的匈奴人和欧洲的匈牙利人；[③] 732 年的图尔战役（又称普瓦捷战役），法兰克人在查理·马特（Charles Martel）的率领下击败了阿布德·拉赫曼（Abd-ar Rahman）率领的阿拉伯入侵者，而 751 年的怛罗斯战役，阿拉伯人打败了由高丽人高仙芝率领的向西扩张的唐朝军队（高氏于 747 年率军翻过帕米尔高原）；还没有弄清楚的

---

① Kuhn, p.125. 还可参考 James F.Millinger, "Ch' i Chi-kuang: Chinese Military Official," PhD dissertation, Yale University, 1968。

② 重点参考 James. E. Sheridan, *Chinese Warlord: The Career of Feng Yü-hsiang* (Stanford, Stanford University Press, 1966), chap.4—5。

③ Frederick J.Taggart 对公元 57—107 年的汉匈战争和罗马与蛮族的战争做了开创性的比较研究，但是汉学家们并未继续深入研究下去。参见 Frederick J.Taggart: *Rome and China* (Berkeley, University of California Press, 1939)。

中国、近东（西亚）和欧洲之间的军事技术的互相传播，包括战车、弩、马镫、火药和火器等；中世纪遍及欧亚大陆的攻城技术；蒙古战争机器和定居的汉族、波斯、南俄社会的相遇；中国、拜占庭和奥斯曼帝国负责官廷侍卫和外地驻防的军事力量，包括包衣、旗人、马穆鲁克和苏丹亲兵；倭寇和诺曼人。每个读者都能自己列出一张可供比较的清单来。

汉学研究中有一个误区，就是喜欢强调中国的独一无二，比较研究恰能揭破其谬误。然而，中国特殊的地理和历史的烙印确实存在，中国思维和行为的特殊习惯便由此产生：

轻视武力和英雄主义，不以为荣，更喜欢用非暴力的手段战胜敌人或者达到自己的目标。在中国人看来，军事本身并不是目的，只是克敌制胜的多种手段之一。军事指挥权不应该交给纯粹的武人，因为他们所受的训练使他们的眼界不够开阔。

陆战传统深厚，倾向被动防御，喜欢将进攻者搞得筋疲力尽，或者与叛军达成和解，这样会比消灭他们的成本更低。中国现代意义上的海军发育不良。[①] 明清两朝对付海上侵略者的办法，并不是控制洋面，而是用对付陆上入侵者的办法——坚壁清野。将人口、粮食和其他物资都集中到城中，使入侵者缺乏补给，自行撤退。16世纪明朝为了抵御盘踞日本的海盗、17世纪清朝为了防备郑成功麾下的反清水军，都曾将沿海地区的人口和物资全部内迁。迁海给百姓带来巨大苦难，也中断了海上贸易。然而，中国东海不是亚洲内陆的草原，所以迁海政策最终劳而无功。令人称奇的是，这一政策

---

① 这对于19世纪的观察者来说是不言自明的。李约瑟的研究显示，在1161年的一场水战中，宋朝曾派出战船340艘、水军52 000人；1281年，蒙古征讨日本，动用战船4400艘；郑和最大的宝船长达449英尺（约137米），装有9根桅杆，现在已经发现的船舵直径有20英尺（约6米）；明朝水军有舰船3800艘，最大者可装载1000人。

竟然真的执行下去了。

军事同官僚主义联姻，而不与商业扩张结合，尤其不过问海上扩张。欧洲从十字军东征起，军事就同探险、海盗、大宗商品贸易、殖民地和海外帝国联系在一起。而中国则不同，她反对将商业作为高层政策的目标。国家收入来自田赋、盐税和徭役，个人牟利则要靠官僚特权。在中国人看来，武官贪墨的危险不存在于掠夺战争中（这是胡人才做的事），而存在于惩罚性战役之中，因为大多数军费会落入将领个人的口袋。这里武官模仿的是文官的贪污方式。

目前，我们还处在无知的状态，所以可以比较轻松地做出以上的概括。经过深入研究之后，反而难以这么轻松了。中国式战争的牵涉面极广，进一步研究的空间非常广阔。

先秦战争的模式与诸阶段

小弗兰克·A. 基尔曼（Frank A. Kierman，Jr.）

虽然先秦的史料真伪互现，但是要从中梳理出战争的几个阶段是可以办到的。战争的各阶段和战斗的诸模式，主要见于《左传》和《史记》两部经典。而《左传》中军事史的材料更为丰富。它是对东周（前770—前403）时期政治史的一份独立记载，成书时间大约在前4世纪晚期到前2世纪早期。《左传》是以为《春秋》作注的形式流传至今的。《春秋》是一部简要的大事编年，记载了始于前722年、止于前481年的历史。《史记》是由司马迁和他的父亲司马谈所修，修纂的时间跨越公元前100年前后的数十年。《史记》囊括了从黄帝到司马迁所处时代的全部历史。但它记载最为翔实是春秋之后的史事，其中战国、秦朝、楚汉争霸和汉初百年尤其详尽。两部史书将那些兵戈扰攘的年代和数百年的变迁展现在我们眼前。

如果你了解一点春秋时代的社会背景，你就能猜到当时的战争是非常仪式化的。事实也的确如此。后世的中国人大概是鄙夷武人和战事的，我们也受这种观念的影响，所以不能清醒地认识到，对于东周时代的中国人而言，战争是君德的终极试金石。一次战争就好比一次大型的占卜，天意会肯定或否定一个诸侯的统治。如果换用更理性的说法，这是一种将战争和终极的风险与胜负联系在一起的意识。

> 刘子曰："吾闻之，民受天地之中以生，所谓命也。是以有动作礼义威仪之则，以定命也。能者养以之福，不能者败以取祸，是故君子勤礼，小人尽力。勤礼莫如致敬，尽力莫如敦笃。敬在养神，笃在守业。国之大事，在祀与戎。祀有执膰，戎有受脤，神之大节也。"（《左传·成公十二年》）

这段名言，尤其是"国之大事，在祀与戎"一句，凸显了战争与庄严仪式的关系。战争的胜负反映了民心，也影响着民心。任何一场战事的胜负都会造成一个新局面，有的邦国可能因为激发了美德而更强大，有的则沮丧地意识到自己致命的缺陷。战争是礼制的一部分，而礼制维系着现实社会与祖先精神和宇宙秩序之间的联系。所以不奇怪，史书上对那个风云激荡时代的战争叙述，除了实际的军事行动，很大篇幅都在讲冗长的战前准备和战后的解释思考：治国理政；为军事行动寻找道德正当性；收集和评判敌方情报（包括敌方君主和国家的道德水平与士气）；占卜；公开挑战；占据预定战场的有利地形；在战前挑战逞威，展示武力和决心；战后从道德和实战角度进行记录，不管是否符合实际。

《左传》中有大量关于战争的记载，但是大多过于简略，意义晦暗不明，没有明白告诉我们，仗究竟是怎么打的。《左传》中记载的数百场战事中，有 46 场材料充足，能供我们做进一步的分析。在这 46 个战例中，有 11 例异乎寻常地篇幅长、细节多、刻画精，或者技术上很有趣；其中 4 个尤其出众，因为《左传》里会反复提及，有的是直接重复，有的是间接涉及。这几个战例应该是被视作历史意义重大，应该被引为殷鉴的。这些战役是：晋楚城濮之战（前 632 年），其中陈蔡两国作为楚国的与国参战；晋楚邲之战（前 595 年）；齐晋鞌之战（前 588 年）；晋楚鄢陵之战（前 575 年），其中郑国作为楚国的与国参战。最为有趣的大概要属城濮之战了，因为《左传》中呈现了此战的大量细节，足以让我们画出战斗的示意图，对战事的进展过程有一个相当清楚的把握。

中国古代史书的记述中到底有多少创造性想象，或者用一个当今文学研究者爱用的词，到底有几分“小说化”？这个量是没法精确计算的，但是一定极为可观。此外，军事事件的特殊性很强，军事史从来都是光怪陆离的。一场战役就如一段演奏完毕的音乐一样独特和容易消散，并且更加复杂。甚至到如今，战况最激烈的时候，战地演说都难以当场记录下来，而且由于种种原因，自古以来中国士兵的话多是在压力下说的违心话。但是还有一些事件在《左传》中的记载看上去很短，写实性却引人注意，应该是相对完整地保存下来当时的情况。在邲之战中，一辆晋国战车撤退时陷入土坑，楚人竟然教晋兵丢弃一些东西以减轻车重，帮助晋人战车逃出土坑。晋人非常窘迫，对敌方的建议也很疑惑，冲帮他的楚人咆哮：“吾不如大国之数奔也！”——“我们逃跑的经验果然没有贵国丰富啊！”虽然无礼，但挺可信的。

不管我们对《左传》细节的可靠性多么怀疑，但是比较清楚的是，春秋时代的战争严格按规程进行，等级森严，举止文雅。有些战争的记载至少作为背景是可信的，从中可以爬梳出不少关于装备、阵形、战术和谋略的细节。此外，《左传》内在的矛盾给了我们信心：大多数材料还是有史学价值的。例如，贬低暴力却有热血的战争描写；又例如霸主追求道德优越性来减少自己的困难，却永远面临困难。况且,《左传》对军事如此重视和尊敬，这一事实就足以说明其可靠，因为这种重视与后世的情感是格格不入的。如果在帝制时代，你有可能说，这种对战争的重视只存在于受命于天的概念中，在天之下，开国君主以武力夺得大位被确定为正当的，仅仅是因为他打赢了。

我们可以把先秦的战争叙述划分为几个阶段。我的想法是：某些元素在同一叙述中会重复出现，某些元素在特定的史料里经常被遗漏，当然有一些元素会同时出现：

一、战前

1. 精神准备

① 解释预兆或梦境

② 占卜

③ 根据以往的作为，估计道德优劣(balance)

2. 搜集情报，评估局势

① 侦查，观察，用谍

② 考虑地形、兵力、武器、士气和双方主帅的性格，以及第 1 项中列出的各种因素

③ 摸清预期的盟友、中立方与敌方的立场

3. 安营扎寨，展开部队(包括为特定的战略提供特殊装备，并且提前警告己方的弱点)

4. 决定是否开战

① 是否有利?

② 是否可能?

③ 敌军会怒而进攻还是惧而撤退?

5. 最后的准备

① 饱餐

② 激励士气的演说,祝祷,与神灵、祖先沟通,等等

③ 表现个人的英雄主义,挑战,等等

④ 列阵,制定作战计划

二、战中

1. 决定是率先进攻还是静待反击

① 取攻势的好处

② 取守势的好处

2. 作战

① 信号和其他控制措施

② 应对敌军的进攻;临机应变

③ 实施己方的作战计划

④ 利用上文提到的种种元素实施心理战

三、战后

1. 利用战役造成的新军事形势

① 胜者乘胜追击,败者或自杀,或投降,或逃逸

② 俘敌

a 杀俘衅鼓(将俘虏的血涂在鼓上)

b 扣押人质索取赎金,“割左耳”

c 用俘虏做奴隶

③ 恣意享用战利品

2. 凯旋或败归

3. 利用新的政治形势

① 割地，在新获的城邑驻军、筑城，或拆毁旧城

② 结纳新的盟友或失去旧的盟友

4. 将物质和精神状况记载下来

战前准备

占卜

占卜有蓍草、龟甲、星象、解梦或解释预兆等种种形式，在《左传》中非常普遍。[①] 如果任性地拒绝接受占卜结果，便会招致祸端。连卜两次也是可耻的，占卜的人接受了更有利的那个结果尤其可耻。办大事之前，用占卜寻求信心是没问题的，但是寻求第二次是不行的，即便占卜的规则非常模糊、而且君主在冒险行动前非常紧张也不行。《书经》记载舜帝的话："卜不习吉"。[②]

公元前 525 年，吴伐楚，楚国令尹阳匄占卜战事，不吉。楚国司马子鱼说："我得上流，何故不吉？且楚故，司马令龟，我请改卜。"（我军居于河流的上游，怎会不吉？按照楚国的传统，龟甲占卜应该由司马掌管，我请求再卜一次！）第二次占卜的结果是："鲂[③]也以其属死之，楚师继之，尚大克之！"（子鱼及其家兵战死，楚军继续战斗，大概能大败敌军吧！）这次结果是吉利的。

于是吴楚交兵于长岸（今安徽当涂），战斗很激烈，子鱼和他

---

① 关于战争的占卜，《左传》中有三个例子最有趣：(1) 僖公十五年，秦人占筮，结果是秦国将要俘获晋侯；(2) 宣公十二年，邲之战，知庄子用卦象预测了晋师的虚弱和危险；(3) 哀公九年，晋国放弃攻宋救郑，因为龟甲和蓍草都显示不吉。

② Cf. Legge, *The Chinese Classics*, *vol 3*: *Shoo King*, p. 63.（《尚书·大禹谟》）

③ 鲂是子鱼的名。

的部下在第一轮战斗中就阵亡了，但楚师大败吴师，而且截获了吴王的乘舟“馀皇”。吴军统帅公子光对将士们说，失却吴王的座舟是一桩重罪，全军都难逃一死。于是众人决心去追回“馀皇”。他们选了三个有长须的人，可能是扮作楚人（吴人只留一点点胡子），潜伏在“馀皇”周边。其他吴军偷偷靠近时，大呼“馀皇”，三人也呼“馀皇”相应。楚人杀掉了这三个内鬼，自己却方寸大乱，被吴人击溃。吴人取“馀皇”而回。于是，卜辞以一个极其微妙的形式应验了：楚军的确按照卜辞赢得了这场战斗，却输掉了整场战争。此事成了对重复占卜的警示。

《左传·哀公二十三年》还有一处谴责重复占卜的记载，当时齐晋交兵：

> 将战，长武子请卜。知伯曰：“君告于天子，而卜之以守龟于宗祧，吉矣，吾又何卜焉？且齐人取我英丘，君命瑶，非敢耀武也，治英丘也。以辞伐罪足矣，何必卜？”

还有说得更明白的。《左传·哀公十年》记载，晋国赵鞅率兵伐齐，有大夫请赵鞅再卜一次，赵鞅说自己已经卜过了，“事不再令，卜不袭吉，行也！”（一件事不卜两次，卜第二次也不会再得吉兆，直接出发吧！）

如果某国能有一名临危不乱的使节，那么将占卜与外交刺探结合起来，或许能收到和心理战同样的效果。临危不乱的品质在先秦极受推崇。楚吴之间的战争旷日持久，吴王派弟弟蹶由犒劳楚师，借此以窥楚师虚实，却被楚人俘虏（《左传·昭公五年》）。楚王打算杀掉蹶由，用他的血衅鼓。他问蹶由，来犒师前是否占卜了？

蹶由答道，已经用“守龟”占卜了，结果是大吉。“守龟”是国家珍藏的佑国重宝。[①] 吴王曾问：“余亟使人犒师，请行以观王怒之疾徐，而为之备，尚克知之？”（我现在赶快派人去犒劳楚师，让他去观察楚王的怒气是急还是缓，因而做出防备。我们能够探知情况吗？）占卜的结果是：“克可知也。”（可以探知。）于是蹶由指出，楚王震怒到要杀使臣，吴国知道消息会早做防备，这对吴国是好事。他打了个机智的比方，一下就熄灭了楚王的怒火：“一臧一否，其谁能常之？城濮之兆，其报在邲。今此行也，其庸有报志？”（祸福之事谁能料定？城濮之战前楚国占卜得吉，结果失败；而吉兆应在了邲之战楚国取胜；我这次卜吉得凶，吉兆恐怕就要在吴胜楚败上应验了。）果然，楚人发现吴国早有戒备，武装游行一番后无功而返，蹶由成了人质，被带回楚国。于是，蹶由一方面机智地利用庄严的占卜的严肃性，一方面提醒楚国，吴国会像楚国报复晋国那样报复楚国，使得楚国的战役流产了。而对贵族俘虏险些被杀了衅鼓的描写，可能是为了展现蹶由的临危不惧的大勇，顺便把楚国描绘成半开化的蛮子。

也不是每次打仗都要占卜。有人劝楚国的斗廉暂缓出师，集结

---

① 现在还不清楚占卜的工具到底是怎样的，先秦的占卜工具也是因时因地而变的。可能有一个从龟甲到兽骨再到蓍草（尤其是到了周初《易经》编成之后）的演变过程。占卜的工具越来越廉价，可能与人们对占卜结果的重视越来越低有关。随着这个变化，人们会倾向于神化早前的占卜方法，用“龟”表示“吉”的意思，而实际使用的很可能不是龟甲。当中原诸国采用更新、更简便的占卜方式时，楚国依然坚持用龟甲占卜，一方面可能是因为楚国处于华夏世界的边缘，想强调自己的正统性，另一方面可能是因为龟甲在位于南方的楚国比较易得。上文引用的《左传·哀公二十三年》提到的“龟”，指的可能是藏在特殊地方的特定物品，不是来自楚国，而是来自楚国的老对手晋国。与此相似，《左传·哀公十年》用了很长的篇幅来讨论最初用龟甲占卜的结果和用蓍草按周易的方法占卜的结果有何不同（Legge，p.819）。这清楚地告诉我们，两种办法都在使用。这么明确的词语很难仅仅被当作古词变新词，将“占卜”改为“卜筮”。必须有进一步的证据，以及进一步地研究何种证据是可用的，才能确定地回答这个问题。

更多兵力，并卜问凶吉。斗廉回答直截了当："卜以决疑，不疑何卜！"(《左传·桓公十一年》)今天看起来，有些占卜的方法未免太儿戏了。例如，楚师伐郑，威胁晋国，晋君很忧虑。师匡说："不害，吾骤歌北风，又歌南风，南风不竞，多死声，楚必无功。"（没事的，我高声唱了北方的曲子，又唱了南方的曲子，南曲音弱，多是预示死亡的调子。）当时的乐师多为盲人，人们认为他们有着协调天人的特殊能力。善观天象的董叔接着说："天道多在西北，南师不时，必无功。"（天道大多在西北方，楚人出征不合天时，一定失败。此条和上一条均见《左传·襄公十八年》。）

寻找可能的盟友

春秋时代的联盟，分分合合，风云难测，需要保持极高的警惕。《孙子兵法》很重视寻找盟友，"上兵伐谋，其次伐交"[1]，把拆散敌人的联盟当作战争的次优手段。春秋时代的军情政局波谲云诡，国与国之间关于结盟的讨价还价从未停止，哪怕第二天就翻脸。《左传·文公十二年》记载了一个例子，秦国为了对抗晋国，遣使求援于鲁国，此举是为了压制或者夹击晋国，因为晋在秦之北，鲁在晋之东南。几年前的崤之战中(《左传·僖公三十三年》)，西乞术曾被晋师生擒，秦国派他去可能是出于增加说服力的考虑。

我们可以推测,《孙子兵法》倡导这种"伐交"与结盟，因为鲁国是大国，与晋国结盟时不必像许多小邦和大国紧紧绑在一起，而能保持一定的独立。小国在"以小事大"的关系中没什么选择，与其说是大国的盟邦，不如说是附庸。

---

① Samuel B.Griffith, trans., *Sun Tzu: The Art of War* (London, Oxford University Press , 1963), p. 78.

当结盟非常关键或非常敏感的时候，参与者就会郑重其事。城濮之战的记载中，楚国和宋国的城下之盟，就是一个为军事目的而庄重结盟的例子。《左传·成公元年》则记载了一个反面案例，告诉我们只顾军事目的而背信弃义将如何遭受惩罚：

> 元年春，晋侯使瑕嘉平戎于王，单襄公如晋拜成。刘康公徼戎，将遂伐之。叔服曰："背盟而欺大国，此必败。背盟，不祥；欺大国，不义；神人弗助，将何以胜？"不听，遂伐茅戎。三月癸未，败绩于徐吾氏。

不消说，盟约经常是强扭西瓜，弄得大家对盟约本身也看得轻了，这里就有个例子。宋国大夫把晋楚两个冤家拉到一起会盟，《左传·成公十二年》记载了誓文："凡晋、楚无相加戎，好恶同之，同恤菑危，备救凶患。若有害楚，则晋伐之。在晋，楚亦如之。交贽往来，道路无壅，谋其不协，而讨不庭有渝此盟，明神殛之，俾队其师，无克胙国。"三年不到，撮合晋楚的宋国大夫华元流亡国外，次年晋楚便在鄢陵大打出手（见《左传·成公十六年》）。

挑战

用敢死之士显示武力，或掠阵敌前，或突入敌阵，都可用作激怒、震慑敌军，或是挑动敌军进攻的手段。挑战的分寸是可以自觉把握得很精准的。邲之战前楚人的挑战便是一例：

> 楚许伯御乐伯，摄叔为右，以致晋师，许伯曰："吾闻致师者，御靡旌摩垒而还。"乐伯曰："吾闻致师者，左射以

> 菆[1]，代御执辔，御下两马，掉鞅[2]而还。”摄叔曰：“吾闻致师者，右入垒，折馘，执俘而还。”皆行其所闻而复。晋人逐之，左右角之。乐伯左射马而右射人，角不能进，矢一而已。麋兴于前，射麋丽龟。晋鲍癸当其后，使摄叔奉麋献焉，曰：“以岁之非时，献禽之未至，敢膳诸从者。”鲍癸止之，曰：“其左善射，其右有辞，君子也。”既免。（《左传·宣公十二年》）

这种既勇猛又心细的人是很少见的。一般的挑战只是用勇猛与蛮力让敌人害怕，而不是用精确的技巧和镇定的心态让敌人佩服。鞌之战中的例子更加典型：

> 齐高固入晋师，桀石以投人，禽之而乘其车，系桑本焉，以徇齐垒，曰：“欲勇者贾余馀勇！”（《左传·成公二年》）

这挑战[3]究竟是出于上命还是自发，还不得而知。如果我们以这两个例子为基础分析，其效果是出乎意料的：虽然高固有英雄行为，但是齐国还是在鞌之战中战败；而三位楚国武士的联合表演则是一场大捷的前奏。非常明显，就在许伯、乐伯和摄叔的英雄行为之后，晋国勇士赵旃和魏锜心浮气躁，请求去楚军阵前挑战都没有

---

① 辞书对“菆”的解释也很模糊，而且往往引用这句话。“菆”有“草”的意思，也有“箭”的意思，理雅各翻译的是“discharge a strong arrow”，意译的成分很重，但大致意思应该不差。另外一个解释是“射中插在靶心上的箭，将其劈开”，简直像武侠小说一样。无论如何，这句话的大概意思是“射得有力道，娴熟，又准确”。

② “鞅”指的是马缰绳（martingale），这里泛泛地译作“harness”（马具）。

③《左传》中“挑战”的标准说法是“致”，有时候也用“挑战”或者“徇”。

获准。但是他们都被派去楚营，一个人传了话，一个人提议会盟。赵旃抓住机会自作主张采取行动。送去挑战信之后，他被楚国的潘党所追，追至荧泽，赵旃发现六头麋鹿，便射杀了一头送给潘党，说："子有军事，兽人无乃不给于鲜？敢献于从者。"[①]（因为您专心于军事，掌管狩猎的官员恐怕不能供给足够的鲜肉吧！请把这些野味拿给兄弟们分了吧！）于是，潘党命部下舍去不追。作为个人英雄主义的行为，此举不但可称成功，而且可谓风雅，但也是晋国失败的序曲。赵、魏二人的作为和楚国三勇士的行为相似，射麋鹿献给追击者尤其如此。可以想见，史家删改史书时，只要想多来一点生动的细节，就可以信手添入一些这种小插曲。这些细节并没有增强《左传》的真实性。

上述两件事有惊人的相似。主人公都以显示道德高尚的好客姿态，从容自信地应对敌人的武力。这是一种儒家的大勇，在当时很受推崇。

在错误的语境下，挑战只是鲁莽之行、德衰之象，而不是军事上的机智："三十三年春，秦师过周北门，左右免胄而下。超乘者三百乘。王孙满尚幼，观之，言于王曰：'秦师轻而无礼，必败。轻则寡谋，无礼则脱。入险而脱。又不能谋，能无败乎？'"两个月后，秦国军队在崤谷败于晋和姜戎。不用讲，秦人敢在天子宫阙前放肆，无非是因为当时的周王室只是个有名无实的空架子。

物质准备

战前，肯定要有一些常规的准备工作。《左传·文公七年》对晋

① 根据《左传·宣公十二年》原文，这句话是魏锜所说，而不是赵旃。——编者

国在令狐之战前的准备描绘得简练而到位："利兵，秣马，蓐食，潜师夜起。"[①]（把武器磨锋利，把马喂饱，把粮草囤足，夜间出动军队。）更简单的，从个人视角出发的如下："将战，吴子呼叔孙，曰：'而事何也？'对曰：'从司马。'王赐之甲、剑、铍，曰：'奉尔君事，敬无废命。'"[②]

统帅的果决、效率、审慎，可以不战而屈人之兵："晋将遁矣。雍子发命于军曰：'归老幼，反孤疾，二人役，归一人，简兵搜乘，秣马蓐食，师陈焚次，明日将战。'行归者而逸楚囚，楚师宵溃。"于是晋国肃清了边境，摘得了胜利的果实。

单纯做军事准备而违反礼节，也是徒劳的。这一点在《左传·襄公二十七年》中有生动的论证。当时宋国的大夫又要斡旋晋楚会盟。

> 辛巳，将盟于宋西门之外，楚人衷甲。伯州犁曰："合诸侯之师，以为不信，无乃不可乎？夫诸侯望信于楚，是以来服。若不信，是弃其所以服诸侯也。"固请释甲。子木曰："晋、楚无信久矣，事利而已。苟得志焉，焉用有信？"大宰退，告人曰："令尹将死矣，不及三年。求逞志而弃信，志将逞乎？……"赵孟患楚衷甲，以告叔向。叔向曰："何害也？匹夫一为不信，犹不可，单毙其死。若合诸侯之卿，以为不

① 另一说法见《左传·襄公二十六年》。
② 理雅各将"赐"译为"gave"显然是不合适的。因为这一翻译没有能体现出授予武器的同时也提高了接受武器者的身份。理雅各将"铍"译为"long Spear"，当我们提及战场上的兵车时，的确很容易想到长矛。但是因为木制的矛柄易于腐烂，无法保留至今，所以我们无法完整地了解春秋时代的长矛。参见Max Loehr，*Chinese Bronze Age Weapons*（Ann Arbor，University of Michigan Press，1956），该书第108项武器可能只是铍的头部。

> 信，必不捷矣。食言者不病，非子之患也。夫以信召人，而以僭济之。必莫之与也，安能害我？”

所有这些都很好地体现了儒家道德。子木所说的“利”和孟子见梁惠王所说的“利”是一样的。这场对话后，晋国的谋士继续对在这个环境中楚国任何要出手的举动进行限制。楚国需要同时对付宋晋两方。一旦有事，可以迅速避入近在咫尺的宋都城门。然后他再谈了违反了道德的实际后果：“又不及是。曰弭兵以召诸侯，而称兵以害我，吾庸多矣，非所患也。”

这种不切实际的道德主义，当时却认为对大国是适当和有利的，对小国来说却是无力承担的奢侈品。他们反复地被建议守住城墙、城门，不能放下武器，不能撤下卫兵，这种态度极大地减少了关于战斗的物质准备的记录。我们知道大国都会有所准备，但并不清楚他们究竟做了哪些事，更不知道是怎么做的。我们能知道的顶多是一些莫名其妙的情形。比如，军队经常会清理宿营地，铲平灶台，烧掉扎营的地方——但我们全然不知道这是为什么。可能这是为了把择定的行动区域清理出来，让战车和步兵的作战没有不必要的阻碍和危险。铲平旧营盘也可能有非常重要的仪式性的意义，比如渡河之后烧掉船只，这个行为象征着与过去一刀两断，义无反顾地投入战斗，并且全力应对此举带来的新形势。

情报与安全

知己知彼、迷惑敌人在军事准备中至关重要。[1]《左传》中记载

① 孙子云：“知己知彼，百战不殆。” Griffith，p.84。

了大量的秘密行动和用诈。楚人利用随国将领的虚荣心，故意展现出凌乱的军容，成功地诱使随国国君下令进攻，一位明智的谋臣也没能劝阻他(《左传·桓公六年》)。

直接观察是收集情报的常用手段。在晋楚鄢陵之战中(《左传·成公十六年》)，楚王登上用来瞭望的巢车，讨论观察到的情况：

> 楚子登巢车，[①]以望晋军，子重使大宰伯州犁侍于王后。王曰："骋而左右，何也？"曰："召军吏也。""皆聚于军中矣！"曰："合谋也。""张幕矣。"曰："虔卜于先君也。""彻幕矣！"曰："将发命也。""甚嚣，且尘上矣！"曰："将塞井夷灶而为行也。""皆乘矣，左右执兵而下矣！"曰："听誓也。""战乎？"曰："未可知也。""乘而左右皆下矣！"曰："战祷也。"伯州犁以公卒告王。苗贲皇在晋侯之侧，亦以王卒告。

楚人在琢磨晋人的意图，反之亦然。[②]楚军已经逼近晋军列阵，之后就按兵不动了，晋人觉得奇怪。晋大夫栾叔认为，楚军轻佻，如果晋军坚守营垒三日不出，楚军必退。而另一个大夫则列举楚国六个弱点，请求速战。最关键的建议来自楚国叛逃过来的苗贲皇，

---

① 将巢车译为"a chariot with a crow' s nest"基本上是直译，理雅各将其描述为"建造在马车上的瞭望台"(见 *The Chinese Classics* V，396)，安井衡将其等同于"橹"，顾赛芬（Couvreur）则认为巢车"上有圆顶，士兵立在上面瞭望敌人"。参见安井衡：《左传辑释》，台北，广文书局，1956；F. S. Couvreur，*Dictionnarie classique de la langue chinoise*（Taipei，World Co.，1967）。

② 也见《左传·成公十六年》，就在楚王和伯州犁对话的前后。

其他人都说："国士在，且厚，不可当也。"告诉晋君楚师的精锐所在："楚之良，在其中军王族而已，请分良以击其左右，而三军萃于王卒，必大败之。"晋厉公认为苗贲皇的建议可行，于是占筮，果然预言胜利，所以厉公采纳了苗的建议。

从敌方叛变而来的人的建议经常被采纳。受信任的变节者，比如析公，就坐在晋君的战车后面，被奉为"谋主"（《左传·襄公二十六年》）。《左传》上至少有两处（都见于《左传·文公十二年》），都特别记载战车上坐有四个人。这第四个人大概就是谋士，而且往往是归降来的。①

情报工作的另一方面是阻止敌人获知关键信息。这一点在春秋时代也有体现。比如，鲁哀公六年时，楚昭王卒于军中，"（子闾）与子西、子期谋，潜师闭涂，逆越女之子章，立之而后还"。

---

① 不幸的是，有一条引人注意的史料使得本就复杂的问题更复杂了：车的大小和人的体型不匹配。周代人的体型肯定比现代人小，但是再小也不可能解决华威廉（William Watson）提出的难题："车内面积不会大于0.8平方米，车前进时，只能容下两个人站在一起，肯定没地方再上来两个人作战。"见William Watson，*Early Civilization in China*（New York，McGraw-Hill，1966），p. 79。但是我们一再在《左传》中看到，一辆战车的乘员标配是：一人驾车，一人持弓在左，一人持戈在右。而且从记载上看，他们的确是在车上战斗的。现在又有了第四个乘员，除非"天"简单地作"后面"讲。那么只剩下两种可能：第一，当时实际使用战车比目前已经出土的战车至少大一倍；第二，前进或作战时必须有乘员下车。

列奥·奥本海姆（A. Leo Oppenheim）的*Ancient Mesopotamia*（Chicago，Phoenix paperback，1964）一书中的两块泥板，展示了国王亚述巴尼拔（Assurbanipal，公元前7世纪）时期的亚述战车。一块是第九号泥板，题目是"王家战车"，三个人站在一辆相当大的战车上，其中一人明显是亚述巴尼拔。拉车的两匹马是停住不动的，一个没带武器的人控制它们；另外一块是四号泥板，题目是"战斗的战车"，上面有一辆三匹马的战车，一名弓手在驾车人的右边，一人手持约五英尺长的矛准备战斗。这是仅有的两幅战车图像。中国没有可资比较的图像资料。奥本海姆认为，战车在公元前第二个千年是厉害的武器，但前9世纪后，骑兵发展了起来。（p. 46）

《左传·襄公二十四年》区分了"广车"和"乘车"，广车是打仗用的，乘车大概比广车小而轻，是专门坐人的。

公开决裂

晋国派吕相与秦绝交的宣言，是《左传》中的一篇经典文字，用语考究，辞采雅致，是战国时代许多类似文章的先河，但其确实实际发生过的可能性很小。理雅各就指出，《左传》有许多失实的表述。①

比这些掷地有声的宣言更令人惊奇的是，很多情况下，在宿命论、命令或预兆的驱使下，战士们即使相信此战必败、自己会死于非命，他们还是会回到战场上。例如，邲之战前，晋国大夫抱怨："郑人劝战，弗敢从也。楚人求成，弗能好也。师无成命，多备何为。"（《左传·宣公十二年》）这显然与指挥官应该有的高昂斗志格格不入。

还是有些宣言比吕相的真实性高的，比如城濮之战的宣言就很可信。这些话颇像两个很有文化的橄榄球四分卫在关键的比赛之前当着记者的面讲给对方的话。这种体育竞技的氛围可能并非完全不得体。因为当时的战争和狩猎非常相似，狩猎本身就是军事训练的一部分，而且和打仗一样也是一种占卜，仔细揣摩打到的猎物，就能知道它们预示着什么。

兵戎相见：战争行为

《左传》中有不少栩栩如生的画面，比如在邲之战中：

> 孙叔曰："进之。宁我薄人，无人薄我。《诗》云：'元戎十乘，以先启行。'先人也。《军志》曰：'先人有夺人之心。'

① Legge, *The Chinese Classics*, V, 383.

> 薄之也。”遂疾进师，车驰卒奔，乘晋军。桓子不知所为，鼓于军中曰：“先济者有赏。”中军、下军争舟，舟中之指可掬也。（《左传·宣公十二年》）

又如鞌之战：

> 齐侯曰：“余姑翦灭此而朝食。”不介马而驰之。[①] 郤克伤于矢，流血及屦，未绝鼓音，曰：“余病矣！”张侯曰：“自始合，而矢贯余手及肘，余折以御，左轮朱殷，岂敢言病。吾子忍之！”缓曰：“自始合，苟有险，余必下推车，子岂识之？然子病矣！”张侯曰：“师之耳目，在吾旗鼓，进退从之。此车一人殿之，可以集事，若之何其以病败君之大事也？擐甲执兵，固即死也。病未及死，吾子勉之！”左并辔，右援枹而鼓，马逸不能止，师从之。（《左传·成公二年》）

上述这些人都是贵族。对现在读者来说，“贵族”一词意味着什么都会一点、却都不专精的人。然而，以武艺、精神、坚毅和忠贞衡量，春秋时代的贵族是专业的武士。表面上的繁文缛节无法掩盖一个基本事实：他们在最严酷的考验下投身于自己君主的事业，其精神是荷马式的，有着传奇一样的果决（flatness）与包容（universality）。

实际的战斗要遵循一套准则，其大概内容可以从《左传》的叙述中推演出来，其中有些确实会让今天的读者摸不着头脑。比如，

① 这种冲动很值得玩味，它可能意味着，甲胄至少在君主的战车上是标配。甲胄可能是皮革的，但覆盖范围还不清楚。

鲁昭公二十一年，宋国的内战中发生了惊人的一幕，旋涡的中心是华氏一族。而按惯例，许多大国都出面调停，宋公子城的战车和吕封人华豹的战车相遇了，公子城调头要走，“华豹曰：‘城也！’城怒而反之，将注，豹则关矣。曰：‘平公之灵，尚辅相余。’豹射，出其间。将注，则又关矣。曰：“不狎，鄙！”抽矢。城射之，殪。”（“华豹喊：‘城啊！’公子城大怒，又折返回来，刚搭箭上弦，华豹已经拉满了弓。公子城说：‘平公的在天之灵，还在保佑我呢！’[①]华豹果然没有射中，公子城又要搭箭，华豹又已经拉满了弓。公子城喊道：‘不给我射的机会，真无耻！’于是华豹从弓上抽去自己的箭，公子城将他一箭毙命。”）公子城又击毙了华豹执殳的车右，重伤了他的射手干犨。干犨请求公子城射死自己，而公子城想留他性命为国君效力。干犨说：“不死伍乘，军之大刑也。干刑而从子，君焉用之？子速诸。”（“同车共伍的人都死了，自己却活着，在军法上是大罪。如果我为了逃罪而跟随了您，国君又怎么能重用我呢？您快点下手吧！”）于是公子城射死了他。

这里的军事行为准则是，战友死了，自己也不能独生，这和中国文化里其他团结模式非常相关。应该与对手交替射箭的观念，让人联想到一种基于道德秩序的“骑士精神”，但明显与军事上的实用主义相矛盾。按现代人的思维，如果华豹射箭速度是公子城的两倍，那么只能说明华豹武艺高过公子城，与品行无关；然而事实上，此事不但关乎个人生死，而且关乎国家胜败。我们因此对这个问题有了更深的认识。这类事情还有很多。比如，桓公八年，随楚交战，季梁观察楚军，认为楚人尚左，楚王一定在左翼，所以击破

① 宋平公是公子城的父亲。

其空虚的右翼，就可以让楚师土崩瓦解。然而，随国的少师却说："不当王，非敌也。"（不面对他们的君主，怎么算是战斗呢？）结果随师一败涂地——"败绩"。[①]

不该乘敌之危的思想根深蒂固，它本身就可以被当作一种手段。于是，秦晋鏖战一番之后，秦军使者知会晋军，待拂晓再战，晋国的胥甲和赵穿到秦营门前喊道："死伤未收而弃之，不惠也；不待期而薄人于险，无勇也。"秦军连夜撤退，没有再战。[②]

战斗展示的个人品质中，先秦的中国人最为推崇临危不惧，认为这比单纯压力下表现出的勇气要宝贵得多。《左传》对很多事件的记载近乎漫画："颜息射人中眉，退曰：'我无勇，吾志其目也。'"（"颜息射中敌人的眉心，回到阵中，说：'我并没有什么大勇，只是瞄准了别人的眼罢了。'"见《左传·定公八年》。）

武人还必须果毅。"戎，昭果毅以听之之谓礼，杀敌为果，致果为毅。易之，戮也。"（"兵戎之事在于发扬果毅的精神，将果毅之念内存于心、外见于行才叫作礼；'果'就是杀敌，'毅'就是能够杀敌"，如果不依此而行，就会死得很不光彩。"《左传·宣公二年》）。该事件清楚地显示，帮助或放过处在困境中的敌人，是违反军事行为的准则的。私人的恩怨不能影响履责的忠诚（《左传·宣公二年》）。不顾艰险、不计利钝、百折不回的忠诚，恰恰是整个国家道德风尚的体现。有这种臣民的国家将是不可战胜的，所以攻打这

① 参考本文末尾的宋襄公的故事。

②《左传·文公十二年》记载："秦行人夜戒晋师曰：'两君之士皆未慭也，明日请相见也。'臾骈曰：'使者目动而言肆，惧我也，将遁矣。薄诸河，必败之。'胥甲、赵穿当军门呼曰：'死伤未收而弃之，不惠也；不待期而薄人于险，无勇也。'乃止。秦师夜遁。"可见，胥甲、赵穿应该是挡在自家军门前，阻挡晋军趁秦军之危追击他们。原文中作者可能将晋（Chin）与秦（Ch' in）混淆。——编者

种国家是愚蠢的(《左传·成公三年》)。恐惧和自卑是可以理解的,但是这种心理不能影响履行职责(《左传·襄公二十四年》)。

我们很容易想当然地认为先秦中国的军队是一群乌合之众,所谓战斗只是一通乱打。然而,这种想法未必符合实际:

> 战于长勺。公将鼓之。刿曰;“未可。”齐人三鼓,刿曰:“可矣。”齐师败绩。公将驰之。刿曰:“未可。”下视其辙,登轼而望之,曰:“可矣。”遂逐齐师。既克,公问其故。对曰:“夫战,勇气也,一鼓作气,再而衰,三而竭。彼竭我盈,故克之。夫大国,难测也,惧有伏焉。吾视其辙乱,望其旗靡,故逐之。”[①](《左传·庄公十年》)

且不说贯穿整场战斗的军事天才,以及曹刿战后对自己的推测的生动而巧妙的解释,这场战斗本身就充分表现出,鲁军的一举一动都是严格遵守指挥的。鲁军不但可以按照命令进攻,也能按命令停止进攻,即使胜利在望;进攻中能保持良好的队形,第二个信号发出时,能够重新发动进攻。对于任何时代的任何一支军队来说,这都是极杰出的表现。

战后

战斗刚结束时的状况跟当时世界其他地方没有什么两样。屠杀很少被任意实行。在推崇克制和仁爱的风气下,即使战争中也是如此,史书很可能略去了对不必要杀戮的记载,所以很难说是战后的

---

① 参见本书关于城濮之战的研究。

杀戮真的很少，还是史书里删去了杀戮的史事。战后的杀戮肯定是有的，至少有一些仪式性的杀戮。“衅鼓”是一个司空见惯的词。衅鼓要用人血，可能取自战死的人，更可能取自战后杀掉的俘虏。战后用真人做祭品也是有记载的(《左传·昭公十年》)，这种例子大多来自鲁国(《春秋》就是鲁国的史书，而鲁国又是孔子的故乡，在一定程度上被视作道德楷模)，但《左传》是旗帜鲜明地反对此举的。割去左耳象征着将战俘降服或者变为阶下囚，也可能是用来计算杀敌数量的手段。战胜后通常要享用战利品，通常是大吃“三日”。“三日”可能只是形容缴获之多的套话，大部分战利品要就地吃掉。[①]

楚王在邲之战之后的言行的记录，大概是最使人惊讶和引人思考的道德塑造的表现。他拒绝用晋军的尸首筑立京观，并引用《诗经》证明自己的观点；他不能确定自己的对错，武有七德：“禁暴、戢兵、保大(臣事周天子)、定功、安民、和众、丰财者也。”(《左传·宣公十二年》)楚王认为自己七德一条也不占。对于一个军事家来说，追求这七种道德是矛盾的，就像用战争来终结战争。楚王的这番表述尤为奇怪，因为楚国向来没有谨守礼仪的名声，一直被视为半野蛮的国家。

而且，在《左传》邲之战的上下文中，楚国把各种高尚的德操展示了一遍，我们不由得再次怀疑，楚国到底是因为拥有这些品质

---

① 格里菲斯将军（General Griffith）在他翻译的《孙子兵法》中提到：“先秦中国，战争是贵族武士的对决，受双方都遵守的规则约束，《左传》中有很多例子可以说明。比如，前632年，晋军指挥官在城濮击败楚国之后，给敌人三天的粮食。后来楚国在邲之战中取胜，也用同样的方式回报了晋国。”然而，无论是《左传》原文（“晋师三日馆谷”）还是常识，都不能支持这种田园诗般的说法。试想，溃散的楚军怎么会温顺地重新排成队去领取救济？败军之将怎会把头盔拿在手中，往自己的大车上装粮食？春秋时代的战争从来不乏仪式感和骑士精神，但是这个不能算其中一例。

才赢得了应有的胜利，还是赢得了胜利之后有人才裁剪史书，使得军事的胜利看上去像是道德的胜利？对于晋国，这种问题不是那么严重，因为《左传》对晋国的评价总体较高。然而,《左传》对战胜者楚国德行的褒奖如此突兀，提醒了我们要对《左传》道德上的偏见保持警惕。先秦史学家不能设想——或者不能承认自己设想，一位没有道德君主率领一个只有武力而没有道德的国家，可以获得大胜。而君主和将领们对此则不会大惊小怪。但是至少在史书里，每一个获胜者都要在战前、战中、战后展示正确的态度。值得注意的是，上文已经提到，在邲之战的预备阶段，晋国的大夫就已经对晋国的道德做出了负面评价。

在个人层面，受褒奖之后，不用非要摆出谦逊的姿态。“既战，简子曰：‘吾伏弢呕血，鼓音不衰，今日我上也。’大子曰：‘吾救主于车，退敌于下，我，右之上也。’邮良曰：‘我两靷将绝，吾能止之，我，御之上也。’驾而乘材，两靷皆绝。”（战斗结束后，赵简子说：“我伏在弓箭袋上吐了血，而鼓音不衰，今天我的功劳最大。”卫太子说：“我在车上救了您，又击退了敌人，我是最棒的车右。”邮良说：“今天两根皮缰绳都快断了，还是能停住车，我是最厉害的驭手！”车向前走着，皮缰绳挂上了树枝，全断了。见《左传·哀公二年》）除了自夸，这段文字呈现了有趣而精确的对应楚国行为的副本。这种一一对应又让我们精神紧张，我们到底是在处理事实还是一些被重新拼接排列的文学作品？

对比两场重要的战役，可以更深刻地认识这些礼仪和道德行为的模式。这两场战役相隔四百多年，一场是城濮之战（前632年），此役晋文公击败楚国；第二场是井陉之战（前205年），此役韩信率军打败赵国军队。两场战役都具有重大的历史意义，而且在传世文献中被浓墨重彩地书写，分别见于《左传·僖公二十八年》和《史记·淮阴侯列传》。

城濮之战

这场战役要放在两大集团长期对抗的大背景下考察。一个集团以晋国为首，其成员国是更为中原化的国家；另一个集团以楚国为首，其成员多是非中原的各南方国家。城濮之战是双方的第一场大会战。

结盟

结交和维持盟国是战争外交准备的重头戏。晋楚争霸有个明显的特点，就是两个大国和夹在其间的各个中原小国之间分合无常。地缘远近无疑是首要因素。申国和息国参加了城濮之战，两国是楚国的老牌卫星国，其军队非常好地融入了楚军；陈国和蔡国毗连楚国，也是其坚定盟友。估计楚方三分之一的兵力都是这些盟军提供的。晋文公敏锐地察觉到，这正是楚军的命门所在。徐国也因为地缘相近，成为楚的盟国。卫国和曹国则明显是临时加入楚国一方的；鲁国也与楚结盟，鲁国公族率领军队保护卫国。宋国和齐国则受晋国的保护。通常来说，最先进攻的目标，就是离自己最近的敌方盟国：在城濮之战中，楚国及其盟国攻宋，晋则攻曹、卫。像卫国这样，远离自己的“大哥”，却与“大哥”的对手相距很近，便非常容易遭到攻击。任何一个时间点的力量平衡，无非靠以下两种办法维持：一是不断的背叛和结盟，二是国家势力的消长。判断消长，就看一方敢深入与主要对手之间的缓冲区多远。

主帅

争霸中还有一个因素就是双方君主的道德人格。中国的史家向来看重天命与功过，他们修史总是遵循道德主义，对战史的记述也是为了证明战胜者实至名归。就城濮之战而言，我们应当注意到《左传》对重耳的流亡生涯的完整记述。重耳流亡国外十九年，后来成为大名鼎鼎的晋文公。[①]《左传》似乎想要告诉读者，一个真正尽职的谋臣可以为一个不那么完美的主公做许多事。重耳有一个特别厉害之处，就是能让许多人心甘情愿地牺牲自己、成全他。在这些人的指引下，重耳才开始产生对自己天命的幻想。重耳变成晋文公之后就摇身一变，成为一位完全符合儒家理想的虚怀纳谏的君主。晋文公的形象非常模糊，这其实是一个普遍现象：我们对中国历史名人的个人情况往往知之甚少。城濮之战中，几乎唯一有关他个人经历的记载是，他曾经一时兴起答应楚王——可能是他没忘，也可能是别人提醒之后记起来了——如果他的军队和楚军对阵，他会"退避三舍"。

《左传》也描写了楚军统帅子玉的个性。值得注意的是，他对击垮晋文公抱着偏执甚至狂热的态度，这种一维的、毫无来由的恶意，就像《奥德赛》中的埃古（Iago）一样。唯一赞许子玉的大概只有晋文公本人，他说这些话是在子玉去世之后。蔿贾评价子玉"刚而无礼"，并且预见楚军在他的指挥下必败。子文急于把位置让给子玉，似乎是因为惧怕他。《左传》在城濮之战后插入了一段文字，

① 城濮之战的记载，乃至《左传》记载的重耳的传奇，提供了一个惊人的范例：一些《战国策》之类的史书，怎样被武断地裁剪，再重新组合，成为春秋的传。其主要的素材肯定是一部由晋国人写就的主要记述重耳生平的史书，非常凌乱地分散在《左传》的这一部分，从鲁庄公八年重耳的出生写起，经过短命的闵公，一直到僖公。

可疑却透露真情。这件事发生在战前，子玉有“琼弁玉缨”，河神托梦给他，如果他能将琼弁献给河神，河神将赐给他“孟诸之麋”。[1]子玉用非常理性的话解释了自己为什么拒绝巴结河神：“非神败令尹，令尹其不勤民，实自败也。”这是地道的儒家思想，不像一个偏执、狂热的半野蛮的楚国人说的话，而随后，晋文公说这才是子玉的真实面目。他批评子玉的继任者“奉己而已，不在民矣”，明确地表示子玉的接班人在这些重要方面是不如子玉的。

怎样让人民做好战争的准备？《左传》中，这个问题通过晋文公和子犯的对话表现出来，谈话还涉及征伐、正礼、狩猎。文公选择了一名主帅，然而此人据说只擅长学问[2]——由此我们可以知晓，先秦人认为自己应该怎样思考战争，或者应该表现出怎样思考战争。虽然《左传》中对子犯的描述极其程式化，但我们依然可以相信《左传》的记载，晋国练兵的方式就是狩猎和征讨小邦，顺便还能解决一些政治问题。

有些人头脑简单、脾气急躁，如何利用这一点让他们在战斗中发挥作用？对此《左传》有现实主义的解答。晋文公的车右魏犨，因为觉得得到的褒奖不够，怒而违命，在战斗中负伤。文公探询他伤势如何，见他身体并无大碍，就把他从车右的位置上撤换下来，同时斩首了与他一起违命的人，以立威。

---

① 理雅各将“麋”译为marsh（沼泽地），《中国古今地名大辞典》收录了这个地方，在河南省商丘市，与城濮之战的可能地点都不远，但也不算近。所以说河神在向他许诺战争的胜利是不对的。更可靠的解释是，河神许诺他将楚国的边境推进到济水南岸，这将可以极大地扩大楚国的领土，但考虑到楚国的国力和势头，也并非难以想象（《左传·僖公二十八年》）。

② 《左传·僖公二十七年》。

占据有利位置

敌对的两军进入战场之前，需要先抢夺道德制高点。当年晋文公还是重耳时流亡到楚国，子玉就劝楚王杀掉他；城濮之战时，子玉依然是晋文公的死敌。楚王认为晋国没有道德瑕疵，晋国士气正旺，政治清明，没有可乘之机。子玉又抛出了个人的理由："非敢必有功也，愿以间执谗慝之口。"楚王很不高兴，但也不想过分约束自己的令尹，于是交给他一支人数不多的军队。这是个愚蠢的行为，既没有阻止他出兵的决心，也没有给予他获胜的力量。子玉率领着这支队伍向晋文公发出了挑战。晋国谋臣就此展开了反复辩论。晋军退避三舍，而楚军还在喧嚣挑衅。至此，一战已经难免，而晋军已在道德上占据了有利的位置。

第二阶段才是占据地理上的有利位置。《左传》并没有明白提到晋文公挑选了一个特别有利的位置扎营。在地形平坦的华北平原，起伏不大，但是小小的差异就会对军事造成很大影响。晋文公应该有足够时间选择一个有利地形。如果《左传》所说的"次"果真是宿营两夜以上，那么晋军在这里至少宿营两夜。[①] 理论上讲，到达城濮多少有一点仪式性的目的，而不是单纯地选择一个军事上的有利地形。这意味着晋文公退避三舍，已经履行了对楚王的诺言，打起仗来可以甩开思想包袱，虽然他的臣下还要帮他扫除疑虑。

在城濮宿营之后，晋文公偶尔听到了军中唱的一首歌，他认为这可能是一个不好的预兆，而子犯则必须找到有利的解释。因为楚国曾经帮助过晋文公，所以晋文公一直感到非常苦恼。栾贞子以家

---

① 《左传·庄公三年》："凡师，一宿为舍，再宿为信，过信为次。"理雅各将"舍"翻译为"su"而不是"she"。见Legge，*The Chinese Classics*，V，76。

族忠诚劝说文公：楚国已经灭亡了汉阳诸姬，还剩晋国一家。文公做了一个活灵活现的噩梦，而子犯又从中找到了吉兆。

最后是应战。这一情景为后世反复引述，楚国使者优雅而轻松地邀请开战："请与君之士戏，君冯轼而观之。"（"我请求与您的武士比试比试，您站在车上看。"）晋文公回答："敢烦大夫谓二三子，戒尔车乘，敬尔君事，诘朝将见。"（"麻烦您告诉贵方将士，照顾好你们的战车，谨慎地侍奉楚王，明日破晓，不见不散！"）

战斗和余波

《左传》对具体的战斗情形描写得十分简略，一共只用了167字，这是其简约风格的又一个例子。描写当然不详尽。战斗中的一些关键情节没有特别提到，但可以从话中推测出来。下文中我复原战役过程时，会把推测出来的情节用楷体字表示。[①]

这场战役加入了晋军两翼的进攻。楚的同盟陈、蔡的军队组成楚军的右翼，晋军的左翼进攻陈、蔡联军，势如破竹。[②]晋的左军（或称下军）就成为中坚力量，扎进楚国的中军，一面防止它进攻晋方的中军，一方面防止它援救楚军左翼。因为在两种情况下，晋军

① Legge，*The Chinese Classics*，V，210.

② 两支军队的具体组成只能靠推测，《左传》对此语焉不详，晋军的阵营里有秦、齐、宋等国的贵族，按理说他们肯定带来了军队，但是《左传》中并没有记载他们在哪里战斗，却专门提到陈、蔡的军队组成或属于楚右军。竹添鸿光的《左氏会笺》认为，陈、蔡两军从属于楚右军，虽然和楚右军不同，但受右军统率节制。杨联陞教授认为，楚国的老牌卫星国申、息也参加了城濮之战，列在楚军左翼（在中国军事史研讨会上的口头发言，1969年8月24—29日）。因为楚王令子玉自杀时，说子玉愧对申、息的父老（Legge，210）。这也说明，卫星国不但要派兵参战，而且损失最大；受到攻击最强烈的是左军，而子玉指挥的中军却没有支援。楚王对子玉的责难正好印证了杨联陞的说法。《中国历代战争史》（蒋介石名誉主编，三军联合参谋大学校1967年再版）卷一第十七章，将息国军队归入子上统率的右军，将申国军队归入子西统率的左军，目前我还未能找到证据。

的下军都可以从侧翼或后方攻击它。

晋军的右军（或称上军）由狐毛和狐偃指挥，这支兵马在整盘棋中的作用只是诱敌。战斗开始前，晋国的最高指挥部已经将战略分为三个部分，同时晋文公已经将其解释给几名指挥官，当上军到了可能产生伤亡的地步时（有可能就是进入弓箭射程之内时），他们掉头就跑。上军有两面大旗，表明晋国的主帅文公就在其中。同时，栾枝的战车布置在中军和上军之间，扫过正在撤退的上军尾部，战车后面拖着树枝，车过之处尘土蔽天，楚军看不清狐毛和狐偃的军队正在扬尘的掩护下重新整队，调过头来。

子西指挥楚国左军，该军由申、息两国征调来的士兵组成，申、息和陈、蔡一样，也是楚国的与国，但是加入楚方的历史更久，与楚军的融合更深入，也更受楚国的信任。当他们迫近晋军战线时，一支精锐的人马从晋中军杀出，他们是文公的近卫军——"公族"，都是公族子弟或者流亡时与他共患难的忠臣子弟，由原轸和郤溱指挥，突入楚军右翼；同时，晋中军余下的人马按兵不动，与楚中军对峙，有效地支持了胥臣指挥的晋下军的行动。此时，附近沼泽中刮来一阵龙卷风，一度乱了晋中军的阵脚，还刮飞了文公的一面旗帜。[①] 晋公族冲击楚左军时，晋上军和栾枝的战车部队也大举出击，歼灭了楚左军。

上述情节有几个地方可以做改动，也言之成理：战车部队可以横掠阵前掩护中军，然后与公族一道冲锋。这种假设要劣于上文重建的史实，主要体现在三个方面：在如此复杂的行动中，由指挥官

---

① 值得注意的是，龙卷风的特点是，里面是狭长湿润的气旋，外面是较宽的干燥气旋，所以《左传》记载风从沼泽刮来就增加了可信度。这个细节没有在记载城濮之战战况时正面提到，而是后来追述的（《左传·僖公十四年》；Legge，212）。但是理雅各太过忠实于朱熹错误的注，导致英译的偏差。

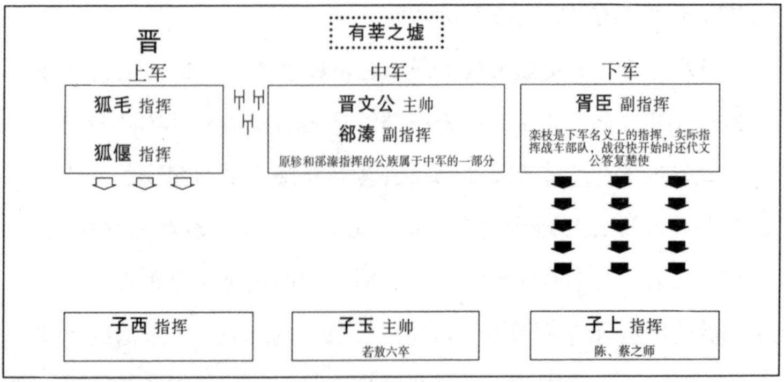

图 1-1　城濮之战（前 632 年）第一阶段 排兵布阵

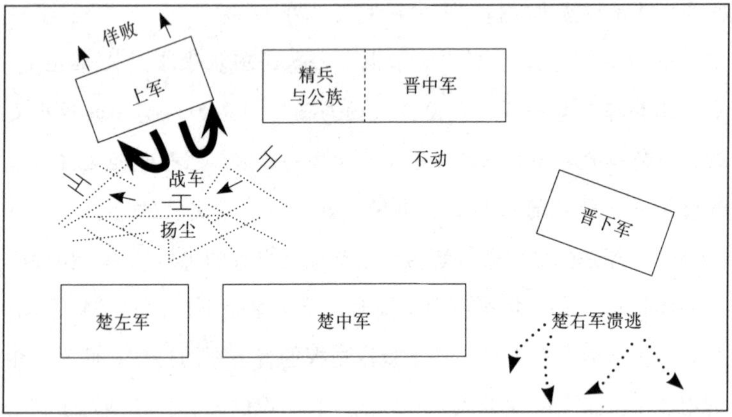

图 1-2　城濮之战（前 632 年）第二阶段

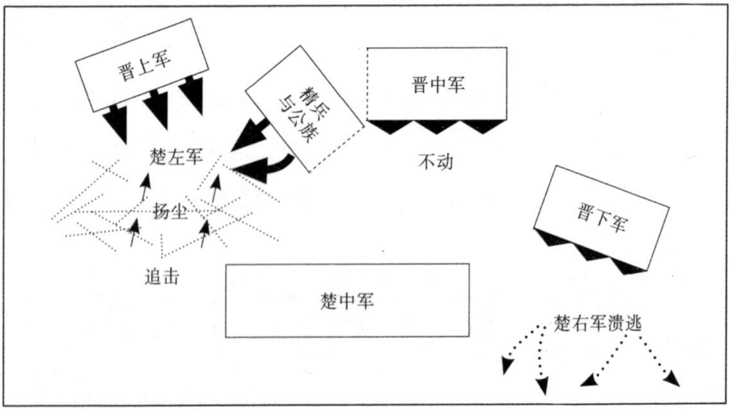

图 1-3　城濮之战（前 632 年）第三阶段

直接掌管的部队多多益善，这样他才能比较容易地指示部队何时行动，近卫军开始时处在中军和上军之间的位置，最能满足这个条件。让他们出击也可以让最右翼的尘土飞扬得更持久，在这里的上军就可以调转头来准备逆袭。战车加入公族一起作战则没那么容易。公族要等楚左军冲出扬尘之后立即予以痛击。也可能晋中军并没有前进，战斗就开始了。换言之，双方的左翼都受到攻击，晋国在先、楚国在后的可能性较大。另一种可能是，晋国的上军只是挑战诱敌，而没有参与进攻。我们已经注意到，这在《左传》中是常见的做法。

这场战役具体是在哪里发生的，现在还难以确定。最可能的地方是两处：河南省陈留县东北、山东省濮县南部。[①] 然而事实是，战场的具体位置既不可能明白确定，也不是很重要。有人推测有莘之墟位于某座小山上，而沼泽也在战场的边缘。不过地形在城濮之战中并不重要，除非要设伏时才加以考虑。

城濮之战后的仪式性行为也非常典型。文公回到晋国，为周天子立宫于践土，他还在践土献给天子一百辆战车和一千名楚国步卒，由此正式称霸。不难想见，随后小国君主便要急忙寻求新的平衡，《左传》里也有体现。

用道德主义记录战争当然会掩盖实情。逻辑上讲，如果像《左

① 程发轫在《春秋左传地名图考》(台北，广文书局，1967）中认为，城濮是卫地，有濮水流经，即今濮县南六十里的临濮集。他还推测，有莘之墟在河南陈留，因为离临濮集太远，所以有莘之墟不可能发生战斗。他又从另外一条史料推测，有莘之墟在今山东曹县以北十八里，他认为这个地点大致可信。晋军从曹国南下，楚军从宋国北上，两军相遇于曹宋边界。之所以以“城濮”命名这场战役，是因为晋军曾在此驻扎数日。而真正的交战是在有莘之墟，因为晋文公曾在这里检阅军队。不过单纯从地理角度看，我认为此说也未能尽善：姑且按照程氏的说法，濮县以南六十里距离曹县以北十八里还有一百里，大约相当于晋文公退的“三舍”。很难想象晋军会撤退一百里后又向南前进了一百里。需要注意的是，历史上“里”的长度是变化的，所以这种论证的风险很大。

传》宣扬的那样，文公之德有如此强的感召力，那么他肯定能长久不衰；然而事实是，城濮之战后不久，他就遇上了接连不断的难题。他称霸后几个月就率盟国围攻蕞尔小国许国，没有成功。翌年，他又威胁郑国；第三年围郑，结果还是空手而归。在这一时期，狄人一直是中原的威胁，在践土之盟之后三年就大举（至少就记载来说）入侵齐、卫两国（两国都是晋国的盟友）。可以判断，这场以城濮之战为顶峰的争霸大戏，损耗而非充实了晋国的国力。

历史学家童书业把城濮之战视作一个大转折，楚国对中原地区所向披靡的入侵受到遏制，认为晋文公处于同时抵抗南蛮和北狄的地位。[①] 然而事实上，前 584 年巫臣出使吴国，才是遏制楚国、削弱其威胁的关键事件。巫臣是楚国的前高官，流亡到晋国得到任用。他最有理由憎恨楚国，担负起向吴国提供军事援助的任务：传授吴人怎样使用武器、怎样列阵战斗。楚国东南有了这样一个重要的军事存在，就无法在北方为所欲为。[②]

井陉之战

司马迁的《史记》是中国历代正史的典范，军事记载极多，但是通常很简略，甚至有点遮遮掩掩。司马迁最为脍炙人口的作品《项羽本纪》就是一个很好的例子。项羽武艺高强，是楚国名将之后，他的军队是秦末起义军中最强的一支。然而，诸如装备、战术、战场位置以及军事史中的其他要素，司马迁都语焉不详。[③]《史

① 童书业：《春秋史》，上海，开明书店，1946，页 180—181。

② 见《左传·成公七年》。另见沙畹（E. Chavannes）的法译本《史记》：*Memoires Historiques*（Paris，Ernest Leroux，1895），V，5。

③ 能从《项羽本纪》找到的仅有的军事装备信息是：项羽使用了弩和剑（可能是短剑），并有一匹心爱的坐骑；在垓下之战中，他是徒步作战，没有骑马。

记·淮阴侯列传》中对井陉之战的描述是全书最令人满意的战史记载。它的特别有趣之处有二:(1)和城濮之战一样，可以用示意图呈现出来;(2)和城濮之战不同的是，此战的地理位置对军事行动至关重要，这一特点让我们迟早能确定战场的位置，也可能精确定位，也可能比较笼统。

井陉战役的过程

前205年秋，最终的赢家、在前202年创立汉朝的刘邦下令，派韩信与张耳一起出兵攻打赵代两国。代国很快降服。代国一克，刘邦就收回了韩信麾下的精锐，留给他数万次等的人马，让他去攻赵。井陉的山路是从山西崎岖的山地通向华北大平原的必经之路，狭窄险恶。[①]

赵王和成安君陈馀在井陉东口集合数十万大军严阵以待，广武君李左车向赵王献计:

> 闻汉将韩信涉西河，虏魏王，禽夏说，新喋血阏与[②]，今乃辅以张耳，议欲下赵，此乘胜而去国远斗，其锋不可当。

① 井陉之战的记载见《史记·淮阴侯列传》。其英译本见John DeFrancis, trans., "Biography of the Marquis of Huai-yin," *Harvard Journal of Asiatic Studies* (1947), pp.193ff, 以及Burton Watson, trans., "Records of the Grand Historian" (New York, Columbia University Press, 1961), 208—232。本书引用的《史记》是顾颉刚点校本《史记》(国立北平研究院, 1936), 因为它标出了具体行数，方便具体引用。关于井陉之战的记载，主要是第45—72行，第73—89行是冗长的结尾，记载了韩信与李左车的谈话，他们不但谈了这场战役，还谈了这场战役之后的新形势、新战略。《史记》中其他提到井陉之战的地方，都没有披露更多的史实。

② 阏与是战国时代秦赵两国之间一场著名战役的发生地，见F. A. Kierman, *Four Late Warring States Biographies* (Wiesbaden, Harrassowitz, 1962), pp. 31, 86—87。Defancis 没有提到这件事情，将"新"简单地译为"recently"。

> 臣闻千里馈粮，士有饥色，樵苏后爨，师不宿饱。今井陉之道，车不得方轨，骑不得成列，行数百里，其势粮食必在其后。原足下假臣奇兵三万人[①]，从间道绝其辎重；足下深沟高垒，坚营勿与战。彼前不得斗，退不得还，吾奇兵绝其后，使野无所掠，不至十日，而两将之头可致于戏下。原君留意臣之计。否，必为二子所擒矣。[②]

然而陈馀是一介“儒者”，[③] 常说“义兵不用诈谋奇计”。[④] 他拒绝了李左车的建议，一厢情愿地认定韩信所部不过“数千”。[⑤] 他还说：“能千里而袭我，亦已罢极。今如此避而不击，后有大者，何以加之！则诸侯谓吾怯，而轻来伐我。”

韩信通过间谍知道了陈馀拒绝李左车献策的事，于是大胆地领兵进入井陉，在离井陉口三十里的地方驻军。他挑选了两千轻骑，

---

① 德范克将“奇兵”译作“shock troop”，但同时指出按字面翻译应该是“surprise troops”。汉代以前，“正”和“奇”的概念就已成形，此后一直是中国军事思想的基本概念，关于“正”“奇”的探讨，见Benjamin J. Wallacker作品“Two Concept in Early Chinese Military Thought,” Language，42.2：295—299（1966）。孙子对二者的表述见格里菲斯《孙子兵法》译本的索引“Tactics”条。Peter A. Boodberg，“The Art of War in Ancient China,” Ph.D dissertation，University of California，1930，pp. xvii–xxii，2—3，7—9，12—14，17，32—33，36，39—40，45—46，51，53，60—61。正和奇的最好的定义应该是“straightforward”和“unexpected”，但在一个老练的指挥官手中，二者又是可以相互转化的。这告诉我们，二者既矛盾又统一，其含义需要全面把握。例如，如果对手预判你要用“奇”，那么对你来说，用“正”才是用“奇”。

② “二子”即韩信与张耳。张耳后来成为赵王。

③ 王伯祥《史记选》（北京，人民文学出版社，1962）解读“儒者”有“迂腐不知通变”之意。司马迁对陈馀的描写没有溢美之词。陈馀是一个野心勃勃而短视的机会主义者，并不机敏，刘邦曾用另一个人的头颅冒充张耳的头颅献给陈馀（《史记》卷八九，II. 109—110）。这件事尤其难以理解，因为（a）陈馀把那个头颅真当成了张耳的，一度与刘邦合作。（b）张耳和陈馀曾是“刎颈之交”。见《史记·张耳陈馀列传》。

④ 这里的断句参考王伯祥《史记选》，页344。

⑤ 他可能听说刘邦将韩信麾下精兵尽数抽离，过度估计了此事对韩信的影响。

人手一面汉军的赤旗，抄小道到达可以望见赵军的有利地点。当赵军倾巢出动去攻击韩信率领的汉军时，这两千轻骑便驰入赵军的营垒，拔下赵旗，插上汉旗。

韩信让剩下的部队简单吃了一餐，承诺在破赵之后可以尽情享用战利品。于是挥师前出井陉口。他知道，陈馀只会纸上谈兵，照着书里的办法修筑了营寨。营寨的右边和后边是山，左边和前面是河。[①] 根据司马迁的记载，韩信在此战中用了间谍，所以我们假设韩信已经对此心知肚明。他知道，陈馀认为赵军的地形非常有利，迫不及待地要利用这一地形开战，而且在韩信全力以赴之前是会避免任何接触的——直到汉军张起大将的旗鼓。

韩信首先派出一万人马，在赵军阵前背泜水为阵，韩信必须承受让敌人知晓此事的困扰。虽然行动在夜间，但汉军很可能点了火把，赵军望见汉军的背水阵就大笑起来，陈馀肯定是笑得最大声的。傍晚，韩信张起了大将的旗鼓，率军出井陉口，处于赵壁和他早先布置的背水为阵的先锋之间。

赵军望到这种情况，打开营门，大举出击。双方苦战良久，韩信和张耳抛下旗鼓佯败，与河边的汉军合兵一处。赵兵急于抢夺汉军的旗鼓、生擒韩信和张耳，一窝蜂地向前冲杀，而汉军坚韧异常，难以撼动。这时，埋伏在一边的两千汉军轻骑按照命令驰入赵营，拔下赵旗，换上汉帜。赵军苦战不胜，锐气摧折，原以为唾手可得的战利品成了镜花水月，于是返回营垒，却看到墙上汉帜招展。赵军乱作一团，四散奔逃，即便赵将斩杀逃兵，也难以遏制溃

---

① 下文韩信的部将引用孙子的话，和陈馀的做法一样，王伯祥认为这句话出自《孙子兵法·行军篇》，但是我只找到“丘陵堤防，必处其阳，而右背之”，没有找到关于河流与扎营位置的说法。

散。一切都是徒劳。汉军大败赵军，不但俘虏了兵将，擒住了赵王，且“斩成安君于泜水上”。[①] 韩信严令部下不许杀李左车。有人将李左车擒献，韩信亲手为他松绑，“东乡坐，西乡对，师事之”。

汉军众将问韩信，为什么一反常规，背水而战？在出井陉之前，韩信承诺众将“破赵会食”的时候，他们是没有信心的。韩信用孙子的话回答他们——“陷之死地而后生，置之亡地而后存”。[②] 他接着说：“且信非得素拊循士大夫也，此所谓‘驱市人而战之’，其势非置之死地，使人人自为战；今予之生地，皆走，宁尚可得而用之乎？”

井陉之战的分析

图 1–4 与 1–5 是井陉作战计划的简图，是将书中记载的井陉地区的地貌和《孙子兵法》的思想相结合所绘。陈馀是书生典兵，一定会布阵于山前和山左，在高处扎营。由于井陉是条东西走向的峡谷，而山西地区的山脉是南北走向的，所以韩信应该是面朝南或者东南布阵。不妨采信《史记》中战役发生地在井陉口的说法。

《史记》提供的关键的信息很少。从上文可见，参战的人数只是模糊提及，其数目只是相对的，而非绝对的。至于武器、阵型、

① 有了司马迁的叙述和固定的时间限制，按理说定位战场的位置应该很容易，但事实并非如此。以外国学者现在的知识储备和进入中国的难度，几乎不能完成这个任务。地图比例不统一，有些矛盾之处；航空照片有些帮助，但并不够；从前的记载大多数不能达到预期效果。下面列出的是我查阅的文献和地图（一些没用的就省略掉了）：(1) 德范克引用了最著名的中国历史地理的辞书《中国古今地名大辞典》和《水经注》。前者的答案是错的，后者则未能定论。(2)《中国历史地图集》有一幅接近事实的很好的地图。(3) 杨守敬《历代舆地沿革险要图》，在宏观上很有启发，但不能确定细节问题。(4) 王伯祥《史记选》中的地图和《中国古今地名大辞典》一样。(5)《井陉县志》（台北，成文出版社，1968）则遵照当地传统的说法，也不可信。按照《井陉县志》的说法，韩信的大军要走几英里才出井陉口，并且要渡过两条小溪。

② 这句话的思想明显来自《孙子兵法·九地篇》，但文字略有不同。

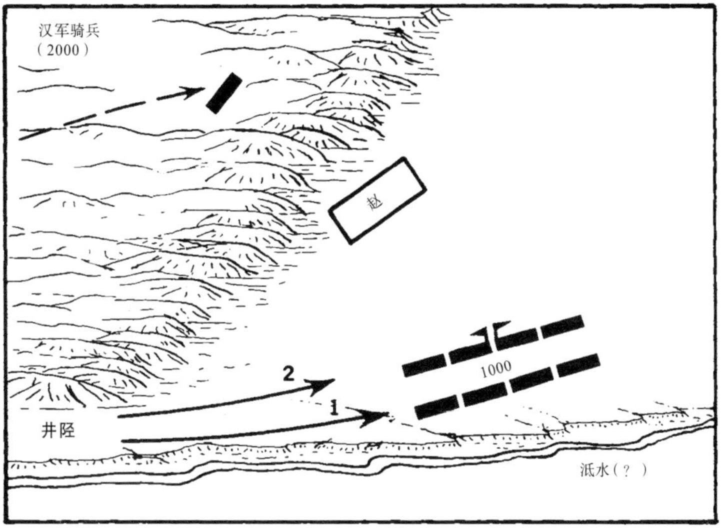

图 1–4　井陉之战（前 205 年）第一、第二阶段

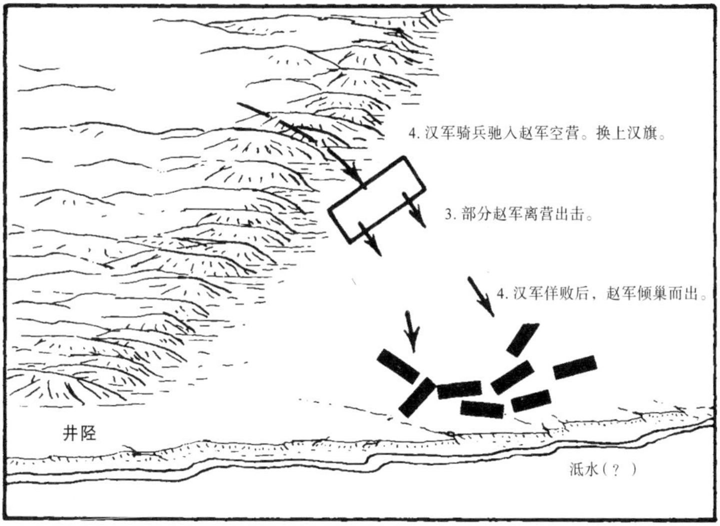

图 1–5　井陉之战第三、第四阶段

作战技术，要不就是全然无迹可寻，要不就只能靠推测略知一二。比如，我们无法从《史记》中得知骑兵手持何种武器，也不知道他们是马上战斗还是下马战斗。

《淮阴侯列传》不提供无根据的信息，这是它最难得的地方。它为推测提供了坚实的基础，但是自己却不做任何推测。比如，韩信一定对陈馀的个性与思想了如指掌，因为张耳是与陈馀相知甚深的故交，当时他正和韩信在一起，一定将陈馀的情况告诉了韩信。但是司马迁从来没有这么提过。同样可以推测出，间谍不但能告诉韩信，陈馀拒绝了李左车计策，而且会告诉他赵军营垒的位置和大小、赵军的人数和武器等。《孙子兵法》有言："非圣智不能用间，非仁义不能用间，非微妙不能得间之实。"[①] 韩信是良将，完全符合条件，凡是间谍探知的，他一定都掌握了。司马迁没有再啰唆地把这事告诉我们，可能是觉得没有必要，也可能是他没有确切的证据。有一些信息司马迁并没有掌握，但是对于没有把握或信息不充分的问题，他有技巧地回避了。[②]

和城濮之战相比，井陉之战非常明显地缺少仪式性的前奏和收尾。没有占卜，没有解梦，没有为占据道德制高点而去寻找借口或证据。汉政权正在逐鹿中原，韩信只是受命率军破敌，并且完成了任务。春秋时代已久远。秦的统治向各个方面注入了实用主义，每个人都奉行这一原则。汉军从指挥到态度都是平民化的。风格完全变了。另外，这场战役的记录者司马迁虽然是孔孟之徒，却并没有那么鲜明的道德色彩。唯一可见的战前准备，正是现代战争中的将

---

① 出自《孙子兵法·用间篇》，论述主帅怎样才能有效地使用间谍。

② 司马迁对于楚王给子玉的兵马的记载就是一例。《左传》很详细地记载楚王让子玉率领"西广、东宫与若敖六卒"。而司马迁只说楚王给了他很少的人马（"与之少师"）。

军要全力完成的：收集情报；制定作战计划；下达命令，安排部下去执行计划。最后肯定要让将士饱餐一顿，因为韩信承诺要“会食”缴获的赵军军实，虽然司马迁没有提，但是可以想见汉军战后肯定“会食”了。关于战后的事，《史记》中只提到斩杀陈馀、韩信向部将简述自己的战略，以及韩信留用李左车。

值得注意的是，春秋时代（前722—前481）的战后屠杀并不常见。楚汉争霸时代（前209—前202），战后屠杀虽然并不经见，但绝非无人知晓。比如，章邯率秦军投降项羽，项羽还是将秦军统统坑杀。这种在屠杀行为也见于战国时代（前403—前221），例如长平之战（约前261—前258）[①]。常有人为滥杀辩解，因为降卒难以驾驭，在本就危机四伏的处境里更增添了不必要的危险。井陉之战胜利后，赵地对韩信来说还是敌土，彻底平定赵地还要花上几个月，但《史记》中并没有滥杀赵军降卒的记载。

很明显，井陉之战极端重要。陈馀是潜在的分离势力的中心人物，杀陈馀，就是摧毁了这个中心。赵国灭亡，项羽失一强援，燕降齐破，皆由于此。而韩信此前就已灭了魏国和代国，这就意味着项羽失去了对整个北方的控制。韩信与刘邦、项羽鼎足而三的局面悄然形成了。有人劝韩信趁机独树一帜，韩信断然拒绝，决心继续效忠刘邦。回头看来，这是一个自寻死路的决定。

结论

从公元前9世纪中国有连续的文字记载的历史以来，中国社会已跨过“军事地平线”（military horizon）很久了。“军事地平线”是

---

① *Four Late Warring States Biographies*，pp. 32—34，88—89，90.

原始战争和文明战争的理论分野。在后原始时代的战争中，君主可以为了国家目标发动战争，可以强制把人力物力用于战备，可以执行严格的军事纪律，可以根据现成的兵法用兵，可以靠着充足的补给打旷日持久的战争。[①] 用于战时社会组织的基本能力，是和平时期成就的衍生品。[②]

从有真正历史开始到楚汉战争的一千年，是中国的军事进步显著、创造力活跃的一千年。在军事技术、军事组织、军事学说等领域，各诸侯国展现出的天才，与灿烂的中华文明相得益彰。在这期间，中国人淘汰了战车，也淘汰了与战车伴生的一系列贵族行为规范和战斗技术。两种相互矛盾的战术并行不悖地发展，体现了中国人在军事上的现实主义。其一是“胡服骑射”（马镫的出现可能就是胡服骑射的后果）；[③] 其二是发展出组织严密的步兵战术，以及相配套的武器装备。这比胡服骑射更加切合中华文明的城市-农业底色。古代中国的军事和意识形态、行政管理一样，也是集权制的。宗教活动和军事活动紧密联系，战前固然要专门祭祀和占卜，就连战争

---

① “军事地平线”的概念及其特征见H .H. Turney-High, *The Primitive War*, 2d ed (Columbia, University of South Carolina Press, 1971), pp. 21—38。1949年这本书初版时引起了众怒，其原因正如一位书评家指出的，就在于它散发着一股“骑士精神”的臭气。对中国古代军事史的研究者来说，它指示出一种评价战史的有趣的可能性。前言中Turney-High说：“战争是第一门真正变成科学的社会科学，因为它的实践最先简化为几条纯粹的原则，并且不因时间地点的不同而失去效力。”这提供了一个可能：可以将战争的原则当作评估战史记载的可信度的标准，相比单凭直觉判断进了一大步。将“地平线”这一隐喻的说法作为技术考古学的术语也是非常合适的。

② Turney-High, p. 23. 从1860—1960年的百年日本可以看到，和平时期的成功与战时的胜利之间的密切关联。

③ 如果马镫是中国人发明的，那么它将是任何应用的链条中的一个关键性的条件，Lynn White 在其著作 *Medieval Technology and social Change* (Oxford, Oxford University Press, 1962) 第15页谈到：“马镫可能是一项中国发明。” Charles Chenevix Trench 则不这么认为。见C. C. Trench, *A History of Horsemanship* (London, Longmans, 1970)。这一问题还有待进一步研究。

本身也是一种预兆。军事机器和国家行政体系区别不大。[①] 从先秦的史书和兵书可见，当时军事思想和军事传说故事已经传播开来。虽然后来千百年对武力的偏见一直存在，但今天我们还是能够看到，在先秦，军事不但受到尊敬，而且受到高度的重视。

中国历史有个显著特点，即汉族的军事创造力和适应力发展缓慢。随着文化和人口重心不断南移，[②]中国在军事上越来越依赖边疆的半开化或野蛮民族，结果就是整个帝制时期，中国人安内攘外的力量日渐削弱。有一点需要记住，削弱帝制中国军事能力的政治和思想因素，在战国时代才刚刚出现；而在春秋以及更早的时代，人们对这些思想还相当陌生。

城濮、井陉两场大战之间的四百年，中国的战争形态发生了巨变，骑兵代替了战车。可惜的是，无论是骑兵还是战车，我们都不知道他们是如何使用的，也不知道它们是如何同其他武器配合的。步兵显然训练得更好，而且构成了军队的主体。弩成为重要的武器，可能占据支配地位。矛戟的形制也变了。公元前 4 世纪末引入胡服之后，中国的军服也变了——其实中国人的整体衣着都变了。

---

① Henry Maspero, *La Chine Antique*, new ed. (Paris, Presses Universitaires de France, 1965), pp. 263—267。详细探讨了晋国在晋文公统治下的军事化；秦国毫无疑问也是一个高度军事化的国家；楚国也一样，令尹既是首相也是总司令。关于国家的军事化的史料虽然不总是充分的，但可以说这是春秋战国时代的普遍情况。

② E. G. Pulleyblank, *The Background of Rebellion of An Lu-shan* (London, Oxford University Press, 1955), Appendix Ⅱ，用图表的形式展现了从隋到中唐中国人口从北向南的转移，令人印象深刻。宋代以来，华北地区的外族存在加强，意味着南方人口的同时上升，长江流域的人口也会向华南流域迁移。(Herald J. Wiens, *Han Chinese Expansion in South China*, [Hamden, Shoe String Press, 1954], p. 183.) 牟复礼认为，蒙古征服中国时，五分之四的中国人口都在淮河以南 ("China Under Mongol Domination," vol. 4 of *The Cambridge History of China*)。到了明朝，华北平原的某些地区人口过于稀少，朝廷以免征赋税的办法吸引百姓向这些地区移民。(P. T. Ho, *Studies on the Population of China*, *1368—1953* [Cambridge, Mass., Harvard University Press, 1959], p. 263.)

在战车时代，御者、车左（执弓）和车右（执戈）的个人击技很重要，而现在则让位于步兵更精准低廉而缺少个性的弓弩射击技术、矛戟刺杀技术、大兵团的组织。在这个不断前进的过程中，有时会出现重大变化的特别运动（比如前 307 年赵国推行胡服骑射，前 690 年楚国军事改革）。然而，这类事件短暂而孤立，只是惊鸿一瞥，它的产生过程只能靠推测。

只有把观察的时段放得够长，我们才能看清大势。城濮和井陉两战能观察到的差异中，最值得注意的无疑是战争的理性化。迷信和宗教仪式或许都还存在，但我们在井陉之战中没有看到记载。相反，我们看到的是，韩信在装备和战术问题上都采取了高度现实主义的态度，依靠逻辑和情报决策。在文献上，《孙子兵法》的权威持续至今，它是中国军事天才全盛时期的象征，而韩信则是这种天才的化身。他可能是世界历史上最伟大的统帅之一，至少是最伟大的将领之一。[①]

在楚汉争霸时代，几乎不再有人强调胜利从根本上取决于统治者及其国家的道德优越性。说客（比如蒯通劝说韩信时）直接诉诸个人的抱负与恐惧。[②] 韩信反对蒯通的理由，是自己对刘邦个人的感恩，而绝不是因为钦佩他的德行。事实上，很难想象刘邦的同时代的人会把他当作道德楷模。[③] 胜利靠的是诈与力，而不是塑造国家、时代和天下的命运的德行。

城濮之战和井陉之战有一个重要的共同点：胜利的基础都是准确地估计敌人、制定相应的策略。文公看到了楚军的鲁莽，可能还

---

① 战国涌现出一大批良将：齐国的乐毅，燕国的田单，赵国的廉颇、赵奢、李牧，更不用说智勇双全的蔺相如，秦国的白起、王翦、章邯，等等。

② Defrancis，pp. 197—198；201—207.

③ 中国的史家塑造的刘邦，成为朱元璋效法的对象，可见他们的笔是多么有魔力。

有子玉必欲置他于死地的狂热。韩信看到了陈馀僵化的思维和狭隘的目光，甚至猜到他会放弃高地上的营垒，全军出击！对奇谋的褒扬，可能反映了中国读书人(包括史家)对武力的厌恶。如果战争可以在某种程度上表现为智斗，而诸如纪律、组织、武器、耐力、流血等严酷的事实，某种程度上因为对智谋的强调而最小化，那么中国读书人会更容易接受战争。这种思维再往下发展，就会认为常胜将军们有操控自然和环境的能力。于是战争离实际经验更远，儒生掌握了军事史的书写，把军事史降低到寓言和传奇的层次。史家省去了记录战争中复杂多变的技术的麻烦，也进一步鼓励了纸上谈兵。直到今天，中国的军事思想还有深深的纸上谈兵的烙印。

最极端的例子最能体现问题。前638年的宋襄公(毛泽东的名言“我们不是宋襄公”说的就是他)和前205年的陈馀，他们的失败最彻底、最愚蠢，也最清晰地展现出春秋和楚汉两个时代的区别。宋襄公力排众议，坚持与楚国交战。楚军渡过泓水之前，宋军已经列阵完毕，但是襄公偏要等楚军全军渡河、列队完毕之后才下令进攻，[①]宋军大败，襄公自己也负伤，当宋人责怪他时，他说：

> 君子不重伤，不禽二毛。古之为军也，不以阻隘也。寡人虽亡国之余，不鼓不成列。(《左传·僖公二十二年》)

陈馀拒绝李左车的建议时，给出的理由就和这种道德主义的高

---

① “渡河未济，击其中流”在当时是极为常见的战术，所以宋襄公就显得滑稽了。《孙子兵法》云：“客绝水而来，勿迎之于水内，令半济而击之，利。”楚汉战争中有一场关键战役，也是类似情况：刘邦向楚军大将曹咎挑衅，引诱他出战，在楚军出战半渡汜水时，刘邦纵兵出击，歼灭了楚军。(顾颉刚点校本《史记》，卷七，页2，272—274。)

调很不一样：

> 吾闻兵法十则围之，倍则战。[①]今韩信兵号数万，其实不过数千。能千里而袭我，亦已罢极。今如此避而不击，后有大者，何以加之！则诸侯谓吾怯，而轻来伐我。

这种迂腐糊涂的想法，最后必然铸成大错，但它是从理性出发的，是由已知的前提做出的逻辑推论。陈馀和宋襄公完全生活在两个不同的精神世界里。

① 这是对《孙子兵法·谋攻篇》的不准确的引用。原文是“五则攻之，倍则分之，敌则能战之。”

汉武帝的征伐 *

鲁惟一（Michael Loewe）

随着公元前221年的统一，中国的军事也发展到了一个新阶段。此前的战争，都是小国之间争夺暂时的霸权或者领土。与此

---

* 关于参考文献的说明：

《史记》和《汉书》是西汉（或称前汉）历史的基本的、甚至是仅有的史料。关于战史，两书的《本纪》记载大略，而《列传》从个人角度提供更丰富的细节。战胜细节的记载凤毛麟角，不难想见，这些记载想要提供给读者的是劝诫，而不是战争的客观评价（关于战斗的细节描写，见《汉书》卷五五记载的前119年西汉征讨匈奴的大战；《汉书》卷五四记载的李陵的征匈奴的战斗，已列为附录B）

除了为异族专门所立的传（即《史记》卷一一〇，卷一一三至一一六；《汉书》卷九四至九六），《汉书·地理志》里的注释对了解历次战役后汉朝扩张的情况很有价值。《表》中有一些档案性质的信息，比如对立功将领的封爵可以做统计分析，但是需要慎重对待材料。两部史书不同部分对同一件事记载的一致性还是比较高的。

而例外也难以忽略，这里有必要指出一个遗漏的例子，提醒我们两部史书的记载是不全面的。《汉书》卷一七（《景武昭宣元成功臣表》）记载，前147年，汉朝向至少七个归降的匈奴王授爵，但《汉书》其他部分，不管是《本纪》还是《匈奴传》都没有记载此事。在《史记·惠景间侯者年表》有七人归降的记载，只有一些文字上的差异。《史记·孝景本纪》也部分记载了此事，但是相当简略："春，匈奴王二人来降，皆封为列侯。"除了这些记载，整个事情的来龙去脉都要靠读者自己揣测（《史记》卷一一，页10；卷一九，页45f；《汉书》卷一七，页4）。

汉代史家和后世的史家一样，受限于军队的组织和作战表现材料的缺乏。相比之下，关于长城驻军管理的记载则分布于明朝之前的所有史书之中。关于理论和技术的书籍，汉代史家没有宋元史家那么幸运，有大量的史料可以利用。《汉书·艺文志》列出兵书五十三家，七百九十篇，只有小部分流传至今。然而，仅仅从篇目中也能看出，从公元元年起，内府开始收藏关于战略和技术的文献，有些是李广这样带兵打仗的将军写作的，还有专讲武器使用的书籍，如《望远连弩射法具》十五篇。

同时，匈奴骑兵已经可以深入中国北方，在战国时代的村庄和城市烧杀掳掠。他们可能是入侵欧洲的匈人（Huns）的祖先。秦朝（前221—前207）和汉朝（前202—220）建立后，中国的军事有了新的侧重点。虽然秦朝之后的两千多年有不少割据时期，但就整体而言，内亚部族联盟越来越成为主要的军事威胁。汉族王朝的主要忧虑将是，内亚的各部落如果能够在一个公认的领袖的统率下一致行动，将获得巨大的力量。通过研究汉武帝（前141—前87）的征伐，我们就能看到，对于汉朝来说，击败匈奴或者防止其他部族落入匈奴的控制是头等大事。这种情形在后来的两千年中时常再现。把研究限定在汉武帝时期，并不是说汉朝的军事战略战术靠的是哪一位皇帝。统治者个人对政策的影响、对事态的控制、对自己意志的贯彻能到何种程度，都还没有定论。但主流观点认为，汉武帝的作用是积极的。虽然我们不能说他比大臣、谋士、皇亲国戚对战事更有影响力。[①] 汉武帝时代值得研究是因为它的时间足够长，能够见证中国新扩张方略最初的执行与成功，以及后来的失败和放弃。我们还可以看到立场和观点各异的官员们的反应。从公元前130年到前90年的近半个世纪，中国的帝制政府首次把积极的、扩张主义的政策保持了两年以上。随之而来征伐无论在当时和后世都遭到批评，这些批评也是宝贵的史料，此类的史料在帝制中国的早期并不多见。

汉武帝征伐概述

如果我们从公元前138年之前汉朝前期的防御姿态入手，首先

---

① 见E.Chavannes：*Memoires Historiques de Se-ma Ts'ien*（Paris，Ernest Leroux，1895—1905；reprinted Paris，Adrien-Maisonneuve，1967），I，Ixiiff.（下文简称MH）；H.H.Dubs，*History of the Former Han Dynasty*（Baltimore and London，Waverly Press，1938—1955），pp.7ff.（下文简称HFHD，若无特别注明，均为第二卷）。

考察汉朝的总体发展脉络，就能更容易地分析汉朝的军事行动。秦将蒙恬主持修建了长城，随着秦帝国的覆灭，长城防御体系已经难以运转。匈奴恢复了力量，又进入了此前被蒙恬逐出的地区。公元前 202 年，内战结束，汉朝建立，新的行政体制影响着汉朝与北方的关系。汉朝的大片领土，包括北部领土，都不是中央政府的直辖郡，而是诸侯王的封国。[①] 理想状态是，诸侯王们忠心耿耿守护一方，维护汉朝的大一统。汉初数十年，诸侯王在自己的封国内保留着相当的自由。最初，只有代国和燕国会遇到老对手匈奴人的袭扰。他们劫掠乡村，如果可能，城市也一并洗劫。到前 144 年，云中之外的所有北方边郡都被劫掠。[②] 我们难以估算这种行政体制对汉朝中央政府的行动自由有多大的阻碍。将北方边郡逐步纳入中央直辖，是帝国政府统一进程的一部分。这一进程大约持续了七十年，限制了征伐和扩张所能动用的资源。

汉初的对外政策带有必要的消极色彩。只有在异族进攻时，才会被动应战。汉朝人大体上委曲求全，馈赠黄金、丝绸以取悦匈奴，有时甚至把公主远嫁匈奴。[③] 然而，这些办法并不是每次都灵。前 166 年，匈奴大举内犯，斥候一度到达甘泉。[④] 前 162 年，双方达成和议。前 158 年，匈奴撕毁和议，以三万骑兵入寇云中、上郡。

---

① 关于这些诸侯国的范围，见 Michael Loewe，*Imperial China* (London，1966；Washington and New York，Praeger)，p.49，54—55 (map 3 and 4)。

② 见地图“汉武帝的扩张”，原代国包括云中（至前 196）、定襄、雁门（至前 144？）。前 114 年，代国归中央直辖，分为代郡和太原郡。前 144 年之前，燕国包括辽西、辽东、右北平、渔阳、上谷。

③ 即“和亲”政策。见 Ying-shi Yü，*Trade and Expansion in Han China* (Berkeley，Los Angeles，University of California Press，1967)，p.41。和亲政策在武帝末年又有所恢复，见《汉书·匈奴传上》。

④《汉书》卷四，王先谦补注本，长沙，1900 年版，页 15；*HFHD*，I，225；《汉书》卷九四上，页 13b。甘泉在左冯翊。

此时的汉朝已可以做出某种武力的回应了。朝廷派遣三名将军在北部边境建立了三处要塞，加强了边防。在长安附近的三处要地驻军，拱卫京师。从长安到甘泉设置了烽火台。[①] 匈奴随之退却，“和亲”关系也得到恢复。景帝朝（前157—前141），汉匈关系大抵平稳，匈奴只作小规模的劫掠。[②]

除了淮南、衡山二王的叛乱（前122年），前99年东方的起义，以及前91—前90年的巫蛊之祸[③]，武帝一朝基本没有大规模内乱，也没有保持一支常备军应对此类事变的必要。[④] 附录A列出了武帝一朝的主要军事行动，有的是异族入侵造成的，有的是汉朝从前130年开始的积极政策造成的。显而易见，武帝一朝，匈奴是汉朝的头号麻烦。只有在汉匈关系相对平稳的时期，汉朝才能向其他地区扩张。

汉武帝时新增郡国的说明（地图见2-1）

鲁惟一在《汉代行政记录》（Michael Loewe, *Records of Han administration*, vol. 1, [Cambridge, Eng., Cambridge University Press, 1967], pp. 178—181）已经给出了郡和国之间的界线，只有本文提到的地名才在地图上标出。在括号里的数字是某一个郡设立的时间，作为武帝一朝战争的结果。

---

① 《汉书》卷九四上，页15b。

② 关于前147年的文献，见文首的注释“文献说明”。

③ 关于巫蛊之祸，见Michael Loewe：“The Case of Witchcraft in 91 B.C.：Its Historical Setting and Effect on Han Dynasty History，” *Asia Major*，XV，pt2.，pp. 159ff。

④ 《汉书》卷六，页13，34，36b；*HFHD*，58，66，113ff。

安定 前114年，安定和天水从陇西郡分出，分别独立置郡。

张掖 张掖、酒泉、敦煌、武威置郡的时间见第93页注①.

金城 前81年，从昌邑、陇西、天水三郡各分两县置该郡，令居归该郡管辖。郡城筑于前119年。

酒泉 见“张掖”条。

珠崖 前111年设珠崖郡，前82—前46年并入儋耳郡。

玄菟 前111年，置乐浪、玄菟、临屯、真番四郡。前82年，临屯和真番合并。

辽西 原代国包括了后来的云中(前196年废)、定襄、雁门(约前144年废)。前114年，代国归中央政府直辖，分置代郡和太原郡。燕国包括后来的辽东、辽西、渔阳、右北平、上谷，直到前144年。

辽东 见“辽西”条。

乐浪 见“玄菟”条。

陇西 见“安定”条。

上谷 见“辽西”条。

沈黎 沈黎、文山二郡置于前111年，分别于前97年和前67年并入蜀郡。

代郡 代郡和太原郡一起组成代国，前114年两郡归中央直辖。此前的变动见“辽西”条。

太原 见“代郡”条。

儋耳 见“珠崖”条。

天水 见“安定”条。

定襄 见“辽西”条。

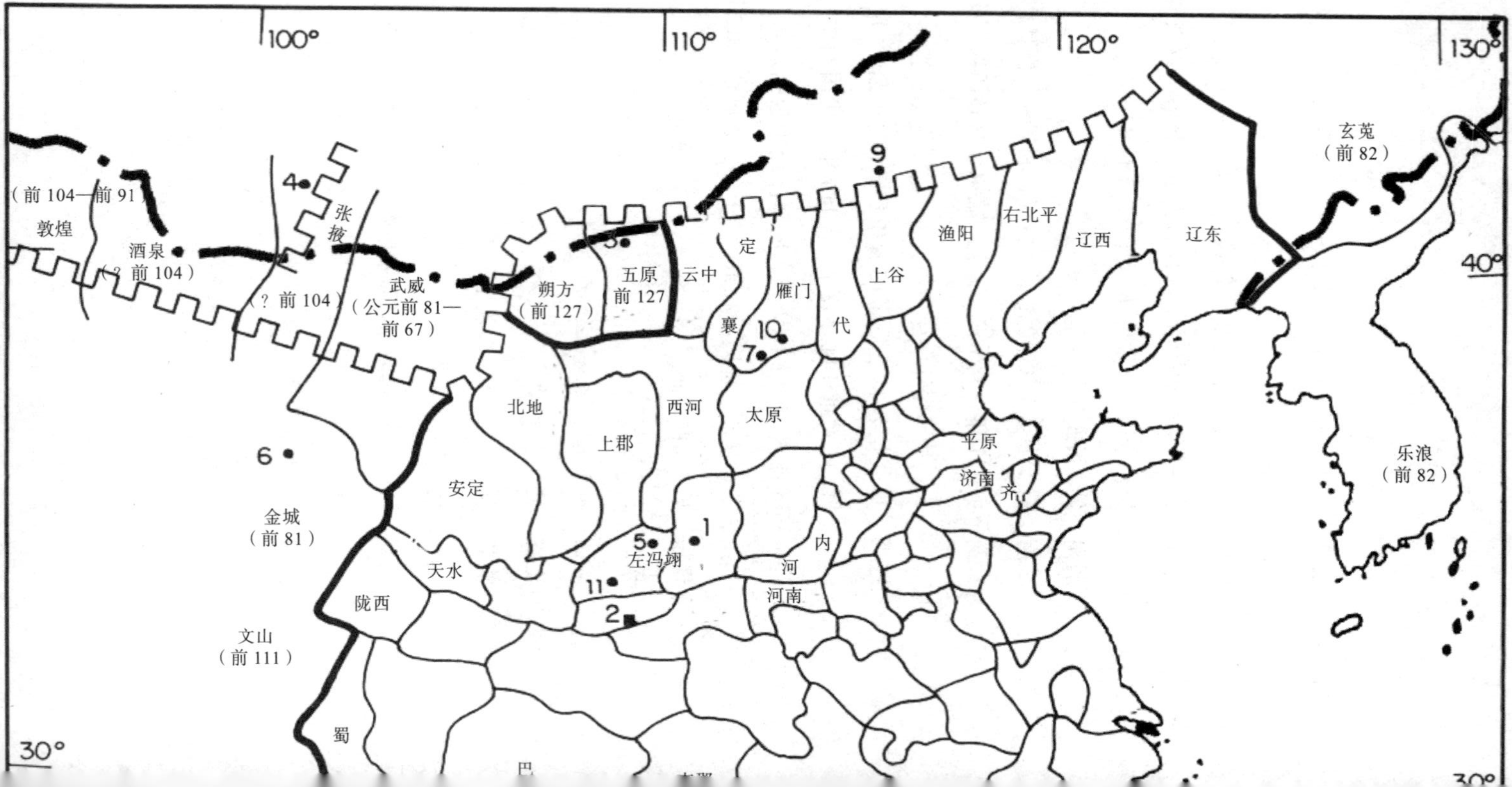
100°
110°
120°
130°
40°
30°
玄菟
（前 82）
乐浪
（前 82）
辽东
辽西
右北平
渔阳
上谷
代
雁门
定
襄
云中
五原
前 127
朔方
（前 127）
武威
（公元前 81—
前 67）
张
掖
（？前 104）
酒泉
（？前 104）
敦煌
（前 104—前 91）
金城
（前 81）
文山
（前 111）
北地
安定
上郡
西河
太原
平原
济南
齐
内
河
河南
左冯翊
天水
陇西
蜀
巴
1
2
3
4
5
6
7
9
10
11

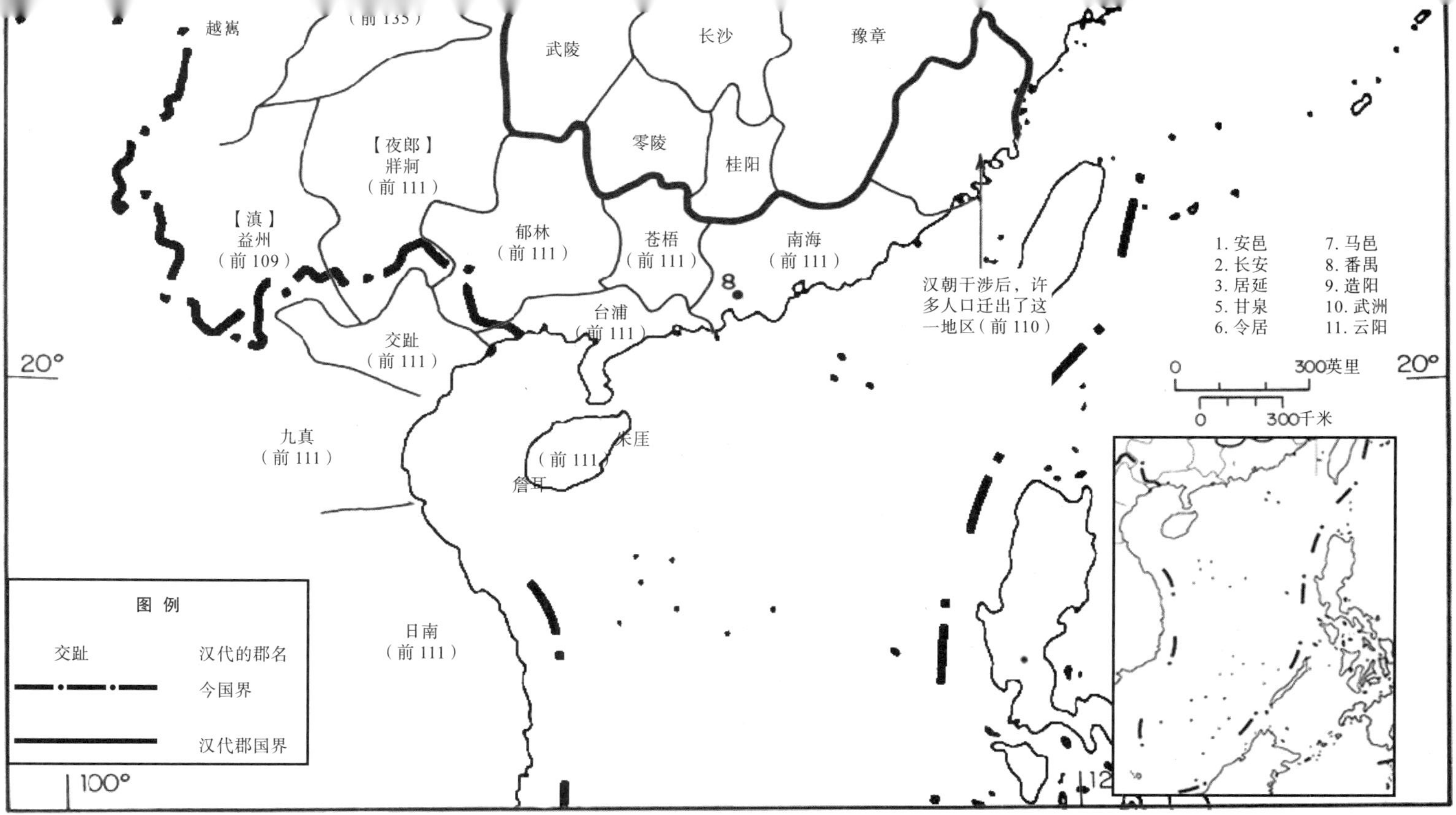

图 2-1　汉武帝时新增的郡国

敦煌　见“张掖”条。

文山　见“沈黎”条。

武威　见“张掖”条。

雁门　见“辽西”条。

右北平　见“辽西”条。

渔阳　见“辽西”条。

云中　见“辽西”条。

前133年，汉军策划伏击单于失败，当时匈奴的侵掠已经持续多年，汉朝开始采取攻势（前129年）。前127年，汉军收复了河套以南被匈奴侵占的领土，置朔方、五原二郡并筑城，极大地强化了汉朝在这一地区的存在。

前121年，汉军取得重大的胜利，几次征讨之后，匈奴昆邪王率部众归降。汉朝设五属国，安置这些部众，将他们纳入汉廷的统治之下。[①] 驻扎陇西、北地和上郡边塞的汉军削减了一半。两年后，汉朝再次大举出兵，虽然没能活捉单于，但是汉将声称重创了敌人。这几场战役的主要成果是，稳定和强化了从朔方到灵丘的沿黄河一线的边境。在这一地区，汉朝征发五六万人兴修水利工程，并设置了农业管理机构，强化了汉朝的势力。[②] 此后，直到前103年，除了两次例外，都不再有匈奴入犯的消息。这两次例外是：前112年的内犯（可能是希望与羌人联合行动[③]）；前107年的小规模的劫掠。

---

① 关于属国，见*RHA*，I，61ff.

②《汉书》卷六；*HFHD*，39，51，61，65；关于水利工程，见《汉书》卷九四，页20。

③ 为了反抗汉朝的统治，羌人与匈奴通使，并且进攻两个县。后来这两个县并入了金城郡。见《汉书·武帝纪》，页22b；*HFHD*，81。

前119年到前112年之间没有战事的记载，此后汉朝就有余力向其他方向扩张了。汉朝征讨华南（前112—前111，对南越）和东南（前111）后，抚辑土民，置郡十四。《汉书》记载，汉朝将台湾对岸的沿海地区的土著居民全部迁出，但是是否真的付诸实施还存疑问。[①] 前109—前108年两征朝鲜，并于前108年置四郡。同时汉军深入西南，于前109年置益州郡。[②]

前111年，武帝亲率大军巡行郡国，展示对匈奴的力量。这一时期，汉皇和单于的关系依靠外交维持，而不是武力。与此同时，汉朝的扩张达到了一个新阶段，将目光投向了西北。约前110年，汉朝为了与乌孙（今伊犁地区）建立紧密关系[③]，将一位公主嫁与乌孙王。约前108年，汉兵击败了西域诸国之一的车师，并生擒楼兰王。[④] 约前104年，汉在西北新设张掖、酒泉二郡，又在塞外筑"受降城"；前102年，徐自为在五原塞外"筑城障列亭"。前104—前101年，李广利率军征大宛（今费尔干纳），最终迫使大宛接受了汉武帝的意志。[⑤]

然而，此时的汉朝已经透支了国力。徐自为的城障当年就被攻破。当时在居延（今额济纳）修筑的烽火台和土木工事还断断续续地使用了两百年。匈奴卷土重来。前103年，汉军出征匈奴，一败

① Hans Bielenstein, *The Chinese Colonization of Fukien until the End of Tang*, Studia Serica Bernhard Karlgren dedicata (Copenhagen, Einer Munksgaard, 1959), pp.98ff.

② 汉朝在朝鲜半岛建立统治的早期努力（前128—前127），见《汉书·武帝纪》，页10b；*HFHD*，80；K. H. Gardiner, *The Early History of Korea* (Canberra, Australian National University Press, 1969)。关于公元前112—前111年在南越、朝鲜和闽越的战事，见《汉书·武帝纪》，页21；*HFHD*，79ff。关于汉朝早期向西南的渗透，见Y. Hervouet, *Un Poète de cour sous les Han, Sseu-ma Siang-jou* (Paris, Presses Universitaires de France, 1964), pp.69ff。

③《汉书》卷九六下，页3b。乌孙在伊犁河谷，塔里木盆地以北。

④《汉书》卷六一，页9b。

⑤《汉书》卷六，页31b；*HFHD*，100；.《汉书》卷六，页32b；*HFHD*，102.

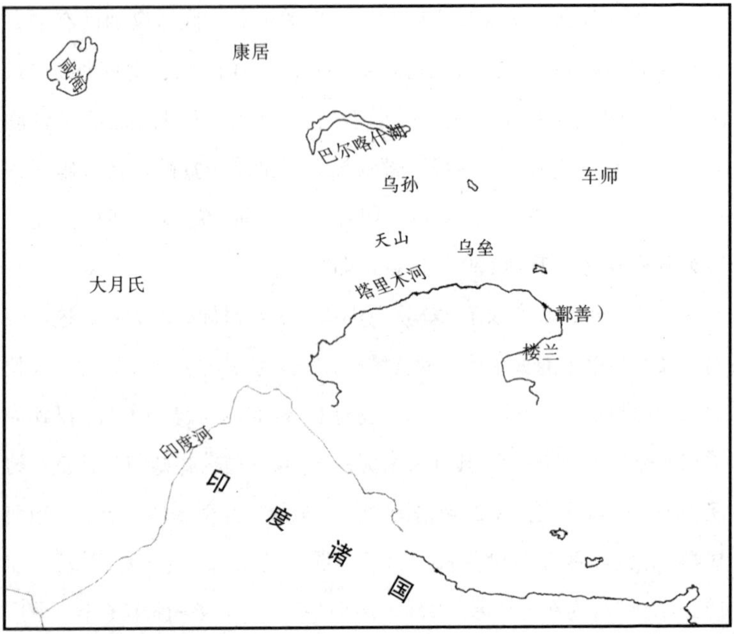

图 2-2 西域地区诸国

涂地。前 99 年，李广利师出酒泉，号称杀敌万余，但汉军自身也伤亡了六七成。同年，李陵率领的小股步卒深入中亚腹地，战败投降匈奴。前 97 年对匈作战的结果不具有决定性。前 91—前 90 年匈奴再次入寇。在武帝朝的最后一次征伐中，马通领兵西出酒泉，降服绿洲国家龟兹。李广利率领的另一路大军，兵力强过马通所部，却被匈奴击败。李广利投降了宿敌匈奴，匈奴人待以优礼。他还娶了一位匈奴妻子。后来匈奴人为了祭神才将他杀了。[①]

武帝的统治结束时，汉匈双方都意识到了自己所遭受的损失

① 《汉书》卷六，页 32b；*HFHD*，102ff.

之重，都渴望和平。汉朝的首创性集中于丝绸之路沿线的外交与贸易。汉朝在丝路上有着很高的权威，从内地到敦煌的道路沿线遍设烽燧和城塞，旅人可以通行无阻。出敦煌之后，旅人所能依靠的就是地方政权的善意和援助了。前59年汉朝设西域都护，标志着中国人在边远地区的协调能力有了长足进步。武帝身后汉朝的势力，可以从两件事上看出端倪：前51年，呼韩邪单于到长安朝见宣帝；前36年，西域都护甘延寿攻杀郅支单于。到了前1世纪，西汉国运衰落，曾经成功的进取政策也随之停止。[①]

汉帝国的国力及其局限

军事扩张的背景

整个国家为汉武帝的历次征伐付出了极大的代价。其动机如何，众说纷纭。有人认为是防御的需要，有人认为是贸易扩张的愿望。[②] 或许动机本就不止一端，现代史学家大概比较爱做严格的区分，而事实上的区分并没如此严格。征战之后，贸易关系建立、外交关系活跃，都十分明显，但是并没有可靠材料供我们估算贸易量，也无法知晓商队来往频率和规律，或相对于官办生意的私人商队的活动。同时，这些军事行动的价值招致不少各种角度的诟

① 《汉书》卷八，页21b；*HFHD*，256；《汉书》卷九，页11；*HFHD*，331；《汉书》卷九六上，页7b；Hans Bielenstein，*The Restoration of the Han Dynasty*，Bulletin of the Museum of Far Eastern Antiquities（下文简称BMFEA），no.39：92ff（1967）。这部三卷本的著作最先发表在*BMFEA*。第三卷已单独出版发行。

② 关于汉朝扩张的动机，见Ying-shi Yü，*Trade and Expansion in Han China*（Berkeley，Los Angeles，University of California Press，1967）；*RHA*，I，48ff；A. F. P. Hulsewé，“Quelques Considérations sur le commerce de la soie au temps de la dynastie des Han”（即将发表）。

病。[1] 此类诟病应当和另一问题放在一起审视：汉朝为强化中央政府权力，为更有效地汲取全国的人、财、物，都采取了哪些措施？例如文官选任、收缩大行政区的范围、削夺诸侯王的权力、重整财政机构、盐铁专营、禁止民间铸钱，等等。[2]

批评汉武帝的征伐，还要将其与应对匈奴的其他手段一并考虑。实力虚弱时，汉朝屈从于对方的要求，以财货换取和平；实力充沛时，汉朝不但大张挞伐，还辅以其他暴力手段，比如前100年的轮台屠城；[3]或者谋杀、废立西域绿洲小国的君主。[4] 外交博弈中的策略，包括要求外邦向长安派出人质，或者将公主嫁与外邦。和亲意味着储君的母亲是汉人，其长远利益大有可期。置办丝绸等嫁妆以及陪嫁的奴婢也是一笔不菲的开销。[5] 汉朝在两件事上放弃了潜在的优势：第一，放弃在轮台驻军屯田[6]，理由是耗费巨大；第二，汉朝有一块楔入匈奴辖境的领土，极易受匈奴攻击，汉军从此地撤出。[7] 武帝去世后不久，汉朝就希望与匈奴在开发车师田土的问题上和解，双方的实力都不足以绝对控制这一地区。[8]

---

① 例如，《汉书》卷二四下，页6b；N. L. Swann，*Food and Money in Ancient China* (Princeton，Princeton University Press，1950)，p.240；《汉书》卷九六下，页36b ff；《盐铁论》第二、十五、十六篇，等等。读《盐铁论》需要知道，“大夫”的观点是武帝一朝的官方主张，而“文学”是反对朝廷的政策的。

② 关于文官选任，见*HFHD*，20；关于行政区划的调整，见《汉书》卷二八上，页19b，24b，30b（关于大行政区的变动，见前135、前104年）；关于汉代的财政机构及变迁，见加藤繁：《支那経済史考證》（東京，東洋文庫，1952—1953），35ff；关于专卖制度，见Swann，pp. 61ff；关于铸钱，见Swann，pp. 377ff。

③ 关于轮台屠城，见《汉书》卷六一，页11。

④ 最好的例子是汉朝策划谋杀楼兰王。这件事发生在武帝之后的前77年，见《汉书》卷九六下，页17。

⑤《汉书》卷九六下，页3a—4b记载了江都王女刘细君嫁与乌孙王的嫁妆。

⑥ 桑弘羊建议屯田于轮台，见《汉书》卷九六下，页15b ff；许可轮台屯田是在昭帝时，见《汉书》卷九六下，页20b。

⑦ 即上谷郡的造阳，撤出的时间在公元前127年（《汉书》卷九四下，页17），又见《盐铁论》（王利器校注，页115）。

⑧《汉书》卷九六下，页30b ff。

从地理上讲，人们对西汉武力的感受是，北方强于南方，黄淮流域强于长江流域及以南地区。[①]西汉政权非常清楚，最易受攻击的领土，就是秦朝曾设防、有道路供匈奴人入侵的地区。羌族部落以西的西南夷未经汉化，很少袭击汉人的城市和村庄，基本不构成对汉朝领土的威胁。[②]

汉朝国力的来源

汉朝统治者将匈奴视为头号敌人，认为匈奴人是牧民，其力量来自牲畜众多、弓马娴熟，不受地域概念的限制，面对敌人时可以充分发挥机动性。[③]虽然应该考虑一些相反的证据，比如匈奴可能已认识到了土地的重要。[④]然而，从两个例子可以明确看出，匈奴没有能力组织永久的定居点。

第一件事是赵信筑城。前 119 年，汉军前出至赵信城。此城是赵信为匈奴人所筑，在被一把火烧掉库存之前，一直为他们自己提供需要的补给。赵信最初是匈奴的高官，投降了汉朝，从前 123 年起成为汉朝的将军。败于匈奴后，他又投降了匈奴。赵信到底是出身汉人的赵氏，还是降汉之后才改姓赵，已不得而知。但是有一点可以肯定，当时匈奴人不会筑城，[⑤]他将效力汉朝时学到的筑城技艺带给了匈奴人。第二件事发生于前 83 年，卫律建议匈奴人“掘井穿

---

① 人口数字最为充分地展现了这一点，见《汉书》卷二八。

② 暴力事件只是偶然发生，比如文帝时（前 180—前 157）长沙、南郡曾受进攻，见《汉书》卷九五，页 9b。

③ 比如文帝时晁错的称赞，见《汉书》卷四九，页 13a—b；《汉书》卷九四上，页 1ff。

④《汉书》卷九四上，页 6，汉初的冒顿单于认为“地者，国之本也”。又见 Owen Lattimore, *Inner Asia Frontiers of China* (New York, American Geographical Society, 1940), 66ff, 76ff, 523ff。

⑤《汉书》卷五五，页 13b，19。

城，治楼以藏谷”，并建议匈奴人将防御交给（投降的）汉人负责。[1]

汉朝的国力还有一部分源于其组织。汉武帝刚登基时（前141年），汉朝人靠着八十多年缓慢而持续的摸索，逐渐掌握了中央集权政府的运作方法。汉朝的有些制度是早先就存在的，有些制度是为了应对眼前的需求而发展的。此时的政府，如果需要戍边或者用兵，可以征发义务兵；需要输挽粮草、修筑道路或为军队提供其他后勤服务，可以征发民夫。另外，汉代政府还继承了前代的固定防线，这防线当时已经称为“长城”了。[2] 保证长城兵力充足也是政府的一大任务。汉朝对游牧民族的优势，不单在于它的农业，还在于它的制造业，包括兵器在内的铁器、奢侈品。奢侈品中的丝绸尤其受到汉朝疆域之外人民的追捧，甚至可以作为外交上讨价还价的筹码。[3]

中国人发动战争的主要困难是缺少马匹，在中国内地大规模养马是很困难的。还有一大问题是为大规模军队提供补给，不管他们是戍边还是出塞远征。于是，兵员、马匹、粮草是汉军胜利的主要条件。如果汉朝境内养的马匹数量不够，汉人可以用条约或者强制手段从境外获取。[4] 粮食需求催生了屯田。屯田者有的是征发来的士卒，有的是农民，政府专门将他们迁移到最需要人手种田的地方。[5] 最后，在战争中，政府必须随时能从附近地区或内地调兵至

① 《汉书》卷九四上，页27b。
② 《史记》中将诸侯国修筑的、其后被秦朝连成一线的防线称为“长城”（例如卷五，页49；卷八八，页11）；而《汉书》的“长城”则指代文帝朝和武帝朝初年的这条防线（卷九四上，页16）。
③ 关于铁器带来的优势，可从吕后禁止铁制品出口南越看出。见《汉书》卷九五，页8b。
④ 对于马匹的需求，见Chang Chun-shu, “Military Aspect of Han Wu-ti's Northern Northwestern Campaigns,” *Harvard Journal of Asiatic Studies*（下文简称HJAS）26：148ff（1965—1966）。
⑤ 屯田地区与士卒的工作见*RHA*，I，56；桑弘羊建议从内地募民夫屯种，见《汉书》卷九六下，页15b ff。

战场，还要随时能驱使民夫修筑道路。[①]

汉朝的人力资源和粮食供给

我们无法找到武帝一朝人口与土地的所有统计数据，在估计中国整体实力时，只能依靠年份最近的统计数据。这些数据是公元1—2年的，使用的时候必须有所保留。[②] 并没有过硬的证据表明，从武帝朝到公元1—2年中国的人口有大幅增长。[③] 不过，还要估计到有移民存在的可能。此外，公元1—2年的统计包括了武帝朝所置郡的数字，这些应该相应地扣除。如果用公元1—2年登记的耕地面积来研究武帝朝的耕地，那么至少应该考虑到，这段时间里必然发生了一些技术的变化。公元1—2年的土地产出相比前140年有一定的增长。[④] 还有一种可能，在这百十年间，制造业有了长足发展，城市化水平并没有降低，而是提高了。

加上这些条件来推算，公元1—2年登记户数是12 366 470，口数是57 671 400。[⑤] 如果按武帝登基时已存在的郡国推算，前

---

① 例如，唐蒙和司马相如在西南就征发民夫开路，见《汉书》卷二四下，页6b—7b；关于用囚徒开路，参加公元66年的《开通褒斜道摩崖》(见王昶:《金石粹编》卷五，页12b ff)。

② 这些数字是《汉书》卷二八（地理志）中记载的汉代103个郡国登记的户数和口数。

③ 史书下一次给出的统计数字是公元140年的，无论户数和口数都比公元1—2年少，无论做何解释，都可以表明这140年间人口没有增长。武帝时到公元1—2年，也没有人口非增不可的理由。对人口数字的考察，见Hans Bielenstein, "The Census of China During the Period 2—742 A.D," and "The Restoration of Han Dynasty," *BMFEA*, 3: 19 and 39: 11ff.

④ 比如赵国的代田法，见Swann，pp.58，184ff；*RHA*，I，70，II，319；Michael Loewe，*Everyday Life in Early Imperial China* (London，Batsford，1968)，pp.167ff。值得注意是，李剑农曾指出，农业的进步并没有一般认为的那么快，见李剑农：《先秦两汉经济史稿》(北京，生活·读书·新知三联书店，1957)，页149ff。

⑤ 这是毕汉思（Hans Bielenstein）修正过的数据（*BMFEA*,no.19:135）。《汉书》给出的总数是12 233 062户、59 594 978口，见《汉书》卷二八下，页49。

141 年户数是 11 680 825，口数是 53 869 572。武帝统治期间，随着扩张政策的推行，新设了很多郡，计算时要将这些新郡的人口加上去。公元 1—2 年时，这些郡共有 685 645 户、3 801 818 口。[①] 征役制度在整个帝国的执行不会全都高效而无差别，所以计算时还要有所保留。政府可征的兵力还有以下限制：[②]

义务兵服役两年，占人口总数的0.5%—2%，即288 357—1 153 428人（公元1—2年），或269 347—1 077 388人（公元前140年）；

① 即以下各郡的户口数：

郡名	设置时间	户数	口数
犍为	前135	109 419	489 486
五原	前127	39 332	231 328
朔方	前127	34 338	136 628
越嶲	前119	61 208	408 405
牂牁	前111	24 219	153 360
郁林	前111	12 415	71 162
苍梧	前111	24 379	146 106
南海	前111	19 613	94 253
交趾	前111	92 440	746 237
合浦	前111	15 398	78 980
九真	前111	35 743	166 013
日南	前111	15 460	69 485
益州	前109	81 946	580 463
张掖	前104？	24 362	88 731
酒泉	前104？	18 137	76 726
敦煌	前104—前91	11 200	38 335
武威	前81—前67	17 581	76 419
金城	前81	38 470	149 648

对于在朝鲜建立的、并于公元前82年改组为两个郡的四个郡，以及前111年在海南建立、并于前46年最终撤出的两个郡，也许也应该做一些补充。

② 几乎不用强调，对前现代社会的人口方面问题的计算只能是猜测，因为缺少基本信息。比如，我们不知道当时的预期寿命和服役年龄。这个结论是剑桥大学人口与社会结构史研究团队的R. S. Schofield博士提出的。关于汉朝的兵役制度，见*RHA*，I，79，162。

强制徭役每年一个月，占人口的20%—25%，即11 534 280—14 417 850人（公元1—2年），或10 773 914—13 467 393人（公元前140年）。

衡量武帝朝战争的物质成本，要与当时的农业产出比较，而且只能得出一个不太准确的结果。《汉书》记载的公元1—2年在册田地的面积，没有按行政区一一列出，而且从全国总的数据来计算也是非常重要的。这些数字的解释是存疑的，可能包括了公元1—2年32 290 947顷[①]未耕地及8 270 536顷在耕地。耕地面积还要与在册的人口数、估算出的不同的农田产量放在一起考虑。据估算，当时粮食亩产大概在1.5—3石，据此可以推算，全国粮食年产量在1 240 575 400到2 481 150 800石之间，在册的平均每人是21.05—42.1石。

至于消耗的比例，我们掌握的数据更为坚实，因为汉代的行政记录中有记载。从这些记载可知，政府确实会向服役者及其家属分发粮食，其数量在每年19.2—39.6石不等。[②]要估算整体人口在多大程度上能达到这个标准，则难以办到。假设当时所有的在册耕地全部用来种粮食，那么汉代中国达到自给自足是可能的，不过还要考虑到一部分耕地是种麻的。

汉朝战略的基本要素

对匈奴的战争是为了应对紧迫的局势伺机而发的，其战略也是慢慢成形的，只有在回溯时才能发现有“战略”的存在，局中人是

---

① 每顷100亩（每亩240步）约合11.39英亩。石是容量单位，每石约合19.968公升。
② *RHA*，II，67ff.

很难看清的。汉朝的战略措施主要包括三点：第一，在北部和西北建立城塞；第二，在中亚结交盟友，威胁匈奴的西翼；第三，发动攻势，阻止匈奴集中兵力进犯。

防御点与防御线

代国和雁门、上谷二郡承受着匈奴内犯的主要压力，定襄、右北平遇袭则不如它们这么频繁。云中郡直到前127年还是帝国的西北边陲，受到北方和西北两个方向的威胁，一度是最易受攻击的边郡。前196年，云中从代国分离，成为直辖于中央的郡。高祖（前206—前195）、文帝（前179—前157）两朝，云中年年受袭。汉初，新单于将王庭设在云中附近，袭扰尤其频繁。由于魏尚的防御措施，文帝时局势有了变化，匈奴开始对云中敬而远之。[①] 前135年，李广筑塞云中，他的同僚程不识则在云中东面的雁门筑塞。虽然几个月后这些城塞就撤掉了，但云中郡已经有了相当的防御力量了。直到前102年都没有匈奴进犯云中的记载，前129年与前127年，云中还是汉军发起进攻的基地。[②]

发动对匈战争、延伸交通线至中亚、与塔克拉玛干沙漠周边诸国交往，这三件事结合起来，促使武帝建立更大的永久防御据点。汉初曾不得不放弃秦长城，再想收回只能徐图缓进。[③] 第一步，筑塞于云中，得以收复秦朝在河套沿线的疆土，并于前127年置五原、朔方二郡。前104年，汉朝与乌孙联姻，[④] 边防线西扩，某些西北

---

① 《史记》卷一〇二，页16；卷一一〇，页22，27，38。
② 《汉书》卷六，页4，7b，10b，32b；*HFHD*，35，43，51，102。
③ 同上。
④ 约前111—前110年，见《汉书》卷二八下，页18；Swann，p. 307；《汉书》卷六一，页6。

边郡肇始于此时。[①] 建立永久据点还有一个原因，匈奴有可能与羌人配合行动，威胁汉朝。此事并没有直接证据，但是在前112—前111年几乎实现。

进一步建立交通线的行动包括：前104年筑受降城，地点可能在居延以北；前102年，徐自为在五原塞外筑防线。[②] 这条防线不久被匈奴击破了。然而，同年汉朝就建立了与东西大道垂直、与居延河平行的防线。这条防线似乎极易受攻击，修建它的目的是保护上文提及的屯田。[③] 用这个办法，汉政权就能保障边塞的补给，同时保护通向敦煌的道路。朔方郡也用了类似的办法。[④] 武帝朝之后仍然有此类的做法。[⑤]

汉朝与中亚的关系

不论汉的扩张是出于防御的需要，还是出于促进商贸的愿望，同匈奴之外的其他部族打交道是不可避免的。交通线的延伸，使得汉朝的军队和商旅得以沿着可知的道路西进。然而，补给相当匮乏，主要仰仗沿途地方人民的友好援助。塔克拉玛干沙漠四周的绿洲部族只要能控制当地的水源，且能提供向导，就可以享有优势

① 陇西四郡置于何时，尚存争议，因为史料是相互矛盾的。鲁惟一倾向于认为，酒泉和张掖置于前104年，不久，又要在西边建立一个指挥部，于是敦煌独立置郡，时间应该在前91年，见*RHA*，I，59。起初这些郡是和内地隔绝的“飞地”，由设防的道路连接，道路经过的地区后来成为武威郡，时间在前81—前67年之间。设酒泉郡是为了隔断两个潜在敌人的联系。

② 《汉书》卷六，页31b，32b；*HFHD*，99，102；《汉书》卷九四上，页23；见《汉书补注》卷六，页31b，卷五五，页18a—b。

③ *RHA*，I，56—57。这一举措又导致后来设官管理屯田，见*RHA*，I，70，144，以及本文注26。

④ 汉朝向北扩张，在眩雷筑塞，地点可能在乌孙或西河郡以北，见《汉书》卷九四上，页20，21b。

⑤ 如轮台（《汉书》卷九六下，页2）、渠犁（《汉书》卷九六下，页30b）。

地位。这些部族处在互相攻伐的两大强权之间，保持中立几乎不可能，他们只能把宝押在强者一边。武帝末年以及之后数十年，随着汉朝着手调整在丝绸之路沿线的政策，这一考虑也愈发重要起来。前139年，汉廷派张骞出使大月氏，前110年，汉朝与乌孙联姻。从这两件事上不难看出，汉人重视取得其他势力的支持。前108年讨楼兰，是为了保护汉朝使节不受当地人的苛待；[①] 前90年讨车师，是为了防止它阻碍汉军征讨匈奴。[②]

为了向中亚诸国的来使展示中国的富厚，汉朝煞费苦心。[③] 汉廷要了解遥远部族的信息，主要依靠的是旅人、逃兵、人质或者官方使团。这些人的传述往往荒诞不经，[④] 但有些先驱者带来的信息的确产生了深远的影响，比如张骞关于印度诸国的著名报告、唐蒙发现牂牁江可能连通西南和南越的报告。[⑤] 前121年，霍去病率军深入大漠，不仅仅带回了大名鼎鼎的祭天金人，[⑥] 很可能还获知了大量新情况及地形上的细节。当时的地图绘制水平最多画出个大概，但是前90年桑弘羊奏请屯田轮台的上疏和前99年李陵出击匈奴，都表明了绘图的价值。[⑦]

很明显，汉朝政治家估计邻近地区的地理或者敌方的实力和组

---

① 《汉书》卷六一，7b，卷九六上，11b。
② 前104年，汉军出师西域，依靠当地后勤支援，见《汉书》卷九四上，页25b；卷六一，页9b。楼兰国“常主发导，负水儋粮，送迎汉使”，见《汉书》卷九六上，页12b。
③ 《汉书》卷九六下，页3b，37b ff。
④ 《汉书》卷六一，页7ff。
⑤ 《汉书》卷六一，页2b—3a，记载了张骞关于西域道路以及在印度有中国货物的报告。《汉书》卷九五，页2b记载了唐蒙发现东南到西南交通线的报告。
⑥ 《汉书》卷九四上，页18b。
⑦ 桑弘羊见《汉书》卷九六下，李陵见《汉书》卷五四，页11。其他提到地图的地方还有《史记》卷六十，页12；卷一二三，页29。戍边的军队利用地图的证据，见*RHA*，I，86；II，163。又见Hans Bielenstein，“The Restoration of the Han Dynasty，” *BMFEA* 2.31：219（1959）。

织的精确度，都有着很大的变化。前135年，淮南王刘安上疏提到了南越的情况，虽然有地图以参考[①]，却仍然措辞含混。《汉书》概述了汉初匈奴的统治制度，并且极其简单地介绍匈奴各酋长之间的权力和地盘的划分。[②]可能直到设立西域都护（前59年）后，汉朝官员才能系统地了解丝绸之路沿线诸国的情形，包括估计它们与长安的距离以及其他数据。不过，至少有一条史料显示，在某些情况下，朝廷能够给官员下达清晰的命令，并且似乎是根据准确的情报做出的。那是关于前99年的战役，武帝命路博德出兵西河，阻断钩营之道，同时下诏给李陵："以九月发，出遮虏鄣，至东浚稽山南龙勒水上，徘徊观虏，即亡所见，从浞野侯赵破奴故道抵受降城休士，因置骑以闻。"[③]

汉朝集中力量

汉朝的政治家们从中央指挥全局，他们有时候会估计四面出击的危险。前126年，为了集中力量对付匈奴，汉朝放弃了进兵西南的构想；同年，汉朝废置了朝鲜半岛的苍海郡，可能也是出于同一原因。从汉朝打败匈奴前（前121、前119年击败匈奴）暂缓向其他方向扩张以及帝国又过了几年得以恢复元气这两方面可以看出汉朝的战略规划。根据以往的教训，如果同时发起两场战役，有一场劳而无功已经是最好的情况，而全军覆没的情况也不是没有出现过。前124年，汉朝两路出兵，一出朔方，战果颇丰；一出右北平，无

---

① 《汉书》卷六四上，页3。

② 《汉书》卷九四上，页6b ff。见O. Pritsak, "Die 24 Da-chen Studie zur Geschicht des Verwaltungsaufbaus der Hisung-nu -Reiche," *Oriens Extremus*, 1: 178ff (1954)。

③ 《汉书》卷五四，页10b。

功而返。[①] 前121年，主攻方向在西，其指挥官宣称给了敌人重大杀伤，然而，李广率领的从右北平出击的军队则大败。[②] 最明显的例子是，李广利第一次伐大宛（前104年开始）的同时，赵破奴从朔方出击匈奴（前103年）；当李广利出师不利退回敦煌，赵破奴也兵败被擒。[③] 前99年与前90年，也发生过分兵出击、无功而返的情况 。

汉人的多路出击、协同作战的计划有一个难点，就是设置有效的集结点，水陆并进时难度尤其巨大。前112—前108年，汉军先后水陆并进攻打南越和朝鲜，征南越的战事指挥有方，配合严密，取得胜利，但是在朝鲜却失败了。在汉朝，如果一支部队未能到达指定的地点，或者未能与协同作战的部队取得联系，主将会受到责罚。[④] 从下面一段文字可知，除了集中力量，汉朝政府还重视隔绝潜在敌人："是时，汉东拔濊貉、朝鲜以为郡，而西置酒泉郡以隔绝胡与羌通之路。又西通月氏、大夏，以翁主妻乌孙王，以分匈奴西方之援。"[⑤]

长城向西延伸到敦煌，还有一条支线修到居延。可见到前100年，掌握一条通往后方基地，或者通往附近可供补给之处的安全通道，价值重大。然而，这个原则有时也被抛诸脑后，例如前104年李广利出征大宛，以及前99年李广利和李陵两次耗费巨大的远征，直到前59年设西域都护后，汉军的战术协同才能够在西域实现。

---

① 《汉书》卷五五，页4b ff。两役战果的不同，可以从战后给两个指挥官的奖赏的不同看出。
② 《汉书》卷六，页14b；*HFHD*，61；《汉书》卷六一，页4；卷九四上，页19。
③ 《汉书》卷六，页31b；*HFHD*，100；《汉书》卷六一，页9b。
④ 具体事例见页99注③。
⑤ 汉朝对隔绝潜在敌人的重视，可见《汉书》卷六九，页3a—4b；《汉书》卷九四，页21b。

战役指挥

统帅

西汉初年，不少身登显秩的卿相都是开国皇帝刘邦的战友，在秦楚之际的内战中证明了自己的忠诚与才能。七十年后，武帝的谋臣们着手执行扩张政策时，没有现成的可担重任的将才。这些将领要既忠贞不贰，又熟知塞外地形。同时，朝廷开始通过察举制吸引人才担任文官，并力图在文官中营造专业主义的氛围。

武帝并不曾明讲自己任用的武将需要有什么基本素质，也没有说明武将的素质和文官有什么差别。一个人从文职转为武职，或者从武职转为文职，都是司空见惯的。从下文就可以看出，封疆大吏往往是军务政务一肩挑。虽然无法找到职业将领群体存在的证据，但是在许多例子中，诸多战功卓著的将领终其一生都投身于武帝的征伐。在二十六位军界要人中，有四人的任命首先是基于后妃亲属的身份；七个人生长于北方边郡，对作战的地区比较熟悉；四个人是身经百战，积功而得高位的，还有一个来自通都大邑，起先是罪犯。

将军的地位相当于或仅次于九卿。[①] 将军由皇帝直接任命，对皇帝直接负责，或者对统率自己的大将军负责。一旦任命，将军就对完成任务负有全责，并且握有临机决断与生杀予夺之权。所以大将军卫青的属下才劝他斩杀右将军苏建以立威。[②] 李广也是卫青的部下，卫青曾派长史拿着簿册逐条责问李广，逼得李广自刎。[③] 有战功就能获得封爵，或者相当于封爵的职权晋升；战败则可能被弹

---

① 关于将军的权力与地位，见大庭修:《前漢の將軍》，《東洋史研究》26卷4号，1968年。
② 《汉书》卷五五，页6b。
③ 《汉书》卷五五，页13b。

劾、审问、责罚，这一点下文还会提到。

汉代将军的人数没有定额，军官都是按需任命，有时会长期服务，有时会随着特定任务的结束而撤销。有些将军会有自己的称号，某些称号会在一个时期反复出现，比如大将军、前将军、左将军、右将军。有时将军的称号与战役的目的直接挂钩，如贰师将军。《汉书》记载："期至贰师取善马，故号贰师将军。"[①]

校尉在将军之下，也可独立负责一支人马或一项任务；有时受将军指挥。[②] 此外，太守是负责一郡军务、政务的最高官员，有时也会受将军的指挥。所以，在前119年的战役中，右北平、渔阳、西河、云中等地太守都听命于卫青或霍去病。[③] 都尉是一郡的军事首脑，专掌军务，可能也负责征兵、练兵等日常工作。公元30年之后，边郡还保留着都尉，内地各郡则罢废了这一职位。边郡的都尉负责城塞和边墙，职责特别重大。武帝朝至少有一次都尉独立带兵参战的情况。类似事件也发生在前119年。[④] 为防郡国有人擅自调兵，汉代有"虎符"制度。虎符一剖两半，一半在地方，一半在中央，两符相合，才有调兵之权。[⑤] 都尉所辖的边塞戍卒编为队和伍。伍是汉军最小的组织，大概由一名伍长和四名士兵构成。他们戍守防线上的烽燧并巡逻，或者承担建筑之类的工作。[⑥]

外族人也可以担任汉军的高级将领，比如高不识、仆朋，前121年曾是匈奴的校尉；复陆支曾是匈奴诸王之一，前119年却和

---

① 《汉书》卷六一，页9b。
② 《汉书》卷一九上，页22b ff，正文及注释。
③ 还有国相亲自参战的情况，见《汉书》卷五五，页4b。
④ 关于都尉，见*RHA*，I，60；关于都尉在作战中的指挥，见《汉书》卷五五，页18b，以及卷九四下，页21b。
⑤ 关于皇帝用虎符制度运作的例子，见《汉书》卷六四，页2。
⑥ 关于戍卒的组织，见*RHA*，I，83。

同胞刀兵相见。最著名的可能是匈奴王子金日磾，前121年在汉宫做马夫，最终位至三公。[①]

汉朝将军如果兵败或未能完成任务，则会面临严酷的惩罚。据汉代律法，军队未能按时到达集结地点当斩。[②]这里有几个将军未能取胜而受惩的例子：前129年李广兵败之后，前123年苏建兵败之后；前121年张骞和公孙敖未能按时会师；前119年，李广因为兵败，宁愿自杀也不愿面对责罚；赵食其为免刑，接受夺爵降为庶人的处分。[③]汉匈双方将领都明白战败将招致羞辱和严惩，所以一旦战败，他们都倾向于投降。李广利在败降匈奴之前已经感到大事不妙，因为李家已经卷入巫蛊之祸（前91—前90）。无论如何，他在前90年战败后投降匈奴，一定是怀着对战败惩罚的恐惧的。[④]

汉将投降且效力于匈奴，早在汉初就有韩王信的先例（前201年）。[⑤]上文提到的赵信，起初效力于匈奴，一生两度改换门庭。李陵也是一例。李陵投降匈奴的消息虽然令武帝震怒，但也没有理由株连他的家人。后来当武帝得知李陵积极地帮助匈奴防备汉朝时，才诛灭了他全家。[⑥]

皇室的私心、同僚的倾轧、指挥权责的不明，都可能损害战役的统一指挥和全局协调。卫青和霍去病都是外戚，他们能够得到

---

① 《汉书》卷一七，页11，11b，13b；金日磾事迹见《汉书》卷六八，页18b。开陵侯成娩也是一例，他是匈奴诸王之一，为汉朝攻打车师（《汉书》卷一七，页23）。

② 《汉书》卷五四，页6。

③ 关于李广见《汉书》卷五四，页4以及卷六，页16；*HFHD*，66。关于苏建见《汉书》卷五四，页16；关于张骞见《汉书》卷六，页15以及卷六一，页4，*HFHD*，61。关于公孙敖，见《汉书》卷六，页15，*HFHD*，61。关于赵食其，见《汉书》卷六，页16，*HFHD*，66。

④ 《汉书》卷九四上，页25。

⑤ 《汉书》卷九四上，页8b；*HFHD*，I，115。

⑥ 《汉书》卷五四，页14b。

任用很难说没有这层原因。虽然卫、霍堪称当时最成功的将领，但是同样的评价却不适用于李广利，《汉书》特别提到，武帝拔擢李广利，是因为要取悦一个妃子。[①] 李陵和路博德之间的嫌隙，可能是前 99 年西北战事失败的原因之一。前 109 年，朝鲜的战事也受到相似因素的干扰。[②] 前 124 年，武帝遣使持节塞上，拜卫青为大将军，向其他将军明确，他们应该服从卫青的指挥。[③] 这是汉廷有意建立明确的指挥链条的一步，前 123 年，卫青再次拜大将军。[④]

兵员的征召与伤亡

上文已经简略提及汉朝的征兵制度，还推算了国家在理论上能征召的兵力。大体而言，年龄在 23—56 岁之间（有时是 20—56 岁）、身体健全的男子，有服兵役两年的义务，其中一年是在本郡接受军事训练，一年是执行任务，或是戍守边塞，或是巡行边墙。[⑤] 大多数人投身步兵，但可以相信，有些来自特定地区的人是加入骑兵或者水兵的。在边疆，有的士兵会上前线，有的士兵则负责屯田。

此外，汉军也有志愿兵，比如前 99 年李陵很骄傲地率领来自南方的五千兵马。[⑥] 志愿兵可能充当骑兵。据记载，在前 108、前 104、前 90 年的战事中，汉朝动用了属国的骑兵，他们可能来自尚未完全纳入汉朝管辖、或尚未完全同化于汉人生活方式的地区。[⑦]

① 《汉书》卷六一，页 9b。
② 《汉书》卷五四，页 10a—b；《汉书》卷九五，页 19。
③ 《汉书》卷五五，页 5。
④ 《汉书》卷六，页 12；*HFHD*，54。
⑤ 不少学者已经接受了对这条史料的这种解释。关于别的观点以及更详细的描述，见 *RHA*，I，79ff，162ff。前 155 年，征召的年龄从 23 岁提前到 20 岁，直到昭帝朝（前 87—前 74）才改变。
⑥ 见 *RHA*，I，78；《汉书》卷五四，页 10。
⑦ *RHA*，II，181ff，《汉书》卷九四上，页 25b，卷六一，页 9b，卷九六上，页 11b。

前90年，一名前匈奴王率领一支西域军队，为汉朝攻打车师。[①] 有时囚徒也会被拉上战场。前109、前104、前97年在北方，前112、前108年在南方，都曾有过这类事情。[②] 然而，这大概只是应急之策，而不是经常之制。前100年，汉朝送囚徒到五原塞服役。非常有趣的是，前99年李陵率部出征，"关东群盗妻子徙边者随军为卒妻妇，大匿车中"。[③] 最后，获得赦免的犯人，有时须以兵役的形式服完自己剩下的刑期。[④]

政府虽然不会明确宣示，但有一个明显的倾向，即战前会从距战场较近的郡国调兵。前112年，南方发生战事，朝廷从江淮及以南地区征兵；前109年发兵巴蜀，镇压西南反叛；同年，征发蓟、辽东二郡士兵赴朝鲜作战。[⑤] 前61年，调河南等中原郡国步卒西征羌人。[⑥]有充足的证据表明，边防线上有很多戍卒是从中原征发的。[⑦]

对汉武帝投入征伐的兵力数字，不大可能是经过认真计算的。杨联陞警告，不要相信中国史书里的数字，也包括兵力数字。[⑧] 上奏的时候，官员当然会倾向于夸大异族的兵力，以突显汉军的战绩。反过来，史家出于对皇帝武功的自豪，也可能夸大汉军的兵力。此外，史家无从核查兵力数字的来源，也无从区分哪些数字是真实的，

---

① 《汉书》卷九六下，页30。

② 《汉书》卷六，页22，31b，35；*HFHD*，80，100，108；《汉书》卷九五，页4b。关于囚徒或罪犯上战场的事例，见A. F. P. Hulsewé, *Remnants of Han Law* (Leiden, E. J. Brill, 1955), pp. 131, 147及注释109。

③ 见本文附录B。

④ *RHA*, I, 79; Hulsewé, pp. 240ff.

⑤ 《汉书》卷六，页22，27；*HFHD*，80，92；《汉书》卷九五，页19a—b。

⑥ *RHA*, I, 78；《汉书》卷八，页15b；*HFHD*, II, 241。

⑦ 公元前97—前74年的，见*RHA*, II, 261ff；公元前90—前82年的，见317ff。

⑧ Lien-sheng Yang, *Numbers and Units in Chinese Economic History*, (reprinted in Studies in Chinese Institutional History, Cambridge, Mass, Harvard University Press, 1961).

哪些数字是吹嘘的。[①] 用户籍人口数推算兵力也不容易，因为目前只有公元1—2年的户籍人口数，把它用在武帝朝需要十分谨慎。

汉军步卒主要是征召而来的，上文已经推算过，公元1—2年所能征召的最大兵力在288 357人到1 153 428人之间。[②]《汉官仪》中也有一段略显夸大的叙述："边郡太守各将万骑，行鄣塞烽火追虏。"[③] 在《汉书》的记载中，武帝朝的征伐动辄是五万到十万人的规模，或是步兵，或是骑兵，有的时候数字更大。下面是投入兵力较多的例子：

前133年，李息率三十万人屯于马邑

前119年，出动十万骑兵、十四万匹战马，还有大概数十万步卒。

前111年，武帝亲率十八万骑兵巡行郡国。

前102年，李广利第二次征大宛，征调了十八万人。

前97年，七万骑兵和十四万步兵参与对匈奴的作战。

前90年，三位将军率军十三万[④]，出征匈奴。

除了这些汉军兵力的总体数字，史书上有时也会记载一些具体的战例，只有小规模兵力实际参战。前108年，七百轻骑生擒楼兰王。

---

① C. Martin Wilbur, *Slavery in China During the Former Han Dynasty, 206 B. C.—A. D. 25* (Chicago, Field Museum of Natural History, 1943), p. 399，该页有例子说明汉朝史官怎样区分真实的数字和宣传的数字。Wilbur用"falsification"（伪造）一词有点重了，原文的意思只是"实有兵力四十万，号称百万"。

② 同上。

③ 出自应劭（约140—200）《汉官仪》，完整的文本和注释见*RHA*，I，162ff。

④《汉书》卷六，页37b；*HFHD*，115；《汉书》卷六一，页14。根据《汉书》卷九四，页25，兵力还要再加一万。

李陵年轻时，曾率八百骑深入大漠两千里。[1] 前99年，李陵麾下的步卒不过五千人。据估计，防守从敦煌到朔方（河套附近）的长城，实际需要约3 250人。[2] 与漫长的距离相比，三千多人显得很少；但如果把边防线后的驻军也算进去，人数可能还会大大增加。如果用同样的算法计算朔方以东的长城，那么还需要6 500人。由此可以推出，长城沿线需要的戍卒约9 750人，此外补给、建筑、巡逻、屯田、通信等方面还需要人手。必须强调的是，这个数字很不可靠。

不幸的是，没有证据提示，汉朝各郡国以怎样的比例提供兵员。《汉书》记载征讨匈奴的战役时，常会提到将领出兵的郡。所以可以大致推测，北部和西部边郡是其主要兵源，至少骑兵来自那里的可能性较大，无论是志愿兵或义务兵，将投入到战争中的兵力数字和边郡的人口对比，将是很有启发性的：[3]

年份	将领	骑兵数量	郡	人口（公元1年）
前129年	卫青	10 000	上谷	117 762
	公孙贺	10 000	云中	173 270
	公孙敖	10 000	代郡	278 754
	李广	10 000	雁门[4]	293 454
前121年	霍去病	10 000	陇西[5]	236 824
前119年	卫青	50 000	定襄	163 144
	霍去病	50 000	代郡	278 754
前111年	为炫耀武力，武帝从云阳出发（左冯翊的辖县），北行经上郡、西河、五原，率领的骑兵最终达到180 000。		上郡	606 658
			西河	698 836
			五原	231 328

① 《汉书》卷五四，页9。
② *RHA*，I，90.
③ 关于具体战事见本文附录A。各郡的人口数引自《汉书》卷二八各郡条下。
④ 前129年，代国还包括太原郡，这里的人口数字只是代郡一郡的。
⑤ 此时的陇西郡的土地还包括了日后分设出去的安定、天水二郡。这里的人口数字只是陇西一郡的。

对于“一万”这么整齐的数字，很难不加批判地接受。然而，通过比较可知，这些数字与当地人口的比例还是比较适当的，如果考虑到真正交战的季节非常短暂，那就更适当了。如果这些数字也包括非战斗部队，将更为可信。[①] 评估这些数字的可靠性时，还必须考虑到这些战役并不是当时汉朝军事行动的全部。前127年“卫青率数十万骑击匈奴”的同时，一支同样规模的大军在修筑通往西南地区的道路。地方的叛乱需要火速平定。还有记载显示，汉朝在向短命的苍海郡（前128—前127）派兵的同时，还征召了一支十余万人的部队筑塞于新置的朔方郡。[②]

记载中武帝朝后期大规模动用军队的例子有：前112年，汉军十万征南越。次年，陇西、天水、安定等地的骑兵，与来自长安、河南、河内的十余万步卒一道镇压羌族叛乱。[③] 前102年，李广利第二次征大宛，曾征召十八万人，但《汉书》的文本在这里可能有些舛误。这十八万人和一年前从敦煌出发的六万人、十万头牛、三万匹马、数万头驴和骆驼有何联系？[④] 目前还不清楚。

《汉书》里汉军兵力的数字和匈奴骑兵的数字处于同一数量级，都以万计。为了比较，我们还应该留意同时代世界上其他地区战争所投入的兵力。前218年，汉尼拔离开西班牙时，率领马匹、步兵四万，罗马方面有十万兵力，可能还包括盟军。坎尼会战（前217年）中，四万八千罗马步兵对阵三万五千迦太基步兵，而汉尼拔的骑兵有一万，罗马方面仅有六千。前32年的亚克兴会战中，安东尼有步兵七万到七万五千，骑兵一万两千，屋大维有步兵八万，骑

① 这一观点是傅海波（Herbert Franke）教授提出的。
② 《汉书》卷二四下，页7b；Swann，p. 246。
③ 《汉书》卷六六，页2b；*HFHD*，81。
④ 《汉书》卷六一，页10a—b。

兵也是一万两千。[①]

《汉书》中汉军的伤亡数字大概也有道听途说、夸大其词的成分，其中可能包括脱逃者和死者，上报的马匹损失也很可能是在战役的最后阶段被屠宰吃掉了。据说前129年公孙敖率军一万征讨匈奴，损失了七千人。[②] 前123年，卫青麾下六将之一的苏建被匈奴打得全军覆没，[③] 而匈奴自己也损失了一万八千人。[④] 前121年，李广再次出兵右北平，四千骑兵折损了一半。[⑤] 同年春，霍去病出兵陇西，伤亡八千人；夏季又出兵北地、陇西，伤亡三万人。[⑥] 前119年，卫青北击匈奴，两战连捷，分别消灭一万九千人、七万人，汉军的伤亡也有"数万"[⑦]。《汉书·食货志》记载[⑧]，汉朝在这一年损失了十万骑兵;《汉书·卫青霍去病传》记载[⑨]，汉军十四万骑出塞，返回的不足三万。据记载，李广利第一次征大宛的伤亡率达到80%—90%。[⑩] 前135年淮南王警告朝廷，南方的战事会有两到三成的患病率或死亡率。[⑪] 这一数字应该有些夸大。

汉匈双方的兵力及伤亡的数字有几分真实，难以定论。兵力和人口数字不会太不成比例，但是很难相信，当时的社会能为这么庞大的军队提供必要的后勤支持。"万"这个词在史书里很可能只是为

---

① *Cambridge Ancient History* VIII, (Cambridge, Eng., Cambridge University Press, 1930), 35, 44, 53, and X (1954), 100ff.

②《汉书》卷五五，页2b。

③《汉书》卷六，页12；*HFHD*，55；《汉书》卷五四，页16b。

④《汉书》卷六，页12b；*HFHD*，55。

⑤《汉书》卷五五，页9b。

⑥《汉书》卷六，页14b；*HFHD*，61。《汉书》卷九四上，页18b。

⑦《汉书》卷六，页16；*HFHD*，66。

⑧《汉书》卷二四下，页12b；Swann，p. 274。前123年汉军的马匹损失也是同样的数字（《汉书》卷二四下，页8b；Swann，p. 251）。

⑨《汉书》卷五五，页16。

⑩《汉书》卷六一，页10。

⑪《汉书》卷六四上，页6。

了强调数量多而已，而非实指。

补给和交通

《汉书》有多处反映出，汉朝的将相们意识到遥远距离带来的困难。[①] 据说李广利征大宛（前 104 年）[②] 来回花了两年，这是个例外，其全部意义不能完全知晓。知道一支部队的行军速度，比如从长安到云中或张掖需要多长时间，对我们的研究帮助甚大。不幸的是，信息并不完整，只留下一些蛛丝马迹供我们去推测时间和距离。

比如，前 119 年路博德等破敌立功，受到封赏。他们由霍去病率领，从代国发兵，为擒单于出塞两千里。战役的发动是在夏季，两位将军的封爵是在丁卯，即六月初九，那么整个战役耗时不会超过六十八天。[③] 不幸的是，这一特例不能作为普遍规律套用，但总体而言，出塞远征都不大可能旷日持久。

从公文投递的时间可以找到进一步线索。文书由出征的士卒携带，投递的时间应该符合精心安排的时间表。从居延发现的一枚珍贵的简牍残片可知，公文通过驿站接力传递，从安邑（今属山西）到居延，一般的行程需要四十八到五十一天。不过，驿递的时间不会和军队行进、粮草运输的时间完全一样，只能作为一个大致参考，需要谨慎使用。[④]

---

① 例如，《汉书》卷六一，页 7 ff；卷九六上，页 25b ff；卷九六下，页 6。

② 《汉书》卷六一，页 10。《汉书》记载了李广利第一次出征返回敦煌，但是武帝下令李广利不许进玉门关。

③ 《汉书》卷六，页 16a—16b；*HFHD* 65；《汉书》卷一七，页 13，卷五五，页 12b ff。

④ 关于驿递的时间表，见 *RHA*，I，43ff。

行政和军事管理中形成的简牍，不少能够反映出边塞军队的专业水平。① 但有些情况的信息本就很少，比如将领如何维持行军的军纪、按时间表行事、做书面记录、关心士兵的身体和生活、提供规定数量的口粮。蛛丝马迹偶尔还是能够找到。比如《汉书》记载，李广利第二次征大宛时（前102年发起），“战死不甚多，而将吏贪，不爱卒，侵牟之，以此物故者众”②。

一场战役耗费几何？前60年赵充国对此的估计非常有趣。他的估算包括了粮食、食盐和马料的数量。他估算的数字与西北边疆实际分配的数字非常接近。③ 通过仅有的零星史料④，很难确切知晓一支军队出征所需的粮草有多少要依赖当地供应，又有多少要靠远途运输供应。敦煌和居延出土的材料，可以作为推算军需的基础：一万人一整个月需粮三万三千石（658 944公升），运输需要大车一千三百二十辆；一万人一个月的食盐也要三百六十辆车运。这里的数字，无论实际是否足额发放，都没有任何主观的修改。⑤

关于马草料的记载较少，只有几处史料提到在西北边境就地征集草料。⑥ 赵充国估计，一支六万人的军队，一个月需要二十五万

---

① 关于军队的专业水准，见*RHA*，I，167ff。居延汉简的时间跨度是从公元前100年到公元100年，但大多数无法确定具体时间。从这些简牍中所见的专业水平，应该可以用来研究武帝朝的情况。文帝时晁错曾经上疏，强调用兵的法度，见《汉书》卷四九，页9ff，16ff。《史记》卷一〇九，页6记载了两位将军截然相反的约束部下的方式。

② 《汉书》卷六十一，页13。

③ *RHA*，II，70.

④ 比如公元前99年的战役，见《汉书》卷五四，页10。

⑤ *RHA*，II，69。这一计算的基础是3.3石是每个月的粮食配给量，25石是一辆车的装载量（见Michael Loewe，“The Measurement of Grain of Han Period，” *T'oung Pao*，49.1—2：76）。陇西、北地、上郡、西河、朔方、五原、雁门都有盐官，军队的食盐可能由他们直接发放。

⑥ *RHA*，I，70，106，125，页94、105也提及粮草。

石的草料。[1] 两片居延汉简还提到，每头牲口每天有0.12石（2.3公升）粮食。一万匹马每月需草料三万六万石（718 848公升），大概需要一千四百四十辆车运输。[2]《汉书》说粮食运达西南目的地后，损失九成。[3] 可能是为突出运输途中损耗严重的夸张说法。

行政记录显示，发给士兵的还有一些其他物品，比如衣服。每个人领取衣服都需要登记。[4] 许多防御用的装备无疑是就地制造的，有些物品属于要核验检点的公物，在内地制造出来运往前线，比如指挥用的旗帜，做饭的锅，木工工具（斧头、锤子、锯子等），进兵时击的鼓，收兵时鸣的钲，[5] 盔、剑、盾等军械。[6] 从前119年左右起，开始有国有机构专门制造这些物品。这些机构还制造各种形制的箭镞和弩的扳机，扳机做工精细，是汉军用弩的基本构件。[7] 弩按照一套标准等级制作，这个标准的单位是拉开弩身所需的力道。弩的重量在三到十石之间。[8] 较重的弩可能安在固定的防御设施上，这种弩也许有旋转装置，必然有瞄准装置。[9] 据记载，曾有一个人连射一百五十支箭，但是不能确定这是不是常事。[10]

---

① *RHA*，II，70.（《汉书》卷六九，10b ff。）

② 关于马匹吃的粮食的数量见*RHA*，II，278，一片汉简记录着两匹马四个月消耗粮食27.52石，即每匹马每天消耗0.116石；*RHA*，I，94，154 and n.71。

③《汉书》卷二四下；Swann，p. 247对这一段费解而不可靠的文字作了注解，得出结论："也许每3.616美国蒲式耳粮食中，有不足1%到6%的粮食最终抵达。"

④ *RHA*，II，261ff.

⑤ 关于装备的总体情况见 *RHA*，I，85 ff.。《汉书》记载了李陵用鼓和钲指挥放箭，见《汉书》卷五四，页11b；将鼓列入防御装备的清单，见*RHA*，I，87；关于匈奴使用的旗鼓，以及汉军虏获的匈奴旗鼓，见《汉书》卷五五，页15b。

⑥ 官员巡查边塞的报告中提到了其中一些装备，见 *RHA*，II，151 ff.

⑦ 见K.P.Mayer，"On Variation in the Shapes of the Components of the Chinese Nu-chi (crossbow latch)，" in *T'oung P'ao*，52：1—3：7ff and correction ibid.，53：293 ff。

⑧ 石是重量单位，约合29.3千克或64.5磅。关于弩，见*RHA*，I，125 ff。

⑨ *RHA*，II，157 ff.

⑩ *RHA*，I，153，no. 52.

《汉书》中记载的前124到前119年之间的历次战役中，骑兵数量都十分庞大。而前99年，路博德在西北领兵的数量，相比之下就没有那么夸张。三年之前，路博德受命建立居延防线，对前线情况有亲身了解。他认为，酒泉和张掖各出五千骑兵即可稳操胜券。①

关于《汉书》中汉朝制度的几处注释，给出的马匹数字更为庞大。在武帝之前，边郡的马场（苑）也是由中央政府管理的。史料记载，汉廷在北方和西北边疆，设有三十六处这样的马场，养马三十万匹，三万名官奴婢负责养马。②《汉书》记载前121年的战争所需要的给养时，提到了武帝拥有众多马匹，其中一万匹赶到长安喂养。关中养马的人数不够，朝廷又从其他郡调来人手养马。③前103年，朝廷为增加军马供应，进行了国有和私有马匹的登记，④武帝还颁布法令，为朝廷养马可以蠲免赋税。⑤

从寥寥几条材料很难判断马匹的价格，因为这些材料常常是记载异常情况的。⑥前146年，朝廷禁止成年马匹出境，直到前82年才解除。⑦同时，朝廷也开始认识到从中亚的产马区买马的好处。早在张骞出使西域时（前130—前125），乌孙就送给武帝良马数十

---

① 《汉书》卷六，页34；*HFHD*，页105；《汉书》卷五四，页10。

② 韦慕庭引《汉旧仪补遗》（Wilbur，pp.232 and 405）。《汉书》颜师古注（《汉书》卷十九，页12b）也引用了这段话，但是没有提到官奴婢，《汉官仪》也是如此。张春树误认为官奴婢的人数是三十万。关于景帝设苑养马，见《汉书》卷二四，页15b；Swann，p.172。

③ 《汉书》卷二四下，页9b—10a；Swann，p.262。

④ 《汉书》卷六，页32a；*HFHD*，II，101。

⑤ 这项制度可能创自前178年，见Hulsewé，p.75.

⑥ 例如，（1）汉朝初建，社会还不稳定，一匹马的价格达到一百金，即一百万钱（《汉书》卷二四下，页4；Swann，p.231）；（2）前118年，马匹短缺，一匹马可卖到二十万钱（《汉书》卷六，页19b；*HFHD*，I，66）。有居延汉简记载（37，35，见*RHA*，I，72），一匹马值四千钱，与同一文书中的下列商品比较：未成年女奴，一万五千钱；一辆牛车，两千钱；一辆轻便马车，五千钱。关于私下的马匹交易，见*RHA*，I，116，关于汉军骑兵买马，见同书，页111。

⑦ 《汉书》卷五，页6b，卷七，页4；*HFHD*，I，321 and II，159.

匹，[1] 后来一位汉朝公主嫁往乌孙，乌孙又送了上千头牲畜作为聘礼。[2] 随着与西域诸国的交往愈加频繁，汉朝从乌孙、大夏获取马匹的欲望也更强烈。[3] 李广利征大宛（前 104—前 101）的战果之一就是数十匹最上乘的战马，以及三千匹较次的战马。[4] 后来汉与大宛约定，大宛每年送给汉朝两匹天马，很明显是作为种马。[5]

战争结束后财政还有花费，比如犒赏凯旋军队的巨额支出。《汉书》记载，前 124 到前 123 年的赏赐黄金达二十万斤，前 119 年又赏赐五十万金，前 101 年李广利出征凯旋时赏赐四万。[6] 军官的俸禄肯定也是汉代财政的一大负担。虽然可以推测出军官俸禄的等级，也有居延驻军军官的俸禄的史料，但是无法估算整体的支出规模。[7]

战斗方式

白霖（Lynn White）写了一篇关于马镫研究的介绍，引人入胜。他划分了马匹在战争中作用的三个阶段：第一阶段，战车；第二阶段，没有马镫，骑者借助膝盖的力量夹紧马身；第三阶段，装备马镫。[8] 武帝时，车战似乎已经销声匿迹，但也没有证据显示马镫已

---

① 《汉书》卷九六下，页 3。
② 《汉书》卷九六下，页 3b。
③ 《汉书》卷六一，页 8b。
④ 《汉书》卷六一，页 12. 卷九六上，页 37b。
⑤ 《汉书》卷九六上，页 38。
⑥ 《汉书》卷二四下，页 8，12b；Swann，pp. 251，274；《汉书》卷六一，页 14；《史记》卷一二三，页 42。因为缺乏更充足的资料，这些数字很难从一个完整的经济背景来解读。公认的黄金价值是一万金相当于一斤黄金（一斤约为 244 克）。
⑦ *RHA*，I，94ff，II，99，100ff and 282ff.
⑧ Lynn White，*Medieval Technology and Social Change*（London，Oxford University Press，1962），p.1.

经广泛使用。[①]

汉军的骑射手肯定是模仿匈奴。[②] 拉铁摩尔（Lattimore）已经描述了汉族在与草原民族的战争中，战法从步兵转变为骑兵的过程，并且已经指出这一关键时段是公元前4—前3世纪。赵武灵王（前325年登基）和李牧（前3世纪）时代的赵国军队，是有确凿证据的最早用骑射手的中原军队。可以确定这两个时代都已经在训练骑射手了。[③] 到汉武帝时代，又过了几百年，中国人有充足的时间积累马战的经验、训练娴熟的马弓手。赵国正处在中原最易受匈奴劫掠的地区，也是中国对匈奴发起攻势的地区。史书记载，在汉朝初年的内战中，刘邦麾下就有马弓手，[④] 前103年，公孙贺拜相时，就提到了“鞍马骑射”。[⑤]

我们非常幸运地找到了一段晁错对汉匈各自战法优劣的评价。文帝时（前180—前157），匈奴势力正强，劫掠边疆郡国如同家常

---

① (1) 战车。关于周代战车作战的局限，见H. G. Greel，*The Origins of Statecraft in China* (Chicago，University of Chicago Press，1970) ，I，262 ff；Peter A. Boodberg，“The Art of War in Ancient China：A Study Based Upon the Dialogues of Li，Duke of Wei，” Ph.D. dissertation，University of California，1930。许倬云曾撰文讨论骑兵与步兵的关系，并描述了春秋战车在战斗中的使用 (Cho-yun Hsu，*Ancient China in Transition* [Stanford，Stanford University Press，1965]，pp. 68 ff)。张春树（前引书，页169）指出，汉文帝时战车还是对付匈奴的主要武器，甚至前133年时还是如此，然而因为战果不佳最终被淘汰。《汉书》卷五四记载，李陵“以大车为营”，沈钦韩（1775—1832）注说“未尝以车战也”。汉代虽有“车骑将军”，也不必然表示汉军仍用车战。(2) 马镫。白霖概述了汉代可能有马镫的证据（White. pp. 14ff and 140 n. 3）。又见J. Needham，“Science and China's Influence on the World，” in *The Legacy of China* (London，Oxford University Press，1964)，p. 268，reprinted in *The Grand Titration* (London，Allen and Unwin，1969)，p. 86.

②《汉书》卷五四，页12b。

③《史记》卷八一，页21，卷一一〇，页12；又见Lattimore，pp. 61—65，387。

④《史记》卷七，页60；《汉书》卷三一，页22。

⑤《汉书》卷六六，页1b。

便饭。曾潜心商鞅申不害之学的晁错上疏文帝[1]，开宗明义指出了地形有利、士卒服从、兵器坚利的重要性。接着，他阐述了哪些地形适合哪些兵种或兵器——包括步兵、车骑、弓弩、长戟、矛铤、剑楯等。他认为匈奴人的优势有三：第一，在北方，汉地的马匹不及匈奴的；第二，匈奴人"且驰且射"的技术也为汉朝所不及；第三，匈奴人能够"风雨罢劳，饥渴不困"。然而，汉朝也有五个优势。第一，在平原地形中，汉军的"轻车突骑"能够轻易打乱匈奴的阵脚；第二，汉军的"劲弩长戟"攻击距离远，匈奴人难以格挡；第三，汉军甲胄坚牢，兵刃锋利，长短齐备，并有弓弩，汉兵以五人、十人为单位前进，匈奴人无力抵御；第四，汉兵的弓弩齐射，可以穿透匈奴的皮甲木盾；第五，下马步战，短兵相接，匈奴人也不是汉人的对手。

以上种种优势，汉人在战场上究竟发挥了几成？五十年后，武帝的众将能够多大程度上选择有利的战斗条件，将汉军优势发挥到极致？这恐怕要永远成为未知之谜了。可能我们要接受张春树的说法[2]，"骑射手是前120—前90年汉朝对匈奴战争的关键因素"，步兵在战斗的记录中非常鲜见，前119年卫青和霍去病带领的数十万步卒发挥了怎样的作用[3]，只能留给我们推测了。

前99年李陵指挥的战役，是一个现实主义的却又很特别的运用步兵的战例，此战被德效骞（H. H. Dubs）赞为"天才的军事行动"，因为"李陵展示出，步卒只要组织得当，弓弩充足，可以击败数倍于己的骑射手"[4]。《汉书》中记载的战法绝不是当时的常态，步

① 《汉书》卷四九，页8。
② Chang Chun-chu，p.167.
③ 《汉书》卷六，页16；*HFHD*，15。
④ *HFHD*，15.

卒的胜利也远不是十拿九稳的。李陵胜利的秘诀有三：第一，保持有纪律的射击，以便有效地集中弩箭；第二，纵使敌方骑兵反复冲击而造成伤亡，我方也要保持阵形不乱；第三，箭支源源不绝。一天用了五十万支箭的说法可能有点离谱，但是史家的观点依然是成立的。[①] 另外，地形的极端重要无须多言。

征伐的结果

到前 119 年为止的一系列战役，使中国二十年免受匈奴的入侵，汉廷得以抽出手来向其他方向扩张。随后的若干年，汉朝的权威在西南和西部的扩张成为可能，首先应该归功于军事的进取，其次应该归功于一条由高度专业化的军队保护起来的通向中亚的安全通道。汉朝的功业不能仅用开拓了多少疆域来衡量。在物质层面，汉朝取得了大量牲畜，比如，在前 127 年，号称获得百万头马、牛、羊；前 124 年又获得数百万头牲畜。[②] 值得注意的是，汉朝将领会因军功封爵。奖赏的高低取决于俘虏的敌人的重要性，比如王、单于的亲属和其他重要人物。[③]

敌方归降君长的待遇

敌方的军队首先不是被当作一个与中华分庭抗礼的对手，而是被作为致力于破坏中国统一和完整、蹂躏中国的禾稼和百姓、劫掠中国的城市和仓廪的叛逆。从本质上或者概念上来讲，此类虽非汉

① 《汉书》卷五四，页12b，关于文本的出入参考王先谦注。五十万的数字未必就太高，李陵有3000人，即使算上搭箭拉弓的时间，一个人一天射出116支箭并非不可能。
② 《汉书》卷五五，页4；卷五五，页5。
③ 《汉书》卷五五，页5，卷九六下，页5b。

族的强盗，却与中国内地威胁法律与秩序的盗匪并无不同。区别存在于镇压乱法者所付出的代价以及谈判协商的可行性。因为朝廷与某个内地的渠帅头领妥协，必然削弱皇帝的权威。然而作为权宜之计，通过某些特定的礼仪，也可以与内亚的首领达成妥协。

虽然一个异族酋长携带部众与牲畜归降，标志着一场战役的目的达到了，但是它马上产生了许多其他问题。有两件事至关重要：第一，确保投降的酋长忠于汉朝；第二，在新拓疆土上建立常设政府机构，巩固战争的胜利果实。这种机构必须足够强大，能够抵御敌人的入侵，并能汲取当地的资源为中央王朝所用。

前 121 年，匈奴昆邪王率大批部众归降，① 是汉朝的一场大胜利。随之而来的是中国行政管理的一场新的分裂。汉朝为此建立了五个属国，昆邪王的部众可以在这里按照旧有的风俗习惯生活。通过这种手段，他们被安置到“边五郡故塞外，而皆在河南”。其他情况下也仿照此制度实行。武帝设属国都尉，② 使得汉朝可以征调属国骑兵。也是在前 121 年，“徙关东贫民处所夺匈奴河南地新秦中以实之”。③ 另有一种强制迁徙异族的情况。前 110 年，汉朝要迁移东越的所有人口，④ 东越没有同化于汉，最后却不得不屈服于汉朝的压力。

前 121 年的胜利之后，汉朝给予投降的匈奴首领以很高的礼

---

① “四万”的数字见《汉书》卷六，页 15；*HFHD*，62。《汉书》卷一七，页 12 给出的数字是“十万”；《汉书》卷五五，页 11b 记载：“降者数万人，号称十万。”《汉书》卷九四上，页 19 记载：“凡四万余人，号十万。”

② 关于属国，见 *RHA*，I，62 ff；Ying-shi Yü，pp. 72ff；《汉书》卷六，页 15；*HFHD*，62；《汉书》卷一九上，页 19b，卷五五，页 12b。

③ 《汉书》九四上，页 19。

④ 《汉书》卷六，页 24；*HFHD*，84；《汉书》卷九五，页 18。关于该计划的具体执行，见 Bielen stein，pp. 98ff。

遇与特权。这可能是有意设计的，以奖赏这些首领对汉朝宗主权的顺服，保持他们对汉朝的忠诚，将他们与皇帝的关系礼仪化、正规化。虽然之前已经有匈奴王享受了这种待遇，[1]但是封给他们的食邑从未超过一千六百八十户，[2]然而昆邪王的食邑据说不下万户。这些食邑在平原郡（今河南省境内），如此一来，昆邪王就不得不离开自己部民所在的五属国，再度控制他们的机会也就断绝了。同年和前119年的其他封赏很少超过千户，无法同昆邪王的封赏相提并论。在南方，汉朝对南越等势力的王侯和将领也采取同样的政策。东越王甚至得封万户侯。[3]最后有一点值得注意，武帝朝共封出爵位七十五个，其中有四十一个是归降的异族君长。

汉朝对归降的异族君长还有一种安排，就是承认其名号与地位，令其依旧统领部众。对西南的夜郎（前111年）、滇国（前109年），[4]采取的就是这种办法。后来，汉朝的势力扩张到西域，武帝之后的皇帝用同样的办法安排当地的君长。《汉书》非常自豪地记录了有多少西域君长接受了汉皇的册封和印绶。[5]

后世对汉武帝的批评

传统观点认为，武帝在大政方针和具体决策中都起主导作用。因此对武帝朝的征伐的批判也都指向了武帝本人。

《汉书》中记载的第一个公开批评武帝的人应该是夏侯胜。前

---

① 《汉书》卷一七，页6b ff。
② 侯是汉代二十级爵位的最高一级，是皇帝对功劳的酬赏。获得封户的人，可以从中抽取赋税，并可自己留用一部分。
③ 《汉书》卷一七，页19b。
④ 《汉书》卷九五，页4b—5a。汉廷允许夜郎王称王如前。云南石寨山出土的滇王金印证实了滇王的存在。
⑤ 《汉书》卷九六，页36。在《汉书》卷九六上下对西域诸国的记载中都可以找到。

72年，宣帝刚即位，想为武帝立庙乐，夏侯胜反对，他说："武帝虽有攘四夷广土斥境之功，然多杀士众，竭民财力，奢泰亡度，天下虚耗，百姓流离，物故者半。蝗虫大起，赤地数千里，或人民相食，畜积至今未复。亡德泽于民，不宜为立庙乐。"[①]《汉书》的其他部分也能见到对武帝扩张政策的明讥暗贬。《文帝纪》中说，文帝对匈奴"不发兵深入，恐烦百姓"，[②]多少有点暗贬武帝的意味。《昭帝纪》说得更直白："（昭帝）承孝武奢侈余敝师旅之后，海内虚耗，户口减半。"[③]《汉书》的作者还特别强调了经略西域靡费之巨。他们感叹外交的排场、宴飨的奢侈使得苛捐杂税泛滥。他们指出，这种政策导致了官员纪律的懈怠乃至废弛。《汉书》提到西域诸国时说："与汉隔绝，道里又远，得之不为益，弃之不为损。盛德在我，无取于彼。"[④]

吕思勉在自己的新书中批评武帝的征伐，说此举靡费巨大、毫无必要。吕氏认为，如果任用李广、程不识等信臣宿将征讨匈奴，耗费必然大减，而战功反将远胜于以外戚见宠的卫青、霍去病。不学兵法、不恤士卒的霍去病得见大用；士卒不尽饮、自己不近水的李广反遭贬斥，吕思勉对此尤致讥评。吕氏还举了一个例子说明武帝的武断易怒，他正是因为李广和卫青的竞争，才将李陵灭族。[⑤]

---

① 《汉书》卷七五，页3b；Hulsewé，p.175.
② 《汉书》卷四，页21；《史记》卷一　，页39。这一评价的来由，见*HFHD*，I，272。
③ 《汉书》卷七，页10b；*HFHD*，175。
④ 《汉书》卷九六下，页39。其他的批评见《汉书》卷六三，页22b ff。桓谭《新论》（已佚）和荀悦批评凯旋后的封赏太靡费（见《艺文类聚》卷一二，上海标点本，1965，页231）。
⑤ 吕思勉：《秦汉史》，香港，1962，页129 ff。

结论

本文将武帝朝的征伐作为帝制中国早期军事行动的典型例子来研究。当时的政府在多个领域同时推行积极政策。征伐的进程和时间显示出，汉廷有意地集中力量解决主要问题，虽然有时战术上的分兵会破坏集中的战略。我们大概可以这样说，卫青等将领对匈奴的攻势类似于匈奴对汉朝的攻势，规模小，机动性强，主要目的是威慑敌人，劫掠牲畜，逼对方首领归降。

对汉朝来说，毕其功于一役是不可能的，最多只是一二十年免受劫掠罢了。在这一点上，我们应该注意沙畹（E. Chavannes）的观点。他的大意是，终武帝一朝，对匈奴的征伐未尝止歇，却未能使他们完全降服。匈奴曾威胁武帝的父祖，未来的许多年也将继续威胁他的子孙。[①] 中国行政和军事目标的地缘特性在帝制时期一直变化。领土和边疆往往是由地形特点和经济活动所决定，而不是靠人为划定。北方少数民族入主中原后，情况有了很大的变化。特别是领土完整的观念在西汉才刚刚萌发，当时中央集权的帝制政府还没有被公认为是安排社会秩序的正统的、有价值的、有效的手段。在这种背景下，汉朝开疆拓土、在西北和北部建立固定边防线的成就，开创了一个影响深远的先例。长城划出界线，既为了防止外人入侵，也为了防止内地的士兵或者罪犯出逃。可以肯定，出入境检查是戍边将士的职责之一，于是长城将汉人和塞外部族的差异固化了。只有双方做出妥协，导致治理方式和经济活动的变化，这些差异才有可能变得模糊。长城一旦筑成，就会长久留存在后世每一个汉族王朝的记忆中，就会持续影响中国的对外关系和军事战略。

---

① *MH*，I，xix.

在汉人看来，敌人就是掠夺者。这大概也是中国军事思想中防御精神的源泉之一。作战目的是震慑和击退敌人，保护中国的烽燧和贸易路线，而不是为了制敌死命、兼并领土。对汉朝来说，战争的主要目标就是阻止匈奴袭扰，通过夺取其财货（尤其是牲畜），以打击其士气；通过降服其君长甚至所有部民，以削弱其势力；寻求中立小邦的帮助，这些小邦提供的水、向导、必需品，关系到一个汉朝使团、屯田或者烽燧的存亡。汉朝的策略似乎比后来通行的策略（比如攻取敌人的城寨，占领敌人的领土）更有效。如果我们思考对比汉武帝和康熙帝（1662—1722）的战争策略，那么上述结论就更显其正确了。

作为武帝征伐的结果，汉朝新置了二十多个郡，但我们不能将这一举措视为汉朝最终军事胜利的标志。汉廷依靠武力将控制扩展到原来越广的地区。任命一位太守，一个郡在纸面上就建立起来了，但是这位太守能有效行使权力的范围，不是在地图上划定的，如果认为一旦新郡建立，汉朝政府就能实际管理和征调此地的百姓，肯定是不对的。

值得注意的是，汉武帝从未御驾亲征。史书上唯一一次记载武帝出现在戎行中，是前111年的巡幸。当时汉朝已经战胜，可以休养生息了。汉武帝姓刘名彻，他的谥号“武”解释为性格之勇或者武功之盛，都是不恰当的。它似乎已成为后世的反面典型。刘邦在群雄逐鹿的战争中，也曾亲冒矢石；一旦称帝，他就很少亲自上阵了。汉光武帝和唐太宗也大抵如此，而康熙帝是个例外，但是康熙的大臣也数度劝谏他应该追求“文”，而不是“武”。①

① 应该注意到，汉高祖曾经与匈奴作战失败，自己也身陷险境（《汉书》卷一下，页11b；*HFHD*，I，115）。关于光武帝，见Hans Bielenstein，“The Restoration of the Han Dynasty,” *BMFEA* 2.31：312（1959）。635年，唐太宗也和大臣讨论过这一问题（见《贞观政要》卷一，页16，《四部丛刊》本）。

在汉朝，文职和武职没有截然的界限，二者只是同一职责的两面而已。虽然基于专业自豪的文官职业生涯正在逐步形成，将军个人可能在汉朝的制度架构中身居高位，但是武人作为一个群体却没有很高的地位。汉朝没有专门培养职业军人的制度，常见的情况是，将领的任命常常是出于皇帝个人的偏好或临时起意。大概到了一千多年后的明朝，汉族王朝中职业军人的威望才有所提高。

有一个汉朝就面临的困难在后世反复出现，它可以解释中国传统中“忠”的概念的发展（中国的“忠”与西方传统的 loyalty 是不一样的）。汉朝将军在自己的营寨里享有高度自主权，除了天子使者，可以拒绝一切人进入。在这种背景下，我们就可以理解，朝廷并不愿意建立一个将军可以大权独揽的指挥架构，因为这样做会危及朝廷自身的安全。还有一个原因是，当缺少能征惯战的汉族将领时，朝廷就要任命归化的异族将领指挥军队。汉律对本朝败军之将的处置极严苛，这使许多汉将宁愿在匈奴的毡帐之中讨一条生路，也不愿在长安的市集上身首异处。如果一个异族降将指挥汉朝军队是可以接受的，那么汉将的变节就不能算是特别严重的不道德的行为。

汉军主要靠征兵补充。汉朝和后世一样，帝制政府的成功主要靠三个因素：粮食充足，百姓不至于造反；大宗物资有效的流转分配，这一点往往靠徭役；人民积极配合官府收税征兵。超长时间的服役，很容易破坏相互矛盾的需求之间的脆弱平衡。中国的政治家一向反对在生产季节把百姓拉去打仗。并不奇怪，中华帝国的制度并没有产生常备军的传统。中国历史上也曾有过建立职业化常备军的努力，但从未成功。即使在兵员素质很高的长城防线，一个人服役期也只有几年。欧洲使用职业雇佣兵的做法，似乎从不为中国的朝廷所欣赏。[①]

中国朝廷也会建立享有特权的军队。让一个人进入这种军队，或是当作对他的奖赏，或是因为他出身高贵，而不是因为他自身的价值。此类军队的职责也不如其他军队繁重，清代和唐代都有类似的例子。[②] 朝廷发生不测之变时，这种特殊军队可能是皇帝最后的救命稻草。从汉代招募“良家子”自愿参军就能看到其观念的雏形。

两种互相矛盾的考虑影响用兵的方法。第一，用当地人打当地仗。当地人熟悉地形和气候，好处显而易见。然而第二层考虑是：这样做也很危险，容易让受人拥戴的本地豪杰生出异心。这两个因素影响着北方边境的战事。武帝的征伐，就近调兵者多，舍近求远者少。远方的军队仅仅因为方言差异，叛乱的危险就大大降低了。汉朝与后世一样，从未产生战略预备队的概念。朝廷一旦下令准备开战，各级官府都要征发士卒，送到指定的征兵大营听用。

毫无疑问，汉朝对于长城防线运作，有着很高的专业水准。这种水准很可能是一种高效、负责的行政管理的结果，而不是军事实践的结果。边塞常驻戍卒绝不是中华帝国的常态，在一段很长的时间内，长城要么被朝廷忽略，要么根本就没必要存在。不过，长城肯定影响了中国的军事思想，因为其管理是地方政府的日常职责的一部分，而野战是紧急情况下的临时行动。这种区别助长了中国军事思想中的防御性。在内地，保护城市乡村免受盗匪劫掠是官府的常规职责，也是防御思维的来源之一；天下大乱需要防备叛军，也会催生防御思维。

---

① 募兵的概念，应该从一个严格意义上理解，即有义务服役的人可以花钱雇人替自己服役。另一种情况是，汉族王朝（比如八世纪时）向异族请救兵，就要为此付出高额的报酬。

② 唐代的此类军队，见R. Des Rotuors, *Traité des Fonctionnaires et Traité de l'armée* (Leiden, E. J. Brill, 1947), pp. xix, and vii ff.

汉代长城的维持和延伸，使得新技术有了大把试验的机会。对匈奴的征战中，中国人投入的骑兵数量很可能超过了前代。然而在武帝一朝，并未出现急遽、显著的技术革新。车战向骑战转变在几百年前就开始了，弩在战国时代也已产生。武帝之后的军事革新包括：马镫传入、步兵更多地取代骑兵、火药应用于军事。武帝朝最重要的进步大概是弩的改进。随着国家专营体制的建立，政府控制了扳机的制造，理论上可以根据需要，将这一装置推广到任何范围。此外，更加精巧的弩在汉武帝时代开始出现，有的装有连发装置，有的安装在旋转装置上。

附录 A　主要军事事件（前 135—前 90）

注：本附录参考了《汉书》、德效骞《前汉史》第二卷、孙念礼译注的《汉书·食货志》（*Food and Money in Ancient China*）

前 138 年

庄助发会稽兵浮海救东瓯。（《汉书》卷六，页 3b；*HFHD*，32。）

前 135 年

王恢、韩安国率兵出豫章、会稽，击闽越。（《汉书》卷六，页 4；*HFHD*，34。）

唐蒙率一万一千人通西南夷。同年置犍为郡。（《汉书》卷九五，页 3。）

前 135/134 年

李广、程不识筑塞于云中、雁门，半年而罢。（《汉书》卷六，页 6；*HFHD*，35。）

前 133 年

六月，匈奴以万骑入武州塞（雁门郡），汉武帝遣韩安国、李广、公孙贺、王恢、李息率兵三十万往马邑伏击单于未果。（《汉书》卷六，页 6；*HFHD*，39;《汉书》卷九四上，页 15b。）

前 129 年

春（据《汉书·匈奴传》是秋天），匈奴寇上谷。卫青出上谷，公孙敖出代，公孙贺出云中，李广出雁门，各将万骑。卫青得匈奴首虏七百人，公孙贺无所得，公孙敖折损七千人，李广兵败被擒，半路逃归于汉。李广本应问死罪，但仅免为庶人。（《汉书》卷六，页 7b ；*HFHD*，43;《汉书》卷五四，页 3b;《汉书》卷九四上，页 16b。）

秋，匈奴数千人寇边，渔阳尤甚，汉使韩安国屯渔阳备胡。（《汉书》卷六，页 8；*HFHD*，45;《汉书》卷九四上，页 17。）

前 128 年

秋，匈奴以两万骑寇辽西、渔阳、雁门，杀辽西太守及诸长吏。汉遣卫青将三万骑出雁门，李息出代，得首虏数千。（《汉书》卷六，页 10b；*HFHD*，50;《汉书》卷五五，页 2b;《汉书》卷九四上，页 17b。）

秽貊二十八万人降汉，置苍海郡。（《汉书》卷六，页 10b；*HFHD*，50。）

前 127 年

匈奴寇上谷、渔阳，杀士民千余人，卫青、李息出渔阳，得首虏数千，羊百余万，收复河南地，筑城朔方，修缮秦塞。征发十万人筑城，戍守朔方。置朔方、五原二郡。（《汉书》卷六，页 10b ；*HFHD*，51;《汉书》卷二四下，页 7b；Swann，249;《汉书》卷六，页 10b;《汉书》卷九四上，页 17）

前 126 年

春，罢苍海郡。（《汉书》卷六，页 10b；*HFHD*，52）

夏，匈奴数万骑入代郡，杀太守，掠千余人。（《汉书》卷六，页 11；*HFHD*，53；《汉书》卷九四上，页 17b。）

秋，寇雁门，杀掠千余人。（《汉书》卷六，页 11；*HFHD*，53；《汉书》卷九四上，页 17b。）

罢西夷，停止对西南用兵。（《汉书》卷九五，页 3b）

前 125 年

匈奴入代郡、定襄、上郡，各三万骑；又侵扰朔方。（《汉书》卷六，页 11；*HFHD*，53；《汉书》卷九四上，页 17b。）

前 124 年

春（据《汉书·卫青霍去病传》是“秋”），卫青将六将军（苏建、李沮、公孙贺、李蔡、李息、张子桐）十余万人出征。卫青出朔方，余六将出右北平。汉兵出塞六七百里，得男女万五千人，裨小王十余人，[①] 牲畜数百万。（《汉书》卷六，页 11；*HFHD*，53；《汉书》卷五五，页 4b；《汉书》卷九四上，页 17b。）

秋，匈奴万骑入代郡，杀都尉，略千余人。（《汉书》卷六，页 11b；*HFHD*，54；《汉书》卷九四上，页 18。）

前 123 年

二月，卫青将六将军出定襄，数百里击匈奴，杀敌三千余，余

---

① 英文原文为“including one king”，查《汉书》，应为“裨小王十余人”，故改之。——编者

众返回定襄、云中、雁门。(《汉书》卷六，页 12；*HFHD*，54；《汉书》卷九四上，页 18。)

四月，卫青将六将军，越大漠，杀敌万六千，汉自损三千骑，折两将军(赵信、苏建)。(《汉书》卷六，页 12；*HFHD*，55；《汉书》卷五五，页 16b；《汉书》卷九四上，页 18。)

赏赐五十万金，军马死者十余万匹。(《汉书》卷二四下，页 8；Swann，251。)

前 122 年

匈奴数万骑入上谷，杀数百人。(《汉书》卷六，页 14；*HFHD*，60；《汉书》卷九四上，页 18。)

前 121 年

春，霍去病将万骑出陇西，过焉耆山千余里，得胡首虏八千余级，得休屠王祭天金人。(《汉书》卷六，页 14；*HFHD*，60；《汉书》卷九四上，页 18。)

夏，霍去病、公孙敖数万骑出陇西、北地二千里，过居延[1]，攻祁连山，得胡首虏三万余级，裨小王以下十余人。(《汉书》卷六，页 14b；*HFHD*，60；《汉书》卷六一，页 4；《汉书》卷九四上，页 18。)

匈奴寇代郡、雁门。(《汉书》卷六，页 14；*HFHD*，61；《汉

---

① 关于居延的地位，有几种说法（见《汉书》卷六，页 14b 注）：(1) 张掖郡的辖县，在额济纳河畔。(2) 以匈奴地名为县名。蒲立本（Edwin Pullyblank）指出，位于塔克拉玛干沙漠北缘的龟兹的首府，也叫居延。(《汉书》卷九六下，页 14a。) 见 Edwin Pullyblank, "Chinese and Indo-Europeans," *Journal of the Royal Asiatic Society* (1966), p. 21；《汉书》卷九四上，页 18b 记载汉军"出陇西、北地二千里，过居延，攻祁连山。《汉书》卷六，页 15；*HFHD*, 61 记载公孙敖也参加了夏季的战事，并且因为失期受惩，《汉书》卷一七，页 9。

书》卷九四上，页18。）

张骞（率一万骑）、李广（率四千骑）由右北平分路出击匈奴，李广杀敌三千，匈奴以四万骑围李广，李广损兵四千，仅以身免；张骞失期当斩，赎为庶人。（《汉书》卷六，页14b；*HFHD*，60；《汉书卷五四，页5b；《汉书》卷六一，页4；《汉书》卷九四上，页18。）

秋，匈奴昆邪王率众四万降汉[1]，安置于北边各郡；设五属国；用车三万辆运送降人；结果是"陇西、北地、河西益少胡寇，而减北地以西戍卒半"；前121年耗帑过百亿。（《汉书》卷六，页15；*HFHD*，62；《汉书》卷一七，页12；《汉书》卷二四下，页9b；Swann，258；《汉书》卷五五，页11；《汉书》卷九四上，页19。）

前120年

春，匈奴入右北平、定襄各数万骑，杀千余人。（《汉书》卷六，页15b；*HFHD*，63；《汉书》卷五五，页12a。）

前119年

夏，卫青与四将军（公孙贺、李广、赵食其、曹襄）出定襄，霍去病出代郡，各率骑五万、步卒数十万，会击匈奴。战前以粟喂马，将士私带马匹十四万。卫青部斩首虏万九千级，单于遁逃。敢力战深入之士皆属去病，得胡首虏凡七万余人。李广、赵食其军行旁道，未能与卫青会师。李广自杀，食其赎为庶人。此战赏赐五十万金，军马死者十余万匹。此后，汉渡河自朔方以西至令居，往往通渠置田官，吏卒五六万人。（《汉书》卷六，页16；*HFHD*，65；《汉书》卷二四

---

① 关于昆邪王降汉的人数，见页114注①。

下，页 12b；Swann，274;《汉书》卷九四上，页 19b。）

前 112 年

秋，伐南粤，路博德出桂阳，杨仆出豫章，归降粤侯二人出零陵，汉兵逾十万。又发巴、蜀罪人及夜郎兵下牂柯江，会师番禺。（《汉书》卷六，页 21；*HFHD*，页 79;《汉书》卷九五，页 14。）

西羌十万众反，通使匈奴。匈奴入五原，杀太守。（《汉书》卷六，页 22b；*HFHD*，81。）

李息、徐自为率陇西、天水、安定骑及河南、河内步卒十万，讨平西羌。（《汉书》卷六，页 22b；*HFHD*，81。）

前 111 年

冬，南粤、西南夷平定，置九郡于其地（两郡在海南岛）；夜郎侯受汉册封。（《汉书》卷六，页 23；*HFHD*，81;《汉书》卷九五，页 4b，14b。）

东越反，韩说、王温舒出会稽，杨仆出豫章讨伐。（《汉书》卷六，页 23；*HFHD*，82;《汉书》卷九五，页 17。）

汉已灭两粤，遣公孙贺将万五千骑出九原（五原郡）二千余里，赵破奴万余骑出令居（后置金城郡）数千里，皆不见匈奴一人而还。（《汉书》卷六，页 23b；*HFHD*，82;《汉书》卷九四上，页 20b。）

武帝率十二将军、十八万骑巡幸北边。（《汉书》卷六，页 24；*HFHD*, 84;《汉书》卷九五，页 20b。）

前 110 年

东越降，尽徙其民于江淮。（《汉书》卷六，页 24；*HFHD*，

84;《汉书》卷九五，页 18。）

前 109 年

秋，杨仆率军五万（其中有齐兵七千人）从齐浮渤海，荀彘领辽东兵出辽东，征朝鲜。（《汉书》卷六，页 27；*HFHD*，92;《汉书》卷九五，页 19。）

秋，郭昌、卫广率巴、蜀兵，平西南夷之乱。置益州郡；夜郎入朝，汉封为夜郎王。（《汉书》卷六，页 27；*HFHD*，92;《汉书》卷九五，页 4b。）

前 108 年

秋，荀彘并杨仆军，攻朝鲜，朝鲜王降，置四郡。杨仆不能协同，贬为庶人，荀彘弃市。（《汉书》卷六，页 27b；*HFHD*，92；《汉书》卷九五，页 19b。）

前 108 年？

赵破奴、王恢率属国骑兵及郡兵数万击姑师[1]，破之；虏楼兰王。（《汉书》卷一七，页 11，21;《汉书》卷六一，页 9b;《汉书》卷九六上，页 11b。）

前 107 年

秋，与匈奴和好不成，匈奴数使奇兵犯边，汉遣郭昌、赵破奴屯朔方以东备胡。（《汉书》卷六，页 28b；*HFHD*，94;《汉书》卷

---

① 《汉书》卷六一，页 21 作“车师”，其他地方则作“姑师”；见《汉书》卷六一，页 7b 注。

九五，页 21b。）

前 105 年

单于益西北，左方兵直云中，右方兵直酒泉、敦煌。（《汉书》卷九四上，页 22b。）

春，益州乱，汉发罪人从郭昌平乱。（《汉书》卷六，页 31；*HFHD*，97。）

前 104 年

遣公孙敖筑受降城于塞外，以招徕匈奴降人。（《汉书》卷六，页 31；*HFHD*，100；《汉书》卷九四上，页 22b。）

秋，李广利初伐大宛，发属国六千骑及郡国恶少年数万人以往；往来二岁，败还敦煌，士不过十之一二。（《汉书》卷六，页 31；*HFHD*，100；《汉书》卷六一，页 9b。）

前 103 年

赵破奴将二万骑出朔方北二千余里，虏数千人。还，未至受降城四百里，匈奴八万骑围之。生得赵破奴，全军尽没。

匈奴攻受降城，不能下。（《汉书》卷六，页 32；*HFHD*，101；《汉书》卷一七，11；《汉书》卷六一，页 10。）

前 102 年

春，徐自为出五原塞数百里，远者千里，筑城障列亭，而使韩说屯其旁。使路博德筑居延泽上。（《汉书》卷六，页 32b；*HFHD*，102；《汉书》卷九四上，页 23。）

秋，匈奴入寇：定襄、云中、五原、朔方，杀数千人，坏徐自为所筑亭障；酒泉、张掖，略数千人，杀都尉，任文救之，尽复失其所得而去。(《汉书》卷六，页 32b；*HFHD*，102;《汉书》卷九四上，页 23。)

李广利二征大宛，发步卒十八万，及恶少年、边骑，牛十万，马三万匹，驴、橐驼以万数赍粮。途中屠轮台。汉兵三万围宛城，克之。(《汉书》卷六，页 32b；*HFHD*，102;《汉书》卷六一，页 10。)

前 101 年

春，李广利既杀大宛王，以虏万口、马千匹还长安。(《汉书》卷六一，页 13。)

前 100 年

赵破奴自匈奴逃归于汉。(《汉书》卷九四，页 24。)

发恶少屯五原塞。(《汉书》卷六，页 33b；*HFHD*，104。)

前 99 年

夏，李广利将三万骑出酒泉，击右贤王于天山，得首虏万余级而还。匈奴围广利，几不得脱；汉兵折损十之六七。

汉又遣公孙敖出西河，无所得。李陵将步兵五千人出居延北千余里，与单于会，合战，陵所杀伤万余人。兵食尽，欲归，单于以三万骑围陵，陵降匈奴，其兵得脱归汉者四百人。(《汉书》卷六，页 33b；*HFHD*，104;《汉书》卷九四上，页 24;《汉书》卷五四，页 9；*HFHD*，13。)

前 98 年

秋，匈奴入雁门。(《汉书》卷六，页 34b；*HFHD*，107。)

前 97 年

春，李广利将六万骑、步兵七万，出朔方；公孙敖将万骑，步兵三万人，出雁门；韩说将步兵三万人，出五原；路博德将万余人，与广利会。与匈奴战，无所得。汉诛路博德。(前 96 年)(《汉书》卷六，页 35；*HFHD*，108；《汉书》卷九四上，页 24。)

前 91 年

春，匈奴寇上谷、五原。(《汉书》卷六，页 37；*HFHD*，115；《汉书》卷九四上，页 25。)

前 90 年

匈奴复入五原、酒泉，杀两部都尉。于是汉三路出师：商丘成将三万余人出西河[①]，至浚稽山，匈奴使李陵将三万余骑追汉军，汉军转战九日，杀伤虏甚众；马通将四万骑出酒泉千余里，至天山，匈奴二万余骑要汉兵，见汉兵强，退去。重合侯无所得失。是时，汉恐车师兵遮重合侯，乃遣闿陵侯将兵别围车师，尽得其王民众而还；李广利将七万人出五原。匈奴使五千骑要击汉军。贰师遣属国胡骑二千与战，虏兵坏散，死伤者数百人。两军又战于郅居之水，汉军两万骑败匈奴二万骑。匈奴复以五万骑击广利于燕然山，相杀伤甚众。匈奴夜掘堑汉军前，深数尺，从后急击之，军大乱败，李

---

① 《汉书》卷六，页 37b；*HFHD*，115 记载商丘成率领的人马是两万。

广利降。(《汉书》卷六，页 37；*HFHD*，115 ;《汉书》卷一七，页 23；卷六一，页 14；卷九四上，页 25；卷九六下，页 30。)

附录B 李陵之败

天汉二年，贰师将三万骑出酒泉，击右贤王于天山。召陵，欲使为贰师将辎重。陵召见武台，叩头自请曰："臣所将屯边者，皆荆楚勇士奇材剑客也，力扼虎，射命中，愿得自当一队，到兰干山南以分单于兵，毋令专乡贰师军。"上曰："将恶相属邪！吾发军多，毋骑予女。"陵对："无所事骑，臣愿以少击众，步兵五千人涉单于庭。"

上壮而许之，因诏强弩都尉路博德将兵半道迎陵军。博德故伏波将军，亦羞为陵后距，奏言："方秋匈奴马肥，未可与战，臣愿留陵至春，俱将酒泉、张掖骑各五千人并击东西浚稽，可必禽也。"

书奏，上怒，疑陵悔不欲出而教博德上书，乃诏博德："吾欲予李陵骑，云'欲以少击众'。今虏入西河，其引兵走西河，遮钩营之道。"诏陵："以九月发，出遮虏鄣，[①] 至东浚稽山南龙勒水上，徘徊观虏，即亡所见，从浞野侯赵破奴故道抵受降城休士，因骑置以闻。所与博德言者云何？具以书对。"陵于是将其步卒五千人出居延，北行三十日，至浚稽山止营，举图所过山川地形，使麾下骑陈步乐还以闻。步乐召见，道陵将率得士死力，上甚说，拜步乐为郎。

陵至浚稽山，与单于相直，骑可三万围陵军。军居两山间，以大车为营。陵引士出营外为陈，前行持戟盾，后行持弓弩，令曰："闻鼓声而纵，闻金声而止。"虏见汉军少，直前就营。陵搏战攻之，千弩俱发，应弦而倒。虏还走上山，汉军追击，杀数千人。单

---

① 居延都尉辖有一支名为"左遮虏"的部队，见*RHA*，II，385。

于大惊，召左右地兵八万余骑攻陵。陵且战且引，南行数日，抵山谷中。连战，士卒中矢伤，三创者载辇，两创者将车，一创者持兵战。陵曰："吾士气少衰而鼓不起者，何也？军中岂有女子乎？"始军出时，关东群盗妻子徙边者随军为卒妻妇，大匿车中。陵搜得，皆剑斩之。明日复战，斩首三千余级。引兵东南，循故龙城道行四五日，抵大泽葭苇中，虏从上风纵火，陵亦令军中纵火以自救。南行至山下，单于在南山上，使其子将骑击陵。陵军步斗树木间，复杀数千人，因发连弩[1]射单于，单于下走。是日捕得虏，言："单于曰：'此汉精兵，击之不能下，日夜引吾南近塞，得毋有伏兵乎？'诸当户君长皆言：'单于自将数万骑击汉数千人不能灭，后无以复使边臣，令汉益轻匈奴。'复力战山谷间，尚四五十里得平地，不能破，乃还。"

是时，陵军益急，匈奴骑多，战一日数十合，复伤杀虏二千余人。虏不利，欲去，会陵军候管敢为校尉所辱，亡降匈奴，具言"陵军无后救，射矢且尽，独将军麾下及成安侯校各八百人为前行，以黄与白为帜，当使精骑射之即破矣。"成安侯者，颍川人，父韩千秋，故济南相，奋击南越战死，武帝封子延年为侯，以校尉随陵。单于得敢大喜，使骑并攻汉军，疾呼曰："李陵、韩延年[2]趣降！"遂遮道急攻陵。陵居谷中，虏在山上，四面射，矢如雨下。汉军南行，未至鞮汗山，一日五十万矢皆尽，即弃车去。士尚三千余人，徒斩车辐而持之，军吏持尺刀，抵山入峡谷。单于遮其后，乘隅下垒石，士卒多死，不得行。昏后，陵便衣独步出营。

① 《汉书》注家对"连弩"的看法也莫衷一是，见《汉书》卷五四，页12。

② 韩千秋，汉成安侯，其父韩千秋为济南相，征南越时战殁。（《汉书》卷一七，页15b，卷五四，页12。）

藩镇抗拒朝廷：淮西之役（815—817）*

毕德森（Charles A. Peterson）

学界对唐代军事史的研究异常薄弱。唐代是中国历史上最长的朝代之一，它给人的印象就是武功赫赫、疆土广阔。这个图像的中心是唐太宗（626—649 年在位）以及他的“昭陵六骏”。然而，唐代的历史还有不那么光鲜的一面，从 755 年开始，唐朝主要陷入了内部问题的纠缠。可以确定，唐朝中央政府在中亚以及华北的势力已丧失殆尽。由于强邻压境，对外防御不能忽视，但是内部的威胁才是心腹大患。王朝要对付组织完善的藩镇，后来还要对付处于巅峰

---

* 关于参考文献的说明：

唐代军事史的史料分两种。第一种是常规史料，如官私史书、文件汇编和文集等，这些史料是研究任何一个题目都要依赖的。第二种是数量小，但很重要的唐宋时代的专门的军事文献。例如李靖的《卫公兵法》（7世纪）、李筌的《太白阴经》（764？）以及傅海波将在后文介绍的曾公亮的《武经总要》（1040）。第一类史料的不足在于，关于军事事件提供的信息过于笼统，但优点是它们至少是历史的记载。专门的军事文献，为军事科学的各个方面提供了丰富、准确、翔实的信息。但这些文献也存在问题。中国的军事科学和军事实践虽有关联但不完全一致，这一点和西方的情形一样。千百年来，中国的军事体系发展出了自己的参照框架，但并不一定符合当时的军事实践。从这些史料中我们找到了丰富的信息，但我们不确定严格地说它们是否符合历史。此外，这些文献有着典型的中国人文主义的烙印，偏于强调纯个人的特质，而非军事专业的因素。当然，这么说并不是否认参考这些文献的必要性。事实上，傅海波教授在本书第四篇文章《中世纪中国的城市攻防战》中就展现出了第二种文献的巨大价值。然而，有必要承认的一点是，在研究中古中国的军事史时，有用的文献并没有看上去那么多。

的农民起义领袖。624—755年之间（从唐朝统一到安史之乱），战事只发生在边疆地区；而755—907年就不同了，帝国内部战乱频仍是最大的特点。

事实上，本文所处理的政治军事史时段更为广阔，远不能以唐朝灭亡为限。从8世纪直到979年宋朝戡定内乱，从许多方面看，都是一个连续性极强的历史阶段。在这一漫长的历史时期，中国的军事力量分散而不集中，主要用于内战，而非外战。由于没有外敌入侵的压力，所以最具决定性的战役发生在中原，而非塞外。这段时间里，中央政府难于、甚至不可能应对藩镇的挑战。压倒一切的问题就在明面上摆着：谁主天下？

对这一时期的战争的研究，很大程度上反映了这一内在趋势。此时少有传统定居社会与游牧社会的边境冲突，以及由此带来的大开大阖、以骑兵为主、以通信和补给为关键的战争。更多的战争是阵地战，而非运动战，敌军的地盘防御严密，补给充足。这些战争发生在定居的、人口稠密的地区，一方面可以获取充足的人力，另一方面，不只是地盘，百姓也处在危险之中。防御技巧的高度发达，使得婴城固守成为上上策。战争时间拉长了，攻城技术更是不可或缺。认为中原鏖战和塞上交锋完全对立自然是不对的；然而，这种区别为我们评价8—10世纪中国的主流战争形式提供了一个有益的出发点。

本文是中晚唐藩镇军队防御能力的案例研究，聚焦于唐代的一次战争——唐朝中央政府在815—817年征讨藩镇淮西的战争。此战在当时影响极大，是唐宪宗（805—820年在位）一个里程碑式的政治成就。这场战争结束于一次奇袭，那算是中国历史上名头最响、戏剧性最足的奇袭之一，其本身就非常值得探究。[1]另外，关于这场战争的史料之丰富，整个唐代大概无出其右者，所以最有深入研究的可能。[2]

中晚唐的割据藩镇——淮西

这一场战事的起因要追溯到安史之乱（755—763）。安史之乱将唐代截然分为两段，[3]其最终结果是，藩镇长官长期控制长安之外地区。他们手握重兵，因而也取得了行政权。[4]其后数十年，

① 参见张其昀编：《中国战史论集》（台北，中华文化出版事业委员会，1954），唐代部分，页19—20；程光裕、徐圣漠：《中国历史地图集》（台北，中华文化出版事业委员会，1954）I，图92，II，195—196；王敬：《中国名将传》（南京，1934）。

② 关于淮西之役的史料有以下几种：

一、两种当时的史料：（1）韩愈《平淮西碑》，收入《韩昌黎集》（《国学基本丛书》本）卷三O，页50—55，又见《全唐文》，广雅书局，1901年，卷五六一，页1—5；（2）段文昌《平淮西碑》，收入《全唐文》卷六一七，页16b—22。

二、当时的公文和文章：（1）《册府元龟》卷三五九、三六七、三七四、三八五、三八八至三九O、三九六、三九八、四O一、四O五、四一O、四一四、四二O、四二二，可能其他部分也有；（2）《唐大诏令集》（北京，商务印书馆，1959年）卷一一九、一二四、一二七；（3）《全唐文》。

三、《旧唐书》的本纪（卷一五）。

四、《旧唐书》的传（卷一三三、一四五，等等）；《新唐书》的传（卷一五四、二一四，等等）

五、《资治通鉴》卷二三九、二四O。

有两种当时的史料已经亡佚。一是《平淮西记》，作者路隋是9世纪20—30年代的唐朝高官，在《旧唐书》卷一五九、《新唐书》卷一四二中有传；二是《平蔡录》，作者郑澥亲身参与了淮西之役，《明史·艺文志》显示，至晚在明代时，两书还存世。

值得一提的是，宋代的军事百科全书《武经总要》的《后集》曾八次引淮西之役为例，分别在卷一、二、三、八、一三、一五。

③ 关于安史之乱还没有充分的研究，可以参考的相关研究有：O. Franke，*Geschichte des chinesisiechen Reiches*，5 vols（Berlin，Walter de Gruyter and Co.，1930—1952），II，451—470；吕思勉：《隋唐五代史》（全二册），上海，中华书局，1959，第二册，页210—233；谷川道雄：《安史之乱の性质》，《名古屋大学文學部研究論集》，1954，页77—92。

④ 日野開三郎：《支那中世の軍閥》，東京，三省堂，1942，页39—81。

中央政府为重新取得藩镇支配权，做了艰苦的努力。到了8世纪末期，大部分藩镇都回到了中央政府手中，藩镇的高级长官，无论文武，都由朝廷任命。然而，偏有七个强藩，成为完全独立于中央之外的政治存在，自除官吏，自行其是。其中六个藩镇盘踞帝国东北角，约当今的河北、山东地区；而第七个藩镇淮西却地处唐代河南道的西南部、淮河上游。805年，宪宗甫一即位，就把淮西选为收复七镇的突破口。这意味着，朝廷与淮西等藩镇的直接武力较量将不可避免。这一主题贯穿了宪宗朝始终。宪宗虽然未竟全功，却也完成了大半。820年宪宗晏驾时，割据的藩镇只剩下两个了。帝国大体上有了一个稳定的基础，得以安然度过后来的近半个世纪。①

安史之乱初期，淮西被忠于朝廷的军队控制。第一任淮西节度使在安史之乱中证明了自己的忠贞，是东北地区少数几个没有跟随安禄山造反的将领之一，②所以辖境和职权比继任者都大。虽然此人的政治忠诚后来也没有根本改变，但是所有的迹象都表明，他治淮西极少在意朝廷的功令。779年他在一场兵变中被驱逐后，淮西马上对朝廷构成威胁，直到817年。781年，淮西在新节度使的率领下参加了四镇之乱（781—786），而且同其他藩镇一样，在叛乱结

① 我最近的一篇论文对此做了深入研究："The 'Restoration' Completed: Hisen-tsung and the Provinces," in D.C. Twitchett and A.F. Wright ed., *Perspectives on the T'ang* (New Haven, Yale University Press, 1973), pp.151—191。唐宪宗去世时剩下两个未平的藩镇是幽州和成德，被收复的四个是平卢、义武、横海、魏博。被收复的前三者一直被唐朝中央政府控制，而魏博则在822再度割据。

② 指李忠臣，本传见《旧唐书》（百衲本）卷一四五、《新唐书》（百衲本）卷二二四下。可以确信，既然唐朝能在淮西建立一支规模庞大的军队，那么淮西一定掌握在可信赖的人手中。淮西的具体辖区很难确定，但是淮西又名"汝蔡"，可见它应该包括汝州、蔡州、申州、光州、安州、许州，可能还有陈州。李忠臣被武力推翻后，朝廷将该镇一分为三。

束时并没有被击败。[①] 后来一位忠于朝廷的节度使长期控制淮西，恢复了和平。他被武力推翻后，取而代之者是一个彻头彻尾的军阀，断然走上了割据之路。[②] 接下来的三十年中，淮西的三任节度使都姓吴，虽然并不都是一家血脉，却都警惕地守护着淮西的割据地位，必要时会动用武力。[③] 淮西对朝廷的第一场成功的防御战发生在 8 世纪 80 年代早期，第二场发生在 799—800 年，朝廷大举讨伐淮西，却以失败告终。[④] 815 年朝廷第三次征讨时，对收复淮西的难度并没有不切实际的幻想。

平时，淮西等割据藩镇与中央政府维持着一种脆弱的相安无事的局面，其关系并未到势不两立的田地。例如，藩镇遭遇灾荒，中央还会拨粮赈济。[⑤] 大体而言，藩镇没有什么表示，更没有什么行动表明自己不服从朝廷。一旦节度使过世，他的继任者一定会争取朝廷对自己地位的认可，这是对"率土之滨，莫非王臣"的政治神话的承认。此时新任节度使还没坐稳，正是朝廷下手的良机。宪宗正是看准了这一时机，才对割据藩镇开刀的。809 年，淮西就出现了此类情况，这是宪宗朝的头一遭。然而，宪宗正受另一场战争的牵制，难以抽出手来，于是他认可了自封的继任者，但是将淮西列为必除之患。814 年底，淮西再度发生继承问题，宪宗决定出手。

---

① 对此次叛乱史料掌握最充分的是 D. C. Twitchett："Lu Chih (754—805): Imperial Adviser and Court Official" in A. F. Wright and D. C. Twitchett eds., *Confucian Personalities* (Stanford, Stanford University Press, 1962)。逐走李忠臣取而代之的是李希烈，本传见《旧唐书》卷一四五卷，《新唐书》卷二二五下。

② 司马光：《资治通鉴》，古籍出版社，1956，卷二三二，页 7468—7470。

③ 这三人分别是吴少诚、吴少阳、吴元济，少阳、元济有血缘关系（父子），他们的传都在《旧唐书》卷一四五和《新唐书》卷二一四。

④《资治通鉴》卷二三五，页 7584—7592。

⑤ 805 年就有这种情况，见《旧唐书》卷一四，页 5。

中央已经知晓淮西内部各首领的分歧以及即将到来的权力更迭，因此有余裕做军事准备。①

唐代的割据大藩集中在今天的河北、山东地界，相比之下，淮西的物产和幅员都不算大。其他藩镇通常领有六七个州，甚至更多，而淮西只领三州：蔡州（治所）、申州、光州，大致分别相当于今天的汝南、信阳、潢川，这个三角地带居于今天的开封和武汉之间，处在华北平原的西南角，属淮河流域。淮西大部属于平原，南有大别山，西有桐柏山（在这里，"山"译作"Hill"比"Mountain"更为恰当），都是重要的自然地理边界。然而，考虑到这一地区的东部有宋代的主要南北陆路通道，②尤其是汉族和外来军队在这一地区来往频繁，所以过分强调淮西拥有什么自然屏障，大概是不合适的。

与其他割据藩镇比，淮西战略劣势明显。其他割据藩镇集中在东北部，遇有朝廷进攻，可以互施援手，而淮西孤立一隅，四邻藩镇都忠于朝廷。出于同样的原因，在中央政府看来，淮西的位置威胁很大，因为它向东可以破坏大运河地带，向南和东南则可以威胁富庶的江南。结果中央政府只得在周边藩镇遍立堡栅。

虽然相关数据付之阙如，但是当时的淮西地区应该和现在一样，是富庶的产粮区。从当时这一地区的人口密度就能看出其潜力。③我们只能极为笼统地推断9世纪初淮西的人口。8世纪中期的

① 关于此事的总体情形和具体进程，见Peterson："The 'Restoration' Completed，" pp.162—163，165—166.

② 青山定雄：《唐宗時代の交通と地誌地圖の研究》，東京：吉川弘文館，1963，页36及地图2。

③ 见 *Communist China Map Folio*（Washington，Central Intelligence Agency，1967）中国的人口地图，又见Albert Hermann，*An Historical Atlas of China*，new ed.，Norton Ginsberg ed.（Chicago，Aldine Publishing Co.，1966），pp.56—57.

统计显示，淮西三州共有 144 398 户、806 541 口，① 这是时间最接近、也最可靠的数字。我们必须注意，这只是税收登记的户口数，并不是全面普查得来的数字。唐朝未登记人口的比例是非常高的。② 因为本文研究的时段比 8 世纪中期晚了六七十年，又因为北人南迁的趋势从 8 世纪已经开始，所以淮西人口肯定因此增长。③ 说这一地区人口超过百万是不会夸张的。④ 简而言之，这一地区虽然没有八方辐辏的通都大邑，但是人力资源还是相当充足的。

淮西百姓是和淮西节帅一样具有分离主义倾向，还是不满于节帅，希望与朝廷建立更紧密的联系？这个问题的答案只能是间接的、有条件的。然而，考虑到本研究的特殊性质，这又不能忽视。第一，朝廷曾公开承认，割据政权通过经年累月的统治，已经在当地百姓眼中树立了合法性。这些地区由朝廷统治已经是好几代人以前的事了；如今当地百姓的利益和忠诚已经和节帅绑在一起了。⑤ 第二，藩镇对朝廷抵抗之强韧，标志着他们取得了当地百姓的支

---

① 《旧唐书》卷三八，页 26，以及卷四〇，页 4—5；《新唐书》卷三八，页 4，以及卷四一，页 2b—3a。

② 中村治兵衛：《天宝以前に於ける唐の戸口統計に就いて》，收入日野開三郎编：《重松先生古稀記念九州大学東洋史論叢》，福岡：九州大学文學部（史學科）東洋史研究室，1957，页 227—272。

③ 见 E. G. Pulleyblank，*The Background of the Rebellion of An Lu-shan* (London，Oxford University Press，1955)，pp. 172—177；H. Bielenstein，*The Chinese Colonization of Fukien until the End of Tang*，Studia Serica Bernhard Karlgren dedicata (Copenhagen，Munksgaard，1959)，pp. 98—122.

④ 宋朝的人口数据有一定意义，但价值不大。直到 11 世纪的最后一个 25 年，才有可靠一点的统计数字：蔡州户数为 138 086 户，比唐代的 87 061 户增长了 50%；光州的户数为 69 958 户，比唐中期的 31 473 增长了一倍多。申州的区划在几百年中受到了剧烈的拆分，没有可比性，可以忽略不计。见 Hope Wright，*Geographical Names in Sung China* (Paris，Ecole Pratique des Hautes Etudes，1956)，pp. 87，161.

⑤ 唐代的廷议中经常会出现这种议论，却没有专门针对淮西的。见《全唐文》卷六四六，页 4—6b（或《资治通鉴》卷二三七，页 7659，卷二三八，页 7664）。

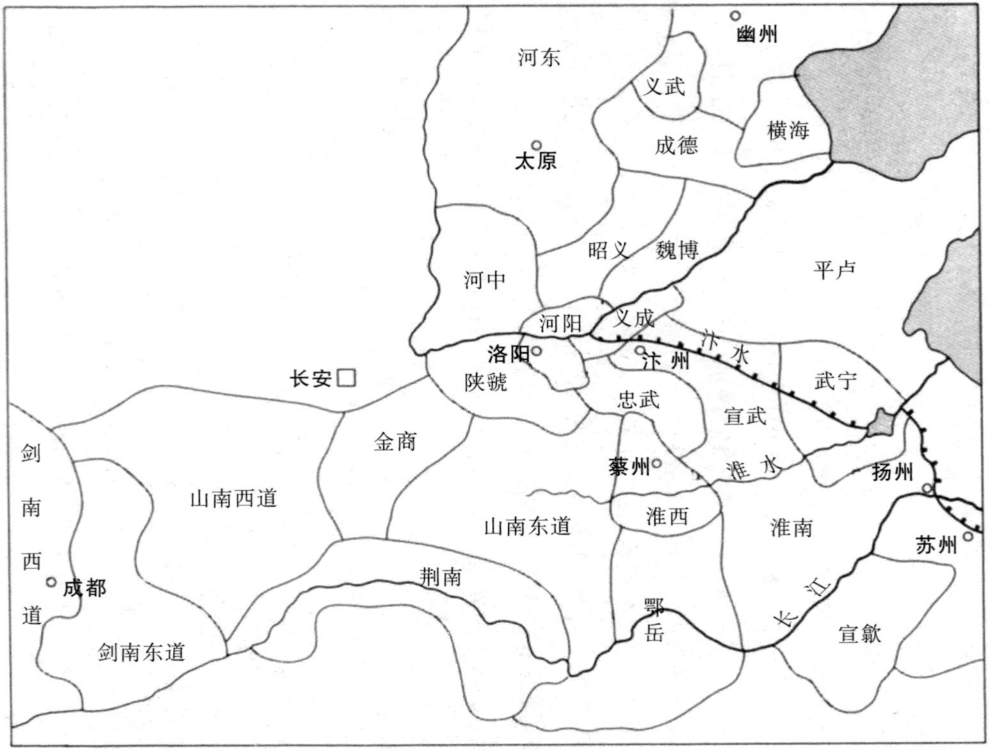

图 3-1　9 世纪初中原及东北的藩镇

持。能够佐证这一观点的例子不少，而淮西是最适合的。藩镇放弃割据的情况是极少见的，直到后来才多了起来。退一步讲，不管当地百姓对军阀的想法怎样，他们会自然而然地相信自己在执干戈以保乡曲，节帅当然也受惠于这种想法。

战争的准备

814年初夏，朝廷收到消息，淮西即将出现权力更迭。[①] 八九月间，[②] 随着更迭的日子越来越近，朝廷开始为新节度使人选可能引发的军事冲突做准备。这些准备包括：一、任命忠于朝廷的将领担任淮西周边关键藩镇的节度使；二、赏给某东北藩镇大笔钱财，确保其忠诚；可能还用了一部分他们的军队。[③] 当时吴元济子承父业，自任淮西留后，朝廷虚与委蛇，意图先稳住他。毫无意外，这些手段统统失败，但其军事影响却被忽视了。[④]

吴元济很快摸清了朝廷的意图。九月，他主要在东、北、东北三个方向大举焚掠，远及千里之外，大量百姓流离失所。[⑤] 吴元济的意图之一当然是使得官民同感惊恐，取得心理优势。另一个意图可能是获得粮草军实，在持久作战中尤其需要。最重要的是，吴元

---

① 韩愈预见了危机的临近，见《韩昌黎集》卷四〇，页51；又见《册府元龟》卷三七四，页9。

② 本文所用的月份用是阴历月份，同格里高利历联系紧密却不完全同步，本文涉及的年份是元和九年到十二年，即公元814—817年。

③《旧唐书》卷一五，页6b；《资治通鉴》卷二三九，页7705—7706；《新唐书》卷一四六，页6。

④ 实际情形比文中谈的更加复杂。吴元济为了抢先将淮西大权握在手中，秘不发丧四十天。朝廷派员吊祭，说明朝廷在淮西内部有线人，见《旧唐书》卷一五，页6b，卷一四五，页10；《资治通鉴》卷二三九，页7706—7707。

⑤《唐大诏令集》卷一一九，页632；《旧唐书》卷一五，页6b，卷一四五，页10；《资治通鉴》卷二三九，页7706。当时许州舞阳县为吴元济的人马所毁，不得不另外择地重建（《国学基本丛书》本，卷七〇，页1257）。

济要取得一项军事优势，在淮西界外建立外围阵地，使得战火延烧到淮西的土地之前要经过漫长的战斗。[①]

不管朝廷已经采取了哪些措施，都不足以阻止吴元济占得先机。815年一月之后，朝廷的兵马才到位，具体作战命令才下达，[②]可以想见，军事上的准备，尤其是补给上的准备，早在吴元济叛乱之初就着手进行了。[③]然而，除了动员军队迟缓，朝廷迅速取胜还有一个障碍来自战场本身。朝廷倚仗的是高度分散化的军事架构和来源多样的军队。自安史之乱以来，唐朝的军队主要由各藩镇的军队组成，藩镇军队是由节度使直接指挥的。[④]虽然朝廷的威望与实力在宪宗初年已大大恢复，但藩镇军队仍然直辖于节度使，尽管节度使也由朝廷任命。这种体制的延续固然是由于惯性，但官兵的一致支持也是重要的原因。自780年起，朝廷组建了一支直辖军队——神策军。其主要职责是扼守京畿要地，承担西北边防。神策军虽然偶尔参与其他方面的作战，包括征讨淮西，但都不是主要的。

征讨淮西的朝廷军队之所以如此复杂，无非是出于政治考虑。以过往的经验看，立功的军队会私吞战利品，以壮大自己，要防止这一点异常困难。只要不分散使用这些军队，肯定会造成恶性循环。为了规避风险，一定要把战斗的任务与自我壮大的机会分得越

---

① 很多小地方的地名（尤其是军事哨所、堡栅的名称）难以确定，不过仍能从史书的记载中推测战斗发生的地点。

② 《旧唐书》卷一五，页7b，卷一四五，页11b—12；全文见《唐大诏令集》卷一一九，页632。

③ 你可能会推测，朝廷早就密谋，要么将吴元济逐出淮西（如810年逐走昭义节度使卢从史，见《旧唐书》卷一三二，页5b—6），要么刺杀他（如807年刺杀李锜，见《册府元龟》卷三七四，页4b）。814年九月，朝廷发布讨伐吴元济的诏令，号召淮西的军队、官员和民众弃暗投明。承诺给军队二百万贯赏钱，民众免三年赋税。见《全唐文》卷五七，页11b—12；《旧唐书》卷一五，页7。

④ 日野開三郎，页39—81。

散越好。据估计，朝廷从二十余个藩镇调兵遣将，最大的一支有数千人，但大多数都不足两千。这些军队布置在不同的地方，分由五名将领指挥。[①] 这是朝廷打破藩镇军队建制的举措。朝廷将军队与将领打乱使用，大概是为了建立某种“国家”军队，让士卒明白，自己不是为节帅效命，而是为朝廷杀敌。朝廷的当务之急是取胜，从一开始就应该想到此举有缺乏统一和默契的弊端，然而不幸的是，朝廷在实践中才认识到此举的弊端。

史书记载，朝廷征讨淮西的兵力达九万人，[②] 似乎并不为多，很可能后来兵力又有增加。[③] 这个数字和我们所知的这一时期的其他的兵力数据完全吻合。[④] 朝廷军队和大部分叛军一样，都是职业军队。当时府兵制已经废弃百余年，军队职业化的转型到安史之乱时已彻底完成。[⑤] 地方军队虽然活跃，但是像征讨淮西的作战，所有的朝廷军队当然都是正规军。正规军大概可以保证最低限度的训练和纪律。然而，因为一些最精锐的藩镇军队投入了战争，朝廷也就没有必要派出自己最精锐的军队。

想弄清淮西的兵力更为棘手。这不单是因为叛军史料的缺乏，

① 参与的藩镇、各战线军队的规模，最终的多样性，以及五路军队的主将，均见《唐大诏令及》卷一一九，页632；《韩昌黎集》卷三〇，页51—52，卷四〇，页52；《全唐文》卷六七二，页18—19，卷751，页12。关于哪些藩镇参与了，各种史料记载有出入。而且史料给出的军队数量很少，因此无法计算各支军队的具体兵力。史料中不止一次出现兵力少的评论。韩愈的一篇文章曾记载，宣武节度使派出一万两千兵力（《韩昌黎集》卷三〇，页51），而《旧唐书》（卷一五六，页4）和《新唐书》（卷一五八，页8）的记载是三千人。实际上，韩愈这篇文章里的大部分数字都注水了。

② 《资治通鉴》卷二三九，页7729。再没有其他史料与这个数字印证。但司马光的数字应该是从权威史料中取得的。

③ 韩愈在《韩昌黎集》中（卷四〇，页53）提到总共动用了十二万兵力，但我们不能确定是后来增加到这么多，还是当时就有这么多。

④ 例如，据记载宣武和幽州各有十万人马，魏博七万，成德五万，等等。虽然类似数据都是整数，但大体是符合实际的。没有理由像鲁惟一质疑汉代的数字那样质疑唐代的数字。

⑤ *The Background of the Rebellion of An Lu-shan*，pp. 61—77.

还因为非职业武装在战争中起到了更为重要的作用。由于这是一场在淮西本土及周边的防御战，所以倚重地方武装是可行而且必要的。[①] 估计地方武装占总兵力的比例尚无可靠的办法，但按25%估计是不会夸大的。这还不包括临时拉来守城的平民，当时临时拉夫也是司空见惯的做法。[②] 除了这些重要的辅助力量，主要承担作战的还是正规军。淮西军队的数量虽不是各镇最多的，但是精锐甲天下，未尝败绩，信心十足。[③] 史料记载，淮西军队四出焚掠时，有三万兵马。在这种情况下，三万人有可能都是正规军。[④] 加上地方武装，总兵力应该达到四万之谱，和同时代的其他数据也吻合。[⑤]

双方采用的战略，必然依各自的目标而定。淮西的目标肯定是作为一个独立的政治实体生存下来。淮西无法消灭朝廷，但可以遏制朝廷，让朝廷付出巨大的代价，最后放弃。此类先例太多，绝非不切实际的目标。按常理，反叛的藩镇应该以逸待劳，然而，淮西却尽可能频繁地主动出击。

朝廷的目标则相对局限，即更换淮西节度使。就是说，朝廷并不想在战场上彻底消灭淮西的军队，更不想伤害百姓，除非不这样做就无法达到目的。[⑥] 朝廷大肆宣扬仁慈的政策，想以此策反叛军

---

① 《册府元龟》（卷一二二，页23）提到民众自发参与地方防务。另外，尽管安史之乱的时代常被学者忽视，但是日野开三郎教授仍有一些文章论述府兵制崩坏后对地方武装的使用。请参见《大唐府兵制時代に於ける團結兵の稱呼とその普及地域》，《史淵》第61号，1954年，页1—26；《大唐府兵制時代の團結兵について》，《法制史研究》第五号，1954，页79—134。

② 见本书中傅海波教授对襄阳守城战的研究。

③ 《全唐文》卷七五一，页12b。

④ 《旧唐书》卷一四五，页8b。

⑤ 据记载，战争结束时淮西各堡栅尚有两万余人（《旧唐书》卷一三三，页6b），算上伤亡、俘虏和逃跑的损失，数量和估计的大致不差。

⑥ 韩愈是朝廷立场的代表，上疏皇帝“不须过有杀戮”，见《韩昌黎集》卷四〇，页53。

的支持者。[1]尽管如此，战争还是旷日持久、伤亡惨重，不可避免地演变成了拉锯战。

为了作战，朝廷在淮西布置了五路兵马[2]：北、东北、东（或东南）、南、西（见图3-2）。在实际行动中，前两路往往协调行动，组成了一条完整的北线。这两路士卒最精锐，兵力最雄厚，所以普遍认为北线是最关键的。朝廷命西路的严绶统一指挥各路兵马，[3]可见朝廷想以西路为主攻方向。然而值得注意的是，严绶只有总指挥之实，并无相当的名义。以当时的军事和行政体制，能允许"同侪中居首位者"存在已经是最大尺度了。如果记载的战争的总体结果和战争规模是匹配的，那么这段战史的重建将会容易许多。但事实并非如此，应该是史料的歪曲造成的。从道德角度来讲，朝廷的胜利才有记录价值，叛军的胜利是不值得记录的。所以，虽然仗打了三年，虽然官军的将领因无能被撤换，虽然不少朝中官员对战果非常绝望，呼吁讲和，但是从记载看，官军打胜仗的比例是叛军的三

---

① 《全唐文》卷五七，页11b—12；《唐大诏令集》卷一一九，页632。

② 见《唐大诏令集》卷一一九，页632；《韩昌黎集》卷三〇，页51—52；《全唐文》卷六七二，页18—19。原文中的"command"并没有准确对应的汉语词汇，我是为了方便起见才选用了这个词。每一个"commander"都是统领一镇的节度使，或者小一些的观察使、防御使。因此，我在这里使用"command"并不是一种翻译，而是反映一种事实，即各指挥官对各自战区负责，本战区内其他藩镇的兵马也会临时归他节制，因此这么表达是合理的。各军进兵的方向依出发地点和所处的战区决定，五路军队的主将分别是：

东北路：河阳怀汝节度使。汝州只是为作战之便临时归其统辖，见《资治通鉴》卷二三九，页7706（节度使之职是"地方长官"的制度化的形式，有时也会授予一些藩镇中的最优秀的将领）。

北路：忠武节度使。

西路：山南东道节度使，后来是唐邓随节度使。

东路：寿州防御使，特为此役而设，寿州平时归淮南节度使管辖。

南路：鄂岳观察使。

③ 严绶既是山南东道节度使，又兼申光蔡招抚使。这种头衔平时是象征性的，只有这样的非常时期才会有实际意义。在当时极少有一个节度使受另一个节度使指挥的情况。严绶本传见《旧唐书》卷一四六和《新唐书》卷一二九。

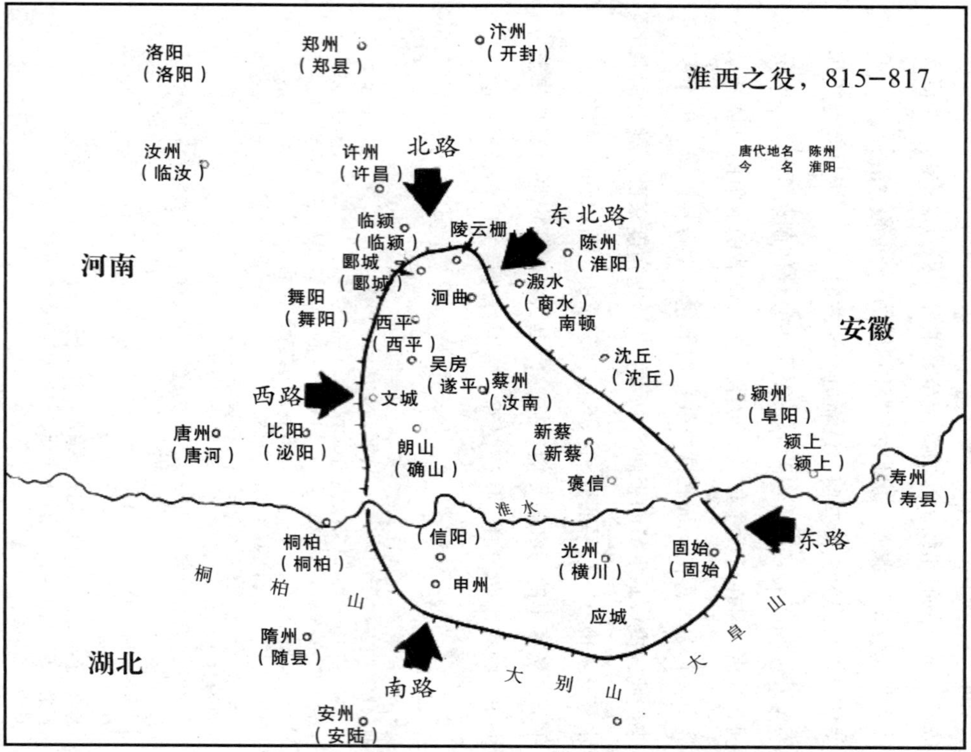
淮西之役，815–817
唐代地名 陈州
今 名 淮阳
洛阳
（洛阳）
郑州
（郑县）
汴州
（开封）
汝州
（临汝）
许州
（许昌）
北路
东北路
临颍
（临颍）
陵云栅
陈州
（淮阳）
郾城
（郾城）
河南
溵水
（商水）
南顿
洄曲
舞阳
（舞阳）
西平
（西平）
安徽
沈丘
（沈丘）
吴房
（遂平）
蔡州
（汝南）
西路
文城
颍州
（阜阳）
唐州
（唐河）
比阳
（泌阳）
朗山
（确山）
新蔡
（新蔡）
颍上
（颍上）
寿州
（寿县）
褒信
淮水
（信阳）
桐柏
（桐柏）
光州
（横川）
固始
（固始）
东路
桐柏山
申州
应城
大阜山
隋州
（随县）
湖北
南路
大别山
安州
（安陆）

图 3–2　淮西战况

倍。有关官军的信息也大大多于叛军，关于伤亡的消息尤其如此。当然，朝廷的史官多少是被前线的将领蒙蔽了。战况不利时，前线将领会谎报军情。[①] 此外，中国传统史书的编纂总被一种黑白分明的道德情感左右，自然导致了记载的失衡。

出于种种原因，细致划分这场战争的阶段并不容易，不过可以大致划出两个阶段：815—816 年，淮西军成功拖住官军，将其远远挡在外线，是第一阶段；817 年初至该年十月，从官军实力开始占优，到战争戛然而止，[②] 是第二阶段。这两个阶段延续性极强，原因是：第一，至少到817年，双方的战略都没有根本性的调整；第二，直到 817 年初，没有出现足以改变战争进程的决定性战役。

第一阶段，815—816 年

就战略而言，朝廷掌握着主动。然而官军开局不利，东西两线尤甚。815 年二月，严绶吃了败仗，被迫放弃阵地，退守唐州。[③] 同月，东路的指挥官丢掉了所有阵地，被迅速撤换。[④] 据记载，东北路取得了几次小胜，或许还有一次大捷，但阵线并无前移的迹象。[⑤] 815 年，战事仍无进展，宪宗甚为焦躁，派他信任的御史

---

① 《资治通鉴》卷二三九，页 7723。

② 816年九月官军攻克陵云栅，也是官军做出致命一击的好时机。

③ 《旧唐书》卷一五，页 7b。卷一四五，页 12；《资治通鉴》卷二三九，页 7707—7708。

④ 《旧唐书》卷一二四，页 5；《新唐书》卷二一四，页 3b；《资治通鉴》卷二三九，页 7708。

⑤ 据记载，负责东北路的李光颜在三月间打了两场胜仗（《旧唐书》卷一五，页 8；《资治通鉴》卷二三九，页 7111）；史书对五月间在时曲之捷有着浓墨重彩的记载（《旧唐书》卷一六一，页 2；《新唐书》卷一七一，页 1b；《册府元龟》卷三九六，页 13b；《资治通鉴》卷二三九，页 7712—7713。）时曲之捷很有戏剧性，李光颜先是被围困在自己的营垒中，后来逆袭破敌。他被围的原因可能是位置过于靠前了。八月吃了败仗后，他又调整了主攻方向。

中丞裴度到前线视察战况。[①] 九月，西路师久无功，严绶失宠遭贬，声望素著的大将高霞寓继任节度使，[②] 征讨淮西诸军都统也改由宣武节度使韩弘担任。宣武军地处运河要冲，向称雄藩。朝廷恐怕并未指望韩弘能立大功，因为其任命是出于政治考虑。[③] 也没有迹象表明韩弘本人曾离开过宣武军的治所汴州（今开封）。上任不久，他就策划了一场各路联合进攻。虽然北线报捷，但整体战果极小。[④]

与此同时，又有其他棘手的问题牵制了朝廷的精力。割据藩镇中，平卢、成德二镇与朝廷关系最疏远。二镇都有理由相信，宪宗已经决心拿他们开刀。事实上，成德镇在宪宗朝一度成功守住自己的特殊地位。所以，淮西虽然还没有求援，但二镇节帅都准备帮助淮西这样的难兄难弟，且上表请求赦免吴元济，遭到宪宗的拒绝。于是，二镇展开了有限但直接的干预。[⑤]

平卢的角色似乎更关键。815 年初，平卢军派出三千人马，以支援朝廷征讨淮西为名，进入淮西以东地区。事实上，这支部队是来烧杀劫掠搞破坏的，直到年底才被彻底打败。同年四月，平卢招

---

① 《旧唐书》卷一五，页 8，卷一七〇，页 1b；《资治通鉴》卷二三九，页 7712。裴度本传见《旧唐书》卷一七〇和《新唐书》卷一七三。后来淮西战事由裴度全面负责。

② 关于严绶的失利和被黜，见《册府元龟》卷四四五，页 8；《资治通鉴》卷二三九，页 7717。《旧唐书》（卷一四五，页 12）记载高霞寓继任时，称他“有名”。朝廷将山南东道节度使的辖区一分为二，以高霞寓为唐州刺史，充唐、随、邓节度使，主持对淮西的战事；以李逊为襄州刺史，充襄、复、郢、均、房节度使，负责后勤补给。

③ 韩弘本传见《旧唐书》卷一五六和《新唐书》卷一五八。他的宣武军有着绝对的中枢位置，他却受到史家众口一词的批评。《旧唐书》直接点明了朝廷任命韩弘为淮西行营兵马都统的政治原因。见《旧唐书》卷一五，页 9。

④ 韩弘发动的这场攻势的主要成果是加强了北路和东北路两军的协同。见《旧唐书》卷一四五，页 12；《新唐书》卷二一四，页 4；《资治通鉴》卷二三九，页 7719。然而，即使在这场战役中，也出现了重大的挫败，见《旧唐书》卷一六一，页 2a—b；《新唐书》卷一七一，页 1a—b。

⑤ 《资治通鉴》卷二三九，页 7711。

募盗贼将洛阳附近的河阴转运院付之一炬，给朝廷以重大打击，损失的绢帛、粮食、制钱不计其数。六月，平卢刺客又潜入长安，刺杀了一位主战的大臣。同年夏，平卢又策划在洛阳焚掠，谋泄事败。⑥

满朝文武都认为，成德军在上述事变中也发挥了重大作用，还搞了其他破坏。结果成德军与朝廷的关系走到了破裂的边缘。816年初，朝廷发河东、河北六镇兵马讨伐成德。⑦ 此举又在朝堂上引起争议：同时对两个强藩用兵，尤其是同时在两条独立的战线作战，⑧ 是否明智？讨伐成德的战事持续到次年春天，以朝廷罢兵告终。不问可知，经此一役，朝廷方面的信心更加低落，物资更加紧张了。

整个816年，淮西的战事没有取得任何朝廷认可的战果。李文通稳住了东线，淮西开始感受到他带来的沉重压力。他号称打了一连串胜仗，却未得一城一地，然而对研究者而言，拔城略地才是军事胜利的唯一可靠指标。⑨ 北路的乌重胤和东北路的李光颜一直是战功最卓著的官军将领，⑩ 但这两线的进展也不大。官军首次攻克叛军的据点是在九月，值得注意的是，这次攻克的陵云栅可能尚在

---

⑥ 见《旧唐书》卷一五，页9b；《资治通鉴》，页7711—7720；《旧唐书》卷一二四，页9a—b，卷一七〇，页2。

⑦《旧唐书》卷一五，页9b；《唐大诏令集》卷一一九，页631—632。

⑧《资治通鉴》，页7711—7720。

⑨《新唐书》（卷二一四，页4）、《资治通鉴》（卷二三九，页7719，7722，7725，7727）都记载了这条战线的胜利。李文通的确夺取了一个叫“鏊山”的地方，但是可能是因为地方太小，无法确定其位置。李文通在新旧《唐书》中都没有传，战后只是得到了一般的封赏（《全唐文》卷六一七，页20b）。

⑩ 乌重胤、李光颜的传都在《旧唐书》卷一六一和《新唐书》卷一七一。奇怪的是，乌重胤的记载非常贫乏。李光颜在战争中的表现，还可见《册府元龟》卷三五九，页18b—19。这些战线的胜利可见《旧唐书》卷一五，页10b，《资治通鉴》卷二三九，页7722—7723。

淮西军境外。[①] 南路一直沉寂，究竟是主将不出力，还是没有什么胜仗可记，就不得而知了。[②] 西路官军的运气更加糟糕。高霞寓并没有发挥出独当一面的能力，兵败铁城。因为大败难掩，七月被罢官，宿将袁滋继任。袁滋上任后，一度遭到近乎毁灭性的打击，西路从此一蹶不振，袁滋也在年内被罢。[③] 鏖战两年，朝廷却没有得到实质战果，也没有发生什么可以激励士气的事件。我们不知道朝廷得到的军事情报是否能充分证明战事应该继续，但今天在回溯时我们发现，很可能是一些手握军政大权的人、也包括宪宗自己的坚持，才使得裁抑藩镇的政策得以延续。

战争的第一阶段就这么过去了，时间比第二阶段长。在此阶段，淮西大获全胜。在认识淮西防御的具体性质之前，让我们先注意一下淮西胜利的几个因素。当然，胜利的前提条件是淮西军民的忠诚，至少是默认的支持。尽管这一情况很快起了变化，但直到

---

① 关于攻克陵云栅的记载，见《旧唐书》卷一五，页11，卷一六一，页2b，《资治通鉴》卷二三九，页7725。陵云栅的确切位置不得而知，但是根据后世的注家提供的信息和战争本身的进程，我们可以找出其大致方位。根据《资治通鉴》（卷二三九，页7722）的胡三省注，陵云栅在"溵水西南、郾城东北"，这一说法没有告诉我们太多有效信息，因为据我们现在的理解，这两个地方离得太近（见杨守敬《历代舆地图》唐代部分）。陵云栅应该比胡三省说的更靠北，比郾城东北更远。因为我们知道，陵云栅攻克后，东北路军队要渡过溵水才能抵达郾城（见《册府元龟》卷三五九，页19b）。我们还知道，溵水从溵水城的北面流过（见李吉甫《元和郡县图志》，《丛书集成》本，卷八，页230）。溵水城属陈州管辖。所以我的结论是，淮西人在陵云立栅，是在淮西北境之外建立缓冲区，它是淮西北线三个主要防御点之一，也是最小的一个。另外两个是郾城、洄曲。

② 南路最初的主将是柳公绰，实际负责指挥的是一名武将（见《旧唐书》卷一六五；《册府元龟》卷三八九，页25b，卷四二二，页23）。因为战绩全无，于816年被免，代之以宗室李道古。李道古也没有任何作为，《旧唐书》（卷一三一，页6b）认为原因在其腐败无能。

③ 关于高霞寓的兵败和撤换，见《旧唐书》卷一五，页10a—b，卷一六二，页7；《资治通鉴》卷二三九，页7723—7724；《册府元龟》卷四四三，页16b—17。主要负责粮草的襄州刺史也一并被撤换。关于袁滋对战事的指挥，见《资治通鉴》卷二三九，页7727—7728；《册府元龟》卷四四七，页8b。《册府元龟》记载，袁滋无功的原因是他本身是蔡州人，不忍用兵。

817年初，淮西本土的边境还是稳固的，也没有反水的记载。其原因大概是淮西在这两年间还有相当的物资自给能力。防御牢固与补给充足相辅相成，只要官军打不进内线，粮食和其他物资的生产就可以维持在一个相当高的水平。

专就军事而论，淮西军队的防御极为得力。当然，淮西人保卫乡里的动机非常强烈。指挥似乎也很到位，虽然有一条史料认为吴元济无力控制前线指挥官。[①] 淮西的步兵无论是野战还是守城都堪称一流，但骑兵才是决定性的。不少史料显示，淮西节帅大力推动养马。[②] 皮货是淮西外销的主要货物。[③] 战事一起，朝廷马上认识到(也可能是回忆起)淮西骑兵的战力，于是采取特别手段为官军提供充足的马匹。[④] 淮西骑兵之中，有一支董重质指挥的精锐，尤为官军所惧，对我们来说这也是一个特别的问题。[⑤] 这支军队号称“骡子军”，顾名思义，士兵都乘骡而战。[⑥] 如果确有其事，考虑到骡子并不适合骑兵作战，那么将“骡子军”看作是骑乘的步兵大概更为合适。他们高超的射箭和白刃格斗技艺已经让官军胆寒，再加上高度机动性，更是如虎添翼。另外一个更可取的解释是，“骡子军”的起源要追溯到二三十年前，当时马匹匮乏，只好权用骡子代替。此后数十年间，马匹的供给渐渐充裕，但是这支特殊军队的名

---

① 这种说法见《新唐书》吴元济本传（卷二一四，第4页）。然而《新唐书》总体上不如《旧唐书》可信。

②《旧唐书》卷一四五，页11;《新唐书》卷二一四，页3。值得注意的是，战争结束后，朝廷保留了蔡州的牧马地，设龙陂监，见《新唐书》卷五　，页11b（另见R.des Rotours, *Traité des Fonctionnaires et Traité l'Ameé*，2 vols [Leiden，Brill，1947]，II，902)。

③《资治通鉴》卷二三六，页7609。

④《新唐书》卷五　，页11b（另见*Traité des Fonctionnaires et Traité l'Ameé*，II，901—902)。

⑤ 董重质下文还会涉及，本传见《旧唐书》卷一六一。

⑥《册府元龟》卷三九六，页14a—b;《旧唐书》卷一四五，页13。

称保留了下来，虽然已经不合于当时的情形。

如果我们能够多估计一点淮西军队的机动性力量的重要性，这将对解释它的胜利大有帮助。淮西已经取得了重要的内线优势，它也可以以节约兵力的战法作战。于是，地缘的孤立和数量的劣势至少在有些情况下被抵消了。

另一方面，战争中敌对双方的能力也是互相关联的，官军肯定有失误，我们也能够看出几桩来。其一是缺乏有效的统一指挥。朝廷授予韩弘都统要职，大概希望能够激励他发挥主导作用，积极作战。[①] 然而，他却辜负了朝廷的期望。于是，朝廷免去他的淮西行营都统之职，此后再没有一个擘画全局、协调各方的主帅。

起初调集的军队是否足够，也是要打个问号的。如果上文所举的数字大致不差，那么攻守双方的兵力比大概是 2∶1 至 2.5∶1，对于这种战争来说，这一比例远不能取得压倒性胜利。朝廷似乎从来不曾大举增兵，或许有战略考虑，或许也有财政原因。精兵要从边塞、内地要冲（尤其是运河周边）和东北藩镇周围抽调，所以抽调精兵就等于削弱这些要地的兵力。

按当时的制度，如果朝廷征调藩镇的部队，就要负担其军费。[②]

---

① 朝廷希望韩弘发挥积极作用，可以从战前对他的安排看出。见《资治通鉴》卷二三九，页7707。

② 日野開三郎：《唐代藩鎮の跋扈と鎮將》，《東洋學報》第27卷，1940，页399—400；赵翼：《廿二史札记》卷二〇。最近末田修一的文章《唐代藩鎮の出界糧について》，《東洋史論叢：鈴木俊教授還曆記念》，（東京，鈴木俊教授還曆記念会，1964），页315—331。需要注意的是，朝廷取得了一项特别的成就，即改变北方前线的运输线路，节省了大量成本。朝廷并没有让粮草从长江沿岸出发，经汴河北运后再向南运，而是取道淮河及其支流，直接将粮草运往寿州和颍州。战争初期（具体时间不明），朝廷还特设了淮颍水运使。到816年底，运送粮食五十万石，茭（干草）一百五十万束，节省汴河运费七万贯，见《旧唐书》卷一五，页11a—b；《资治通鉴》卷二三九，页7728。除了关于西路军队后勤的行政措施外，几乎没有关于这场战争的后勤的信息。

所以这种战争对朝廷来说不仅仅是军费的增加，而是多出了一块全新的开支。平卢与成德的骚扰破坏所造成的损失也不可忽视。随着战事的绵延、物资的不断消耗，朝廷扩大财政支出的能力必然下降。数字的问题在朝廷所采取的战略上有举足轻重的作用。时任知制诰的韩愈对战事的记载是官方难以接受的。据他记载，朝廷围着淮西修建了一圈堡栅。[①] 然而堡栅的总数虽多，每一处的兵力却很少；堡栅之间距离太远，难以互相呼应，容易各个击破。官军将领未能充分集中兵力，韩愈的建议就是针对这个问题而发的。朝廷四面包围、平均用力的战略最终起到了在物质上困死淮西的效果，这可能同时也是遏制灵活机动的淮西军队的反击手段。查阅史书对一些主要战役的记载，就能知道官军还是采取了某些集中兵力的措施。总体上可以说，朝廷既没有充分地集中现有的兵力，也没有把兵力增加到与其防御战略相匹配的规模。

最后，官军的致命弱点是极端缺乏团结。上文已经提到，官军由各路人马杂凑而成，韩愈着重指出了士兵远调而来的问题：不熟悉本地情形，又与本来所属的将校失去联系；待遇微薄，心孤意怯，难以有功。[②] 数年之后的一条权威史料证明了他的观点。战争结束后，淮西大将董重质获得赦免，入朝为官。著名诗人杜牧性喜

① 韩愈关于淮西之役最有趣的分析和建议，来自一封奏疏，题为《论淮西事宜状》，见《韩昌黎集》卷四〇，页50—51（《通鉴》卷二三九，页7712有简要节选）。据记载，该状上呈的时间是815年（并非花房英树所说的816年，见氏著《韓愈歌詩索引》，京都：京都府立大学人文學會，1964，页379—380）。《论淮西事宜状》在许多方面都比韩愈在817年奉命写的《平淮西碑》更有价值。818年，朝廷以其内容偏颇，将他的碑文磨去。《旧唐书》卷一六〇也专门提到韩愈的碑文贬低了李愬，抬高了裴度，今人读了也会做出同样的结论。韩愈确实曾是裴度的下属，定然与他保持着密切的关系。段文昌又奉命重写碑文（段文昌传见《旧唐书》卷一六七）。段氏的文章比韩愈公允，既没有贬低裴度的功劳，又指出最后奇袭的大功属于李愬。

② 《韩昌黎集》卷四〇，页52。

谈兵，经常请教于他。杜牧想知道，为何朝廷大军攻打区区一个小藩镇如此困难。[①] 董重质同韩愈一样，着重强调了参战官军成分复杂这一原因。他通过讲述具体过程，对这一问题作了更深入地剖析。各路军队远道而来，数量又少，本身不足以独立作战，既要编入“地主”，同时又保持“客军”的身份。[②] 每有战阵，总是客军居前，地主在后。客军自然因此伤亡更重，但是真正的问题是，后面的本地官军未能有效支援客军。他们只在胜局已定时加入战斗，不然就徘徊观望，一见势头不妙便仓皇溃散。官军不但缺乏团结，其士气、纪律、指挥都相当堪忧。董重质说，战事延续两年之后，东、西、南三线的官军所剩无几，士气全无，淮西军队得以集中全力与北线的李光颜、乌重胤部相搏。

第二阶段，817 年

将第二阶段的开端定在817年初，原因并不是什么特别的大事，而是因为此时李愬接任了西线的指挥官[③]，而淮西方面初现颓态。李愬对整个战局至关重要，但封喉一剑还是在数月之后才出鞘。物资短缺直接削弱了淮西的实力，另一方面又振作了宪宗及其谋臣的信心，使他们决意苦战到底。李愬是平定四镇之乱的功臣李晟的儿子。当时李愬的任命并没有什么特别。[④] 他到达治所唐州后，

---

① 843年，杜牧在《上李司徒相公论用兵书》中提到了与董重质的谈话，引述了董氏的观点。杜牧写信的目的是劝朝廷向昭义军用兵，见《全唐文》卷七五一，页11b—16b。

② 本文将“地主”译为local troops，“地主”一词含义比较模糊，但应该是指代淮西周边各藩镇的正规军，而不是临时的民兵。

③ 即唐随邓节度使。——译者

④ 李晟和李愬的传都见《旧唐书》卷一三三和《新唐书》卷一四五。李愬在西北的坊州、晋州当过刺史，这两地的刺史一般是由武人担任的。后来李愬迎娶了一位公主，与皇室的联系更加紧密，任过不少礼仪性的宫廷官职。后来他主动请缨到唐州领兵，其任命是在元和十二年十二月，见《旧唐书》卷一五，页11。

发现麾下的西路军简直是一团乱麻，[①] 屡败之下，士气低落，淮西方面认为西路不再会进攻，于是抽调大量兵力投入更关键的战场。被敌人忽视正是一种机会。李愬抓住了时机，不声不响地实施自己的计划。西路的当务之急是重建军队，李愬将此事分为三步解决。第一步是恢复西路官军的战斗状态。他安抚士兵，表示自己新官上任，不会马上进攻，让他们不再恐慌。他逐渐熟悉部下，摸清他们的性情才能，认清可用之人；又慎重地派他们打了几场小仗。这样一来，他赢得了部下的信任，也恢复了部下的自信。第二步，补充两千西北骑兵(可能是突厥人)。[②] 此举不仅增加了西线军队的数量，也提高了质量。李愬还招徕当地士卒，在战斗中起到了很好的效果。[③] 他又招募一批精锐的敢死之士，亲自教习，号为“突将”(可能是重骑兵)。李愬还练有一支精兵，号称“六院兵马”，可能是在李愬上任之后才组建的。[④]

李愬一边整军备战，一边展开政治攻势。下面这段史料虽然不免有点小说传奇的味道，但是可以看出他更加注重外交和妥协的新策略。他的第一个目标是通过策反以削弱敌人，尤其是策反身居要

① 此观点出自当时的片段记录，韩愈忽视了这一点，段文昌则加以强调（《全唐文》卷六一七，页20）。李愬整顿西线官军的经过，散见于多种史料：段文昌《平淮西碑》；《旧唐书》和《新唐书》中李愬传；《册府元龟》卷三五九，页20b—21，卷三六七，页9—10b，卷四二二，页9—11b，以及《资治通鉴》卷二四〇。

② 《旧唐书》（卷一四五，页13）和《新唐书》（卷二一四，页4b）将这些突厥骑兵称为“沙陀”，不过没有其他史料专门提及。

③ 这些人称作“山河子弟”，见《资治通鉴》卷二四〇，第7333页的胡三省注。其战场表现，可见《资治通鉴》卷二四〇，页7333—7334。“子弟”一词通常指代地方士兵，据《旧唐书》（卷一五，页9b）记载，他们是从洛阳招募的。

④ 关于“突将”，见《旧唐书》卷一三三，页13，《新唐书》卷一五四，页7，《资治通鉴》卷二四〇，页7736。《资治通鉴》（卷二四〇，页7735）称六院兵马“皆山南东道之精锐也”。节度使直接指挥一支精锐部队，是当时常见的做法。见日野開三郎：《支那中世の軍閥》，页40 ff；堀敏一：《藩鎮親衛軍の權力構造》，原载《東洋文化研究所纪要》第20册，1958年，页111—117。

职的敌人，因为这种人可以带着某处堡栅或某处地盘投奔李愬。在李愬眼中更重要的是，归顺的敌人是最佳的情报来源。他不但注重策反成建制的部队，还注重策反特定的知悉内情的个人。[①] 李愬除了从他们那里获取情报，甚至还留他们在麾下效力。如此善用降人，也可以看出李愬自身的品质。他最终获得大捷的重要前提就是一位淮西降将提供的情报和配合。这种情况下，非凡的个人品质有着至关重要的作用。

从记载上看，李愬到任后，西路官军大大活跃了。淮西方面不可能完全视而不见。817 年上半年，官军获得几场小胜，能够反映出战局逐渐对朝廷有利。[②] 三月，官军在西线第一次取得进展。文城栅守将率众三千归附朝廷。需加注意的是，官军此前的进攻是失败的。[③] 随后的几个月中，李愬没有再夺取地盘，反而在五月和九月吃了败仗。九月的那一战，李愬的人马已经攻破了外城，最终却未能得手。[④] 李愬已经使西线的军队成为一支不可忽视的力量，而淮西的防御依然强固。

816 年与 817 年之交，淮西第一次发生了严重的饥荒，绝望的

---

① 很明显，李愬通过敌方的叛徒和俘虏获知敌方最关键或最熟悉形势的将领是谁，这关系到他的后续战略。李愬由此在对待叛将方面有了重要创新，它能够带来成功，但也有削弱己方士气的危险。当时对于敌方主动归顺和被俘的两种人的处置有生死之别。李愬的创新是，对俘虏也留活路，将许多有才能的俘虏收归帐下，还鼓励更多人前来投诚。主要史料来自《旧唐书》卷一三三和《新唐书》卷一四五，另外参见《资治通鉴》卷二四〇，页 7736。

② 《资治通鉴》卷二四〇，页 7730—7732。

③ 《旧唐书》卷一五，页 12，卷一三三，页 12b；《资治通鉴》卷二四〇，页 7732。

④ 见《旧唐书》卷一三三，页 12b；《资治通鉴》卷二四〇，页 7736，7739。《旧唐书》所给的时间非常模糊。我认为，吴房（又称遂平）之战是李愬所部的一次挫折，虽然史书上没有这么记载。很难想象，李愬如果不是被迫，竟会主动退出已经夺取的地盘。现有的解释是，夺取吴房就会打草惊蛇，袭击蔡州的突然性就没有了。这一说法稍显牵强，可能是李愬向朝廷陈奏自己功绩时的粉饰之词。其实李愬所部撤退时被淮西军追击，这也证明了李愬是被动撤退的。

百姓纷纷逃离。淮西的将领们则听之任之，因为存粮剧减，饥民的逃离可以缓解粮食供给的压力。817 年二月，朝廷在北线的许汝行营之侧设行郾城，安置归降百姓，李愬对文城栅的淮西军民的慷慨，也吸引了很多人前来归附。[①] 此时北线官军有了推进的迹象，三月间大捷于郾城，四月，郾城守将举城投降，[②]这是北线取得的最大胜利。郾城、文城之降，都表明了淮西的粮草与士气已到相当危险的程度。

郾城是整个战争中官军拿下的唯一县城，拿下郾城对叛军是一记重击。淮西必须集中人马于洄曲，建立新的防线。身处蔡州的吴元济感到局势危急，将蔡州的守城士卒，甚至自己的亲兵都派去支援洄曲。[③] 六月，吴元济感到回天乏术，上表请降。据说朝廷已然接受了降表，而元济受制于左右，未能实行。[④] 纵使如此，在朝中文武看来，前途依然渺茫。七月间，朝中又起争议，李逢吉认为战争没有尽头，继续下去并不明智。宰相裴度请求亲赴前线督师，宪

---

① 见《旧唐书》卷一五，页 11；《新唐书》卷二一四，页 4；《资治通鉴》卷二四〇，页 7731—7732；《册府元龟》卷一六五，页 12b。

② 关于三月官军的大捷、叛军的重大伤亡、郾城的攻克，见《旧唐书》卷一五，页 12，卷一六一，页 2b；《资治通鉴》卷二四〇，页 7733。官军冒死强渡淮西重兵把守的溵水，才取得了艰苦的胜利（《旧唐书》卷一六一，页 5b；《册府元龟》卷三五九，页 19b）。郾城攻克后，其军事地位大大削弱了，但是据进入郾城的朝廷的将领陈述，此城的防御仍然固若金汤（《旧唐书》卷一六一，页 3；《册府元龟》卷四二六，页 28），我们推断，守将的反水是胜利的关键。

③《旧唐书》卷一四五，页 12b。卷一六一，页 3b；《资治通鉴》卷二四〇，页 7733。据记载，在战争的最后阶段，洄曲有一万守军。“洄曲”的名称也颇为混乱，有时称为“时曲”。我认为胡三省对这个问题的论述是可信的：两个名称指代同一地点，而洄曲是正确的名称（《资治通鉴》卷二四〇，页 7733，7739）。我们无法确定其具体位置，史书记载它在溵水城对岸（《资治通鉴》卷二三九，页 7733）。洄曲必须足够靠北，才能替代郾城北部要塞的地位。

④《旧唐书》卷一五，页 12b，卷一四五，页 12b；《新唐书》卷二一四，页 4b。

宗才同意把仗接着打下去。[1] 八九月间，淮西军队不但固守堡栅，还在北线和西线出击得胜，而淮西的南线明显也没有后顾之忧。[2] 在时人看来，胜负尚在未定之天。最终智勇双全的致命一击，正是在这种混沌的事态下发出的。

几乎所有的记载都认为，李愬从一开始的谋划和措置都是为了奇袭蔡州，但他一直深藏不露，在发动进攻的最后一刻才禀报上司。这种说法未免过于戏剧化了。否认他早已盘算奇袭当然不妥，李愬一直有在817年发动奇袭的计划，其时机完全依整个战局的情况而定。李愬是能征惯战之将，精力主要放在西线的日常指挥之中。然而，到了817年年中他已经确信，淮西足以支持很久，若不是暴雨突至，打乱了部署，他早已下手了。多雨的天气持续了三个

---

① 《旧唐书》卷一七〇，页3；《新唐书》卷一七三，页2；《资治通鉴》卷二四〇，页7737；《册府元龟》卷三八九，页25b—26。这个情况非常明确。裴度的头衔是“淮西宣慰处置使”，本意是让他负责行政事务，而韩弘只负责军事指挥。事实上，除非他准备做出影响战局的重大决定，不然他奔赴前线没有任何意义。另见《资治通鉴》卷二四〇，页7740。

白居易的诗《放旅雁》，颇能体现时人对这场旷日持久的战争的情绪。这首诗一定是在战争后期写的，作者自注是元和十年冬（815年）作，应该有讹误，因为诗中提到了战争持续了太久：

雁雁汝飞向何处，第一莫飞西北去。
淮西有贼讨未平，百万甲兵久屯聚。
官军贼军相守老，食尽兵穷将及汝。
健儿饥饿射汝吃，拔汝翅翎为箭羽。

白居易居住在九江，淮西在九江的西北，所以诗中说“莫飞西北去”。

② 关于官军在北线的损失见《资治通鉴》卷二四〇，页7738。淮西军曾计划在裴度去郾城的路上截杀他，后来又打算在他巡视途中下手，结果都失败了，其中第二次差点得手，见《旧唐书》卷一五，页13，卷一六一，页3b；《新唐书》卷一七一，页2b；《册府元龟》卷三五九，页20b，卷四一四，页22b—23；《资治通鉴》卷二四〇，页7738—7740。史书还记载了南路主将李道古的惨败。817年二月，他指挥攻打申州，已经攻破了城墙，却未能进一步扩大战果，其指挥能力之低下可见一斑。李道古不仅未能攻克申州，反而在敌军的反攻下损失惨重。此后，申州直到战争结束一直纹丝不动，史书上也再未出现南线战况的记载。《旧唐书》卷一五，页11b—12，卷一三一，页6b；《册府元龟》卷四三七，页18a—b，卷四五二，页23；《资治通鉴》卷二四〇，页7731。

月，他的计划只能延宕到秋季。有一条史料可以证明，无人知晓李愬计划的说法是错的。这条史料显示，朝中官员获悉了李愬的计划后，笑其痴人说梦。[③] 这件事可能反而使李愬更能放手去做。

元和十二年(817)十月十五日午后，[④] 奇袭的队伍从文城大营出发，分作三部，各三千人，先锋是淮西降将李祐率领的三千突将，中军是李愬亲率的三千“六部兵马”，后军是马步三千。三军将士都不知道目标是什么。在黑夜的掩护下，他们强行军六十里到达敌方控制的张柴，突袭得手，尽杀戍卒，又切断敌军的道路桥梁。李愬让士卒吃饭、休息、整理兵刃器械，之后再度出发。此时将士们才知道他们要向蔡州去，都大惊失色。李愬有了李祐的帮助，似乎已经料到了一切，却没有料到天气。大军开出七十里，风雪大至，冻死了大批士兵和马匹。风雪虽然大大增添了官军的困难，却也保证了战斗的突然性。突然性才是此战的关键。黎明时分，官军进至蔡州，破城而入，守军毫无知觉。官军迅速控制全城。虽然官军攻破牙城、生擒吴元济又花了一天，然而战争已经结束了。

在这一战中，李愬已臻于中国传统将才的最高境界，或许是出于无心，却绝非成于侥幸。他的行动完美地契合孙子的思想。孙子提出“兵之情主速”，而李愬正是“乘人之不及，由不虞之道，攻其所不戒”[⑤]。他还践行了孙子的一个思想：“帅与之期，如登高而去

---

③ 记载此事的是李愬的掌书记郑澥，其记录已经散佚，一些片段保存在《资治通鉴》(卷二四〇，页7740)的《考异》中。如果这些片段真的具有代表性，那么我们可以很好地推断整篇的大意。司马光认为郑澥的记载不对，因为如果李愬将其计划上奏朝廷，消息就会传开，李愬行动的突然性就不存在了。我认为司马光的说法并没有什么说服力。

④ 干支是辛未。相关史料有《旧唐书》卷一四五，页12b—13，《新唐书》卷一五四，页7a—b；《册府元龟》卷三五九，页20b—21。李祐的军事生涯比较中规中矩，本传见《旧唐书》卷一六一。

⑤《孙子兵法·九地》，英译本见Lionel Giles, trans., *Sun Tzu on the Art of War* (London, Luzac and Co., 1910), pp. 122—123。

其梯，帅与之深入诸侯之地，而发其机。”[①] 当然这种勇猛的举措也只有李愬这样的将才才能执行。

除了李愬的将才，奇袭的胜利还有四个因素。首先的一个前提是淮西兵力缺乏。淮西四周的防线、乃至蔡州本身，都没有足够的兵力应对奇袭。[②] 第二，李祐的情报至关重要。他让官军知道淮西内部空虚，而且挑了一条防御最薄弱、最出乎淮西军队意料的路线，亲自为官军带路。[③] 第三，此种任务非一流军队不能执行，士卒必须训练有素、纪律严明、吃苦耐劳。唐州军正符合这些要求，与李愬的将才相得益彰。最后，突如其来的风雪的助益也不能小觑。虽然没有风雪同样能够奏功，但有了风雪，蔡州乃至各处的守军必然都放松了戒备。[④]

这场奇袭对于战争的最终胜利是否不可或缺？它究竟是给一场难分胜负的战争的一锤定音，还是仅仅加速了一场必胜无疑的战争？董重质倾向于后一种说法。[⑤] 他回顾前事，认为即使没有李愬的奇袭，官军也会节节胜利。如果朝廷只在北线取攻势，而在其他方向取守势，淮西也支持不了一年。这是一个权威的判断，点出了李光颜和乌重胤的关键作用。战争能够支持下去，全赖二人之力。然而，董重质还是忽略了关键一点：如果战争旷日持久，朝廷会转而接受政治解决。长远看来，这样也能结束淮西的割据地位，但淮

---

① 《孙子兵法·九地》，英译本见Lionel Giles，trans.，*Sun Tzu on the Art of War*，pp. 133.

② 所有史料都强调了淮西兵力缺乏的问题，李祐给李愬的情报中也有体现。据《旧唐书》（卷一四五，页12b）记载，李祐说蔡州守军都是“市人疲耄之卒”。

③ 地形特点也是达成战役突然性的一个因素，例如1940年德军突破阿登山口的战役，以及美国内战的钱瑟勒斯维尔之战中杰克逊的侧翼突破。

④ 董重质也说李愬是“因雪取（蔡州）城”（见《全唐文》卷七五一，页12b）。

⑤ 《全唐文》卷七五一，页12b。

西节帅不会治罪，他们对淮西的掌控还会更久一些。如果换作其他藩镇，结果如何谁也说不准。淮西何其不幸，苦战三年才发现，在宪宗这样的对手面前，一切都是徒劳。

皇帝的决断是影响朝廷政策及其实施的最关键因素。宪宗至少遭遇三次巨大压力以迫使他停止战争，他拒绝停战是冒着使一部分官僚离心的危险的。财政压力也日重一日。[①] 为了应对浩繁的军需，宪宗不但加征重税，还不断拨内帑赡军。[②] 战争给人民造成了沉重的负担，不仅仅是财力物力而已。宪宗坚持淮西之役不获全胜绝不罢兵，事后证明是英明的；因为这一场胜利是实现他整体战略的必要一步。平淮西后，他马上挥戈北向，平定平卢。到820年他去世时，已将割据藩镇压缩在河北一隅。淮西被一分为三并入邻近藩镇，不再作为一个政治实体存在，[③] 于是这一地区获得了数十年的和平。

对淮西防御性质的假设

淮西之役在当时颇具代表性，从中我们可以得出三个结论：第一，淮西的防御非常得力。例如，突袭蔡州之前，经过近三年的战争，只有郾城一座县城落入官军之手。第二，防御纵深相当充足。没有史料显示官军此前曾深入淮西内部。第三，永久堡栅几乎无法攻克。官军不管围困也好，突袭也罢，没能拿下一处深沟高垒的据点。蔡州是个例外，因为那个雪夜的蔡州几乎是空城一座。还有两次战斗，官军已经占领了城垣，结果还是被守军击退，损失惨重。[④]

---

① 关于这一点，见Peterson，“The ‘Restoration’ Completed，” pp. 168—170。
② 《资治通鉴》卷二四〇，页7751；《新唐书》卷六五，页10b。
③ 《唐大诏令集》卷一二四，页666。
④ 例如李愬攻吴房、李道古攻申州。

如果细绎史料，还可得出两个更深一层的结论：一、堡栅的防御还有赖于大量辅助工事；第二，这些辅助工事流动性是很强的。

淮西防御系统的骨干是一系列堡栅，尤其是那些处在本镇外围的主防御点。这些地方是州县的治所、行政的中心，往往也是人口、贸易、交通的中心。在晚唐乃至五代时期，由于贸易的兴盛，许多新城镇应运而生。它们的人口或许不如治所之众，然而战略意义往往不下于治所。这一时期还有大量城垣重筑。安史之乱后，战火从边疆转移到了内地，各地城垣的重筑就是这一转移的结果。其线索很难追寻，但到了淮西之役时，事实已经清晰可见了。城邑变成堡垒在当时司空见惯。其他的要冲也都筑起高城深池，变成了要塞。最典型的例子要属东北线的洄曲。洄曲城之筑，必然是因为淮西的东北边界缺少大邑。设防的城邑和纯军事的堡垒，撑起了淮西防御系统的骨架。

这些地方城的数量必然极多。一般来讲，城的最外面是一圈“羊马城”，通常齐肩高，土筑，与主城拉开一段距离。[①] 它是最外围的防线，可以随时毁弃。城内军队主动出击，事前也在这里集结。主城墙（一般称为“罗城”，或径称为“城”）是防御设施的主体。[②] 它们的特点如何，典型的规模如何，还需要进一步研究。我们应该注意到，初唐时城高通常是五十尺。[③] 好战如淮西者，城高至少不会低于这个标准。攻方纵使占领了罗城，也不一定能拿下全

① 中晚唐（759—900）有两件事影响了羊马城的出现，见《资治通鉴》卷二二二，页7086；卷二六二，页8537，其中胡三省的注也有价值。一般羊马城的女墙都会在战争中损坏，见李靖：《卫公兵法》，《丛书集成》本，页43；另见杜佑《通典》，《十通》本，卷一五二，页800a。《通典》里收录了《卫公兵法》的大部分内容。

② 胡三省对这个问题的注很有价值，见《资治通鉴》卷二四一，页7764。

③ 李靖：《卫公兵法》，页14（《通典》卷一五二，页800a）谈到城墙高达五丈（约为五十尺）。我准备将这些珍贵的文献搜集起来做专门的研究。

城。在上文提到的两个战例，攻城部队都已经登城，还是被打退，死伤惨重。这是因为许多城都筑有内城（子城），大概与西方城堡的主堡类似。[①] 它是城中之城，或许并不像罗城那样能够长期坚守，但至少可以让守军集结反攻或固守待援。[②] 蔡州罗城陷落、吴元济避入子城时，他也不是全无翻盘希望。他在等一支前线军马的回援。然而，这支人马已经被招降了。至少在某些藩镇的首府中设有较小的“牙城”，里面有节度使等高官的衙署和住宅。[③] 牙城主要是为了保护高官的人身安全，在城防中没有什么军事价值。

虽然主防御点是防御的关键，但是它们防御的范围是有限的。例如，在近300千米长的东北防线上，似乎只有四座较大的城邑，填补其中空隙、形成连续防线的，是史书中称为“栅”的次级防御点。“栅”字本身用法就很多。它的本意是“围栏”以及简易工事，引申为军队在战斗时搭建的“野战工事”，后来就有了“堡垒”的意义，“堡垒”就是永久或者半永久的设施了。[④] 后一种用法，甚至又扩大了范围，用来指称大城，比如文城栅（守军三千）、陵云栅。次级防御点还有“栅”“堡”等常见名称（正如大型堡垒常称为“城”，野战的营盘则称为“营”），然而最常用的还是“栅”。[⑤] 本文所说的“栅”是防御性的，然而在实战中，进攻时也会立栅。这种情形下，

① 北京已经发掘出唐幽州城及其子城的遗址，见那波利貞：《唐代幽州薊城疆域考》，《小川博士還曆紀念史學地理論叢》，東京，同朋舍，1930，页153—266。

②《旧唐书》卷一三三，页14；《新唐书》卷一五四，页7b；《册府元龟》卷四二六，页28a—b。

③ 牙城及其中节度使的住宅，在当时的史料中极其常见。见《资治通鉴》（卷二四〇，页7764）中胡三省的注。

④“栅”也用来指代城墙的城垛，《旧唐书》（卷一五一，页3b）还将其分为“战栅”和“木栅”两类；《新唐书》（卷一七〇，页3b）则用“飞栅”和“联栅”。又见《通典》卷一五二，页801a。

⑤ 日野開三郎的《唐代藩鎮の跋扈と鎮將》（《東洋学報》卷二七，1940年，页176—196）中列举了许多相关的例子，并做了评述。

栅必然是临时的，带有野战工事的性质。[1]

这些次级防御点大小不一，与主防御点相比，有三不如：规模之大不如，墙垣之高厚不如，辐射范围之广不如。次级防御点数量极多，要在地图标出具体位置是不可能的，其实我们对唐代或者唐代之前的县城的位置，也只能大概估计。次级防御点固然在边界上绵延甚长，在纵深上一定也有相当的布置，否则官军深入淮西不会如此艰难。所以准确地讲，淮西建立的不是一条防御线，而是一条防御带。另外，从兵力和据点（包括主防御点）的布置上看，淮西的意图是使其相互呼应，而不是各自为战。至于其呼应程度如何，则很难测算。但至少可以讲，每个地段都有防御点负责。其防御之严密，不但能抵挡官军的纵深突破，还能遏制其横向移动。

淮西的兵力极为分散，应无可疑。812 年，李绛在上宪宗的奏疏中无意间透露了这一情形。李绛主要谈的是割据藩镇的节帅的权力：

> 臣窃观两河蕃镇之跋扈者，皆分兵以隶诸将，不使专在一人，恐其权任太重，乘间而谋己故也。诸将势均力敌，莫能相制，欲广相连结，则众心不同，其谋必泄；欲独起为变，则兵少力微，势必不成。加以购赏既重，刑诛又峻，是以诸将互相顾忌，莫敢先发，跋扈者恃此以为长策。[2]

再结合我们上文的分析，可见这种布置既有军事的作用，也有政治

---

① 淮西之役，官军使用栅非常普遍，从战争的旷日持久和稳定的阵线看，这种情况也并不出人意料。

②《资治通鉴》卷二三八，页7692—7693；又见《新唐书》卷一五二，页7b。

的考虑。

淮西防御的主动性也不能忽视。从 814 年淮西的大举出击，就能看到这种主动性。坐等敌军进攻不是他们的习惯，先发制人才是上策。总体上围城战相当鲜见，可能是史料脱漏造成的。但结合从其他方面得到的信息，更有可能的是，如果攻城得手是会有记载的。相反，许多阵地战中淮西常常是攻方。淮西军频频主动出击，让官军处于混乱状态，将战事挡在淮西之外。西线确实是这种情况，其他战线大概也一样。淮西军队大部分是从固定的堡栅出击的，很难讲这算不算纯粹的运动防御。有不少人认为，淮西的据点墙高堑深，所以其防御是消极被动的。这种想法是不对的。这些据点不但是阻挡官军进攻的屏障，也是主动进攻的基地。能够通过积极进攻的方式利用防御据点，正是淮西防御成功的一大原因。

本文描述的防御，能否用一个现代术语来表达呢？因为这是一场依托阵地展开的战争，那么至少可以名之为“阵地防御”（position defense）。该词的定义是：防御一方的主力预先布置在决定性战斗将要发生的地点，胜负取决于守军能否守住各阵地，并且控制住各阵地之间的地区。预备队可以增加防御纵深，或者可以发动反击来保住或夺回阵地。[①] 在本战例研究中，我们找不出这样一支预备队，除非这一角色是由“骡军”或者蔡州守军扮演的。但是从根本上说，对于二十世纪的我们而言，“阵地防御”的概念对理解中国中世纪军事史的问题，是有帮助的。

---

① *Dictionary of United States Army Terms* (Washington, Department of the Amy, 1965), p.305.

中世纪中国的城市攻防战

傅海波（Herbert Franke）

有城墙的城邑对于传统中国的权力结构的意义之重大，怎样估计都不过分。皇帝的统治就是依靠筑城的城邑联成的网络来保护，而对广大的乡村地区的控制，则肯定松散得多。守住城垣不失，一直是军事战略的最高目标。不管是列国割据、领土较狭的封建时代，还是秦以后大一统的帝国时代，城市都是权力的中心，也是财富的中心。中世纪的欧洲乡村，地方贵族的庄园与城堡星罗棋布，相比之下，中国的乡村则是一贯贫穷。值得注意的是，欧洲的城堡（castle）在中国其实并没有对应物。[①] 城堡的军事和经济职能（剥削、控制周边的农民），在中国是由城市来承担的。外来的侵略者和内部的造反者都觊觎着城市的财富。伏尔泰有句名言："一切战争都是抢劫。"城市在中国的战争中扮演的角色充分印证了伏尔泰的观点。中国的战争同欧洲一样，抢劫都是从来不会缺失的戏码。

---

① 在中国，与封建时代的欧洲城堡最接近的应该是东汉末年壁垒森严的地主庄园坞壁。参见E. Balazs, "Nihilistic Revolt or Mystical Escapism," in *Chinese Civilization and Bureaucracy* (New Haven and London, Yale University Press, 1964), p. 193。对于中国城镇的概述，见E. Balazs, "Chinese Towns," ibid, pp. 66—78。

另一方面，中国的城市如果能够固守，则是相当安全的。纵使在火器发明之后，守城的成功率也很高。[①] 欧洲的情况也一样，1535 年的明斯特、1631 年的马格德堡都是如此。中世纪欧洲的大多数名城巨邑都未被攻陷过。在中国，攻陷名城的例子并非没有，例如 975 年金陵之陷、1127 年开封之陷、1273 年襄阳之陷。这些战例在历史上都留下了浓墨重彩的印记，但是总体上来说，攻城的一方的成功率并不高。

有一件事清楚地反映出城市防御的重要性。公元前 5 世纪的《墨子》是关于战争技术的最早记载之一，其中很大篇幅是关于守城的军事和管理手段的。[②]《墨子》第五十一到七十一篇的一大特点是非常重视技术，这与同时代的《孙子兵法》和《吴子》形成鲜明对比。[③] 这两书都更加注重城市攻防的抽象理论，我们无法从中获知太多关于技术和后勤的信息，这一点上《墨子》则更胜一筹。

后世的兵书有很大的篇幅描述战争的细节，这些细节正是《孙子兵法》等先秦兵书一带而过的。所以本研究关注的是中国军事史上更为晚近的时段，我们能够根据此时的军事著作，绘制出更加逼真的图画，比依据先秦兵书画出的更加可靠。[④] 本文所讨论的时代

---

① 《孙子兵法·谋攻篇》谈到："其下攻城，攻城之法为不得已。"英译本见 Samuel B. Griffith, trans., *Sun Tzu: The Art of War* (London, Oxford University Press , 1963), p. 78。

② 见 Alfred Forke 的译本："*Mo-ti*," *Mitteilungen des Seminars für Orientalische Sprachen*, Supplements 23—25 (Berlin, 1922), pp.600—629，以及他的文章"Der Festungskrieg im alten China," *Ostasiatische Zeitschrift* 8: 103—116 (1919)。

③ 《吴子》已有俄文本，见 N. I. Konrad, *U Czy*, *Traktat o voennom iskusstve* (Moscow, Izdatel' stvo Vostocnoj Literatury, 1958)，英文本见 Griffith, trans., *Sun Tzu: The Art of War*, pp.150—168。

④ 对此傅海波写有一篇简短的基本的介绍，见 H. Franke, "Some Aspects of Warfare in Medieval China," *Trudy XXV Mezdunarodnogo Kongressa Vostokovedov*, 5: 1—2 (Moscow, 1963)。

始于宋朝。在宋代，许多领域的创新揭开了中国历史前现代阶段的序幕。[①] 宋代以降的军事著作汗牛充栋，恐怕一整本书也只够列个书名，写个摘要。本文末尾列出了所用的史料，有的是各时期的系统性著作，有的是一些著名围城战中的战地日记。本研究也重点考辨了这些史料的可信度与不足之处，也分析了这些史料对于今天城市攻防战的研究价值。

守城的准备

坚壁清野

有城垣的地方就安全一些，所以中国的兵家很早就得出结论，要把一切对敌军有价值的东西运进城去，把城邑四周变成一片“焦土”。清野还有一层战术上的考虑，就是使得攻城方无处隐蔽，而守军则有一段没有遮蔽的缓冲区。早期兵书一再提及这一原则。[②]《武备辑要》作于1830年，当时热兵器已经广泛使用，它举出了清野的几个明显的必要性。理想状态是，城壕外方圆一里完全清理干净，如有村庄，敌人就会用来隐蔽；如有佛塔，更会被敌人用来瞭望。丘陵山地可能使得火枪难以发挥射程，也便于敌人挖山取土，填平城壕。敌军可以藏身于芦苇榛莽之间，树丛竹林更能被用来打造战具、舟船。[③] 拆除城垣外围的建筑也是坚壁清野的题中之义，因为敌军可以用来隐蔽、埋伏，而建筑木料也可能被拆了用以制造

① 关于宋代科技创新，见藪内清主编的文集《宋元時代の科学技術史》，京都：京都大学人文科学研究所，1967。这本文集的页211—234是吉田光邦《宋元の軍事技術》。
② 《武备辑要》卷一二，页71a；《救命书》（上），12b。
③ 《武备辑要》卷四，页7b；《救命书》（上），12b—13a。《武备辑要》列举了九种疏散人口的办法。

攻城的器械，如云梯之类。城墙要高于附近的所有建筑，不然守城就无从谈起。①

书中对于粮草物资也有详细论述。粮草物资一方面对守城而言不可或缺，一方面也能为攻城增加胜算。马料都要运进城中，削弱敌军骑兵的力量，竹木是制作兵器战具的重要材料。工匠的店铺大多设在城外周边。商人、店主必须将货物运入城中售卖。用船运输的木材，至少应转移到距离该城百里之外的地方。敌军撤退之后贸易才能重开。②

《武备辑要》中“坚壁清野”条目下还记载了制造火器所需的金属和化学品。1800年，火器已经毫无疑问地在战争中发挥了重大作用。书中提到了硝石、硫磺、铁、铅，还有一张清单，列出了需要地方官府管理的存有这些货物的商行和匠人。官府要加强保甲制度，以确保能够完全掌握这些物资。钢铁之类应该运进城后出售，如果没能将储存的物资转移城内，按律以通敌论处。如果官府需要物资，他们会以市价购买。从《武备辑要》中我们可以看到对私有财产的保护到了什么程度，这也是很有趣的。让粮食和其他战略物资运进城来，是官员心中的头等大事。城中允许私人买卖，强征是没有办法的办法。③油坊和灯笼匠也照上述惯例办理。与居民一起转移进城的物资应该包括一切可能被敌军利用的物资：木材、石材、铜、铁、瓦片、蔬果、草料、牲畜。④

粮食当然也要搜集。《武备辑要》的作者认为，城郊的富裕农民会将他们的存粮运进城里搞投机；这种投机应予禁止，一旦发

① 《武备辑要》卷四，页6a。
② 《武备辑要》卷四，页5b。
③ 《武备辑要》卷四，页7b。
④ 《武备辑要》卷四，页7a—b。

生，必须没收粮食，充作军饷。寺观被作为临时仓库。当然，公仓中的粮食是不能卖的，根据坚壁清野的命令，只有临时转移进城的粮食才能够自由买卖。[①] 从这一段文章可以明显看出，围城与周边乡村的联系并没有完全切断。

《武备辑要》中反复提及向井中、河中投毒，并且引用了三个投毒的成功战例。一是战国时秦国向泾水投毒，[②] 二是公元600年隋军在泉水中投毒，击败突厥步迦可汗，[③] 三是宋将刘锜在颍水上游投毒，击退金兵。[④] 我们大可怀疑这种策略是脱离实际的，什么毒强到可以污染整条河流？可能所谓投毒只是向水中投入秽物，使得水质不适于人马饮用，从而使敌军的后勤发生困难。

后勤补给

宋代兵书《武经总要》没有明白告诉你在围城之中如何保证供给，只是大而化之地说，主帅有责任囤积足够的军用物资。[⑤]《虎钤经》则列出了城防必需的武器、器械、工具，[⑥] 以及必须囤积的重要物资的清单，并且详细论述了如何在围城中管理粮食供给。从晚明著作《救命书》中可知，一座城池（应该指县城），至少应该储备两千石的粮食，不过书中没有点明相应的人口。作者强烈地反对向居民分发粮食，因为从公仓中无差别地放粮会导致来年的饥荒。他引用了1594年的一个例子，由于地方官员管理不善，粮价腾贵，斗

---

① 《武备辑要》卷四，页1a—2a。
② 《左传·襄公十四年》。
③ 《隋书》卷五一，页4b，见E. Chavannes，*Documents sur les Tou-kiue Turcs Occidentaux* (St. Petersburg，Academy of Science，1903)，p.50。
④ 《宋史》卷三六六，页5a。《武经总要》卷一二，页71a。
⑤ 《武备集要》卷十二，页71b。
⑥ 《武备辑要》卷四，页7b。

米百文。[①] 令人印象深刻的是,《救命书》还对男人和女人的食物分配做了区分。作者明确地指出，为了守城，男人要保证吃饱穿暖，妇女儿童只要不饿死就行了。[②]

《救命书》列出的战略物资的清单清楚地表明，作者认为在即将到来的战斗中什么才是最重要的战略物资。他区分了哪些物资应该从公共仓库中调拨，哪些物资应该从民间征用。应该从公共仓库中调拨的物资包括：灯笼、油、斧子、硝石、木炭、硫黄、枪炮、木炮架、炮枕座、大小木杆、碎砖石、石灰、木板、长枪、钉子、针、搭钩枪、铁弹、铅弹。向平民征集的物资包括：灯笼、麻、弓、箭、杂粮、铁铲、杵头、杂柴、捶帛石、草苫、夜壶、告示纸、水缸。可以想见，在一个高度官僚化的社会，笔、砚、墨、桌也是必不可少的。清单的最后是棍棒和铁器。[③] 此处必须补充的是，这些兵书关于武器的部分，经常会写明需要的原材料的种类（木材、金属工具等）和数量。戚继光是明朝后期的名将，他在《练兵实纪》中列出的武器零件的清单非常珍贵，其中关于火器的清单更是不可多得。[④]

人力动员

守军似乎从来没有被指望强大到足以仅凭一己之力守住城池。所以，我们几乎在所有兵书中都看到动员百姓的详细做法。军事百科全书《武经总要》认为，体格健全的男子应该登记，编入补充军队，以加强城防力量。精壮的妇女也应该从事强制劳动，老人和小

① 《救命书》（上），页2a。
② 《救命书》（上），页7b。
③ 《救命书》（上），页10b—11a。
④ 《练兵实纪·杂集》卷六。

孩应该被组织起来运送和分派食物、放牧、收集柴火。三部分人相互不能接触，或许是为了防止流言或者暴动酝酿。这三部分额外的后勤和战斗人员，并不总是自愿加入的，很可能是官府强征的。如果你有特殊的技能或者超群的膂力，就会被“文明”地对待并量才使用。[①]

后文则详细阐述了如何动员平民。《武备辑要》里列出的规定尤其有趣，因为它展示了社会阶级结构在军事上的效果。只有富裕和有影响力的家庭才有责任贡献忠诚和能干的人，大家认为这是不言而喻的。作者区分了人丁兴旺的大族和户小丁寡的寒门。“一旦有警，彼穷者糊口不暇，岂能馁其腹，馁其家，执干戈以捍矢石乎？”所以应该动员富裕的大族，雇佣其家丁佃户以守城。[②] 有特殊技能的人另有任用，可以不用去做苦力或者打仗。必须列出一个清单，不仅写明受雇人，还要写明雇主。某一坊的人只能雇佣某一坊的人，即不能有陌生人。前文并没有提到雇人的报酬，我们从《武备辑要》中获知，每个受雇者可得一升米和十文钱。[③]

安全措施

和平时期的中国城市的治安管理就很严密了，在危机时分更是严格，城里的百姓都被当作潜在的敌人，更多的措施被强加在民众身上。这一原则在《武备辑要》里更加明显，此书有一章赫然题为“防穷民”：

① 《武经总要》卷一二，页72a。
② 《武经总要》卷一，页4b—5a。
③ 《武经总要》卷二，页7a—b。

> 贼之所至，甘心从逆者，皆穷民也；贼一入城，引贼焚抢富室者，皆穷民也；贼尚未来，额首祝天而日望其来者，又皆穷民也。先事而诛之则冤甚，且不可胜诛，临事而防之则无及，亦不可胜防，然则奈何？要知穷民之情所以不顾而走险者，非有大志、图富贵也，不过因其生计尽　绝且图救一刻之饥寒，赊一刻之死亡耳……但令安抚得宜，衣食不乏，则皆我荷戈登陴、相与僇力捍贼之赤子也。反仄之罪，岂独在民乎？故许洞云："被围者当先安其内而后及其外。"①

传统中国的官府对待人民的态度，在这段文字里展示得淋漓尽致。朝廷官僚，无论文武，都始终对大众怀着戒惧，怀疑他们中有敌人的同情者。第五纵队式的危险无处不在，而官府认为此种危险首先潜伏于"穷民"之中，于是对居民的严格控制就显得势在必行。更何况自古以来就有兵书主张使用细作。

细作和破坏分子在战争中也有很大的作用，这可不仅是兵书上的空谈。② 兵书大量篇幅都在讨论怎样控制百姓，防止奸细捣乱。因为城郊百姓都迁入城中，人口大量流入，很可能有细作混入。于是官府采取严格的控制措施。迁入的郊区百姓，在城中有亲戚的，应住在亲戚家；没有亲戚的，则集中居中在衙门或者寺观。道士、和尚分别集中，庙门前张贴名单。官府会给迁入的城郊家庭发放证明，写着一家男丁的数目和年龄，还记载着每个男丁相貌特征，如肤色或者脸上的疤痕。妇孺则不在此列。出入城门也应事先安排。

---

① 《武经总要》卷三，页20b—21a。最后一句话引自《虎钤经》卷四，页28。

② 《武经总要》卷一五，页13b—16a；《虎钤经》卷三，页19—20。《孙子兵法·用间篇》讲了如何使用间谍。

例如，某城有四门，可能仅留两门出入，其余两门闭而不用。如果城门守军不敷使用，当地士绅或者善于记忆相貌的官员就会出面协助他们。城中有亲戚的城郊居民，也需要保人证明自己的身份。游方僧则一概不许入城。[①]

还有一些制度是防范、搜捕细作的。据说，细作常常乔装打扮成旅人、和尚、算命先生、苦力、鞋匠、裁缝、菜贩、剃头匠、修脚师傅，这些职业的特点是流动性强。他们有可能结交哨兵、衙役，以刺探军情。[②] 平时的保甲制度此时会更为强化，十户为一甲，相互担保，一家有人犯法，十户一起受罚。保长每五日向官府报告本保的动静。如果抓获细作，举报者会得到破格奖赏。[③] 官府负责控制所有人口流动，当然也包括募雇短工的手工业。染坊、磨坊、酒坊、面条铺、织机房等处的工人，只有已经在这个地方停留了一段时间、并且有邻里愿意作保的，才能继续留下做工，否则就要被逐出城去。如果雇工里有人犯法，他们的东家也要一起受罚。其他找不到保人或亲戚的人也在被驱逐之列。

寺观也不能例外。寺观门前要悬挂牌子，上面须写明内中僧道的姓名。官府每月十日点验一次，如果发现细作，僧官也要受罚。客栈也适用类似规定。老板本身需要保人，同时也要做自己房客的保人。如果某房客已在同一客栈住宿一年以上，并且富于资财的，可为其他房客作保。

关于青楼的特别警告。声名败坏的人常常躲入“歌家”，所以官府应该警惕流动的歌女。兵书的作者们认为，歌女们的恩客有些

---

① 《武经总要》卷一，页 1a—2b；《救命书》（上），页 1a—2b。
② 《武经总要》卷三，页 18a—b
③ 《武经总要》卷三，页 18b—19a。

是官员，可以提供庇护。流动歌女和乐手应予驱逐，每一家妓馆门前应贴出单子，写明内中人数。有客留宿也要写明。[①]

围城之中的戒严是法家手段登峰造极的体现。古代中国的军法也大抵如此，贯穿其中的精神并不是儒家的那一套。严刑峻法是为了使士卒畏惧长官，甚于畏惧敌人。[②]《武备辑要》列出了城池被攻时应当颁布的十三条禁令：停止正常贸易；禁止变戏法、算命；禁止传播谣言；宴饮应当从简；禁止唱戏；茶坊酒肆是流言的渊薮，要密切监视；禁止酗酒，但允许少量饮用，完全禁酒"无益于民"；夜间派人带械巡逻，禁止夜行，富贵人家的子弟犯禁也一概惩处，普通百姓（小民）就更加不敢造次。凡此种种峻法，都贯穿着一种法家思想：令行禁止，不分贵贱，"若欲行罚，必自贵者始"。[③]

还有一些禁令的军事性质更为鲜明。城内居民不准吹响器、举高竿，以防做敌人内应。其实在十三条禁令中，没有命令擅自行动都在惩罚之列，例如擅自回敌人的话、擅自拆看敌人的来书。

防火至为重要，守军千方百计也要防止大火。不仅仅是因为火灾以及随之而来的混乱会被敌人所乘，还因为中古时代的中国，房屋大多是木结构，屋顶覆以瓦片或茅草，一旦失火，火势蔓延极其迅猛。即使在和平时期，火灾的破坏也极大，史书多有记载。[④]所以围城之中有着细致的防火规定。因为围城之中水源往往不足，宋

---

① 《武经总要》卷三，页19b—20b。

② 宋代军事法的德文译本见H. Franke，*Zum Militärstrafrecht im chinesisichen Mittelalter*（München，C. H. Beck，1970）。

③ 《武备辑要》卷一，6b—9a。

④ 1066年温州一场大火烧毁了14 000座房屋，死亡5 000人；1341年，杭州大火，烧毁官私建筑，74人死亡，10 797户人家（38 116人）流离失所。见杨瑀：《山居新话》，《知不足斋丛书》（上海，1921），页35a—b，以及H. Franke，*Beiträge zur Kulturgeschinchte China unters der Mongolenherrschaft*（Wiesbaden，Franz Steiner，1956），pp.98—99。

代曾规定，严禁在室内生火做饭。即使起火是出于无心之失，肇事者也要被处以极刑。[①]

清代兵书《武备辑要》收录了这条法令。法令禁止在城墙附近堆积稻草、柴苇，如果柴草数量较多，则移置于空地，数量少则移入仓库。家家户户要在街上放置水缸。城中每一坊都要组织四十人的救火队，每支救火队装备：十只长钩、十条被单或者旧麻袋、五只大小簸箕、十组辘轳、十只水桶、十架长梯、十支长矛。这四十人要接受救火训练。一旦火起，救火队需要履行以下职责：十人持长钩拆毁失火房屋，处于下风向且有可能失火的房屋也要一并拆毁。麻袋用水浸湿，用以灭火。十人登上长梯，往失火处浇水，五人为梯子上的人送水。其他五人持长矛巡逻街巷，一方面保证通向水源处的街巷畅通，一方面防止不法之徒趁火打劫。此外，非本坊的居民不得参加本坊的救火；无上级命令，守城军民不得擅离职守。

火药库尤其要加意看管。《武备辑要》建议每座城门附近建一处砖石仓库，环以垣墙。仓库中再挖地窖，火药则用陶罐贮存，埋在地窖中。每个火药库可贮存火药一万斤左右。火药库附近放置大水缸，派专人看护，禁止生火、点灯。靠近火药库者一律以奸细论处。堆放柴火、草料等易燃物的地方也有类似的规定。[②]

最后，《武备辑要》的作者对于围城之中的地痞流氓的看法，也值得注意。他认为，绝不能认为这些人不适合参与守城；事实上恶少、赌徒之流颇有勇力，都是当兵打仗的好材料。此外，县官应准

① 《武经总要》卷一二，页75b；又见《虎钤经》（卷六，页48）里关于防火的内容。
② 《武备辑要》卷三，30a—31a。

备空白的赦免书若干，赦免犯了轻罪、但戴罪立功的人。[①] 监狱里的犯人如何处置？作者认为，“狱囚自分必死，每几幸贼寇来”，所以作者建议犯“轻罪”者赦免，犯重罪者依然要监禁。狱卒的纪律应该最为森严，不能收受任何人的礼物，也不能减少人犯的食物配给。狱卒必须日夜巡逻警戒，监视所有探监者的活动。[②]

武器与战术

传统兵器与器械

战争中主要的武器及其用法、制法，在古代中国的兵书里面有大量记载。[③] 这里姑且抛开弓箭、剑、匕首之类的单兵武器不谈，把焦点集中在围城时常用武器上。即便如此，我们也只能谈到一些最主要的武器，因为本文只是概览，而不是细节分析。[④]

我们只能简短地描述一下堡垒。《武经总要》记载了宋代城墙的构造，有内外两重城门构成的瓮城，另有羊马城和堆堞。[⑤] 城墙的高度无疑是城防安全的决定因素，但是这方面我们几乎找不到材料。可以推想，不是所有的城墙都像北京城那么高。至少在宋元时代，地方上的城垣是比较矮的。中国的城垣一般都建在地势较为平坦的所在。地中海或欧洲山区的城堡，很多需要适应地形，建在山上，但在中国很难找到类似的城垣。陈规在《守城录》中提到，如

---

① 《救命书》(上)，页15a—b。
② 《武备辑要》卷三，31a—b。
③ 关于中国武器的历史，参见周纬：《中国兵器史稿》，北京，三联书店，1957；以及吉田光邦的文章《宋元の軍事技術》。
④ 遗憾的是，李约瑟的巨著还没有写到中国的军事技术，从目录上看，该书的第三十卷要对东西方的军事技术做一番宏大的概述。见*Science and Civilization in China* (Cambridge, Eng. Cambridge University Press, 1953), xxii, xxiii。
⑤ 《武经总要》卷一二，页3a—5b，19b—20a。

果城墙高仅数丈，城池就极易被攻破。一丈约合现在的十市尺，在宋代大概是七至十市尺之间。[①] 我们可以推测，城墙的高度大概是十五至三十市尺。攻城一方会使用木制的云梯，士兵可以从云梯直接跳上城头，这一点也从侧面佐证了我的估算。外城又叫羊马城，其得名大概是因为迁入城中的牲畜就蓄养在内外城之间。据说“曩时”（12 世纪之前）羊马城只有六尺高、三尺厚，后来则增加到十尺高、六尺厚，而且加筑了箭垛。[②] 瓮城，又名月城，是内城城门外的一道半圆形的城墙，为城门多提供一道保护。万一攻方士兵攻破外城门，还有内城门挡着。

宋元之后，大型远程武器由火炮担纲，而宋元则是床弩、投石车发达的时代。火炮发明前，这二者才是最重要的重武器。早在战国与秦汉，弩的技术便已在中国发展成熟。中原王朝在征伐异族的战争中保持优势，靠的就是弩。早期的弩方便携带，可以单兵使用，但更有可能是由两三人的战斗小组操作，协作完成装填、击发。

早在宋代（甚而可能在唐代），床弩已经出现。床弩将三支弩合而为一，极大地提升了推进力。弩装在木架子（弩台）上，十分沉重，移动起来相当费力。复合弩通过绞轮装填，如果是三弓床弩，需一百个人才能操作；如果是双弓弩，则至少需要十人。复合弩的有效射程长达三百步。然而，“步”并不是一个标准化的长度单

① 杨宽《中国历代尺度考》（上海，商务印书馆，1938，页107—108）举出了宋代不同的长度单位的例子，一尺从0.22米到0.37米不等。

② 《守城录》卷二，页1a—3b。关于唐宋时代的羊马城，见日野開三郎：《羊馬城：唐宋時期の技術名詞》，《東洋史學》，页97—108。 1125年幽州的城墙只有三十尺，见E. Chavannes，“Voyageurs chinois chez les Khitans et les Joutchen,” *Journal Asiatique*，no.11387，no.2（Paris，1898）。

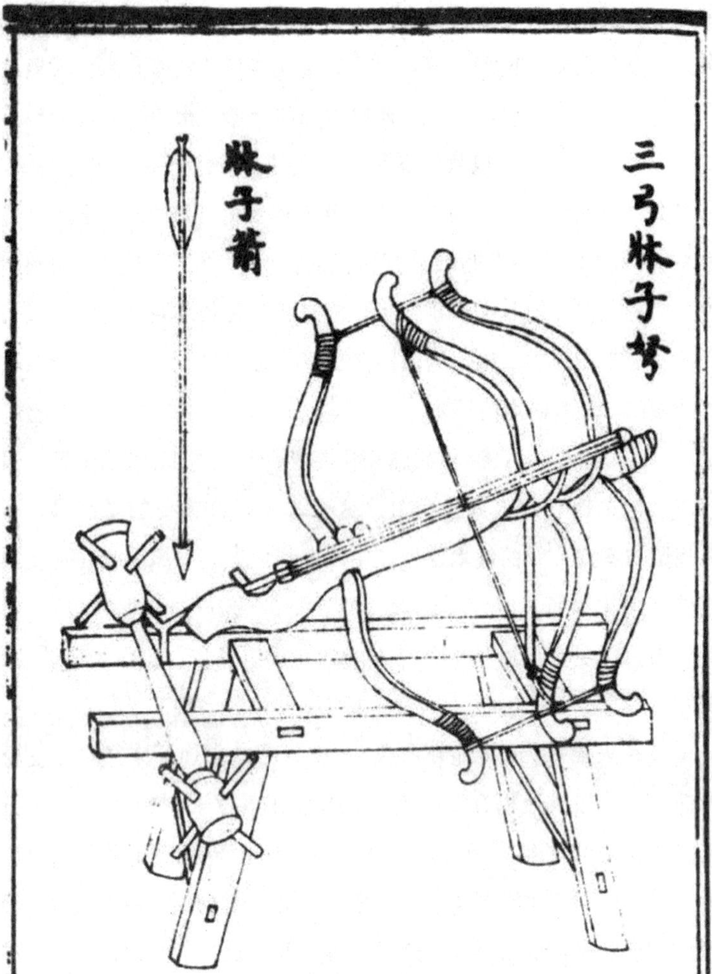

图 4–1 （宋）复合弩，《武经总要》（四库本，上海，1935），前集卷一三，页 15

位，我们只能粗估一个射程。如果以一步为两尺计，则射程是两百码。[①] 这意味着攻城部队可以抵近距离城墙两百码处，那里是没有危险的。对守城一方的好处是，通过敌楼和垛口就可观察敌军的一举一动，大队人马在白天偷袭几乎不可能。我们在各种围困日记中屡屡读到，防守一方在全面进攻发起之前如何准备反击。弩机的发射物是石弹或箭矢，在一定距离之内可以射穿坚甲，穿透力之强令人生畏。

弩机的射击轨道平直，难以命中城墙或者房屋之后的目标。这类任务由投石机来完成。投石机在中古时代的中国是出类拔萃的武器。古代的兵书有大量篇幅讨论各种各样的投石机。它们基本上都是简单的杠杆装置，即一个或者数个（最多九到十个）绑在一起的木杠杆搭在一个架子上。杠杆的末端还有一个篮子，用来放置投射物，另外一端则系着数目不等的绳子，由操作者来拉拽。于是，这种武器（李约瑟翻译时用了一个中世纪词汇“trebuchet”）[②] 的射程和威力取决于操作者的人数。古罗马人已经发明了利用扭矩弹射的投石机（拉丁文为“onager”），它的好处是用较少的人就能“上膛”。然而，中国始终没有发明出类似的投石机。中国的投石机需要许多人操作，这么多人聚在一起，很容易成为敌人的活靶子。只有一条杠杆的中国投石机，也要四十人操作。这种装置有二十条绳索，每人拉两条，可以将一块两斤重的石块打出五十步远。最大的有一百二十五

---

① 关于各种弩的图片和文字描述，见《武经总要》卷一三，页6a—12b。最大射程表，见吉田光邦：《宋元の軍事技術》，页218。关于弩台的详细内容，见《虎钤经》卷六，汉代已经出现弩台的旋转装置了，参见Michael Loewe，*Records of Han administration* (Cambridge, Eng., Cambridge University Press, 1970)，II, p. 157。

② *Science and Civilization in China*，*vol. 4*，*pt. 2* (Cambridge，Eng. Cambridge University Press，1965)，p.335，plate CCXLIV.

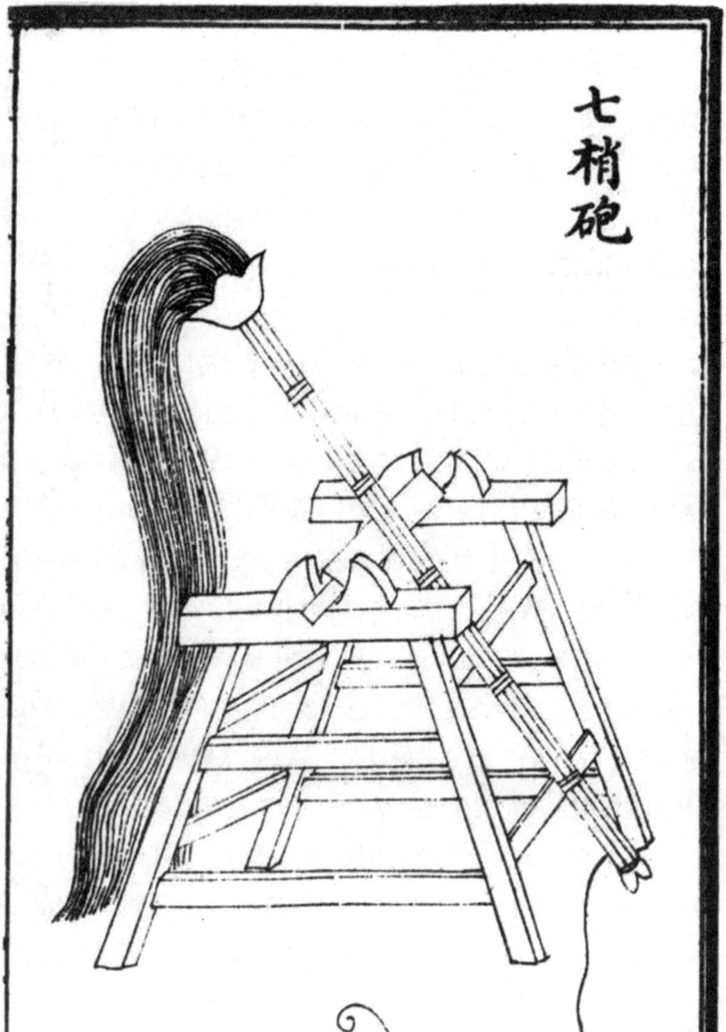

图 4-2 （宋）七稍炮，《武经总要》卷一二，页 48a

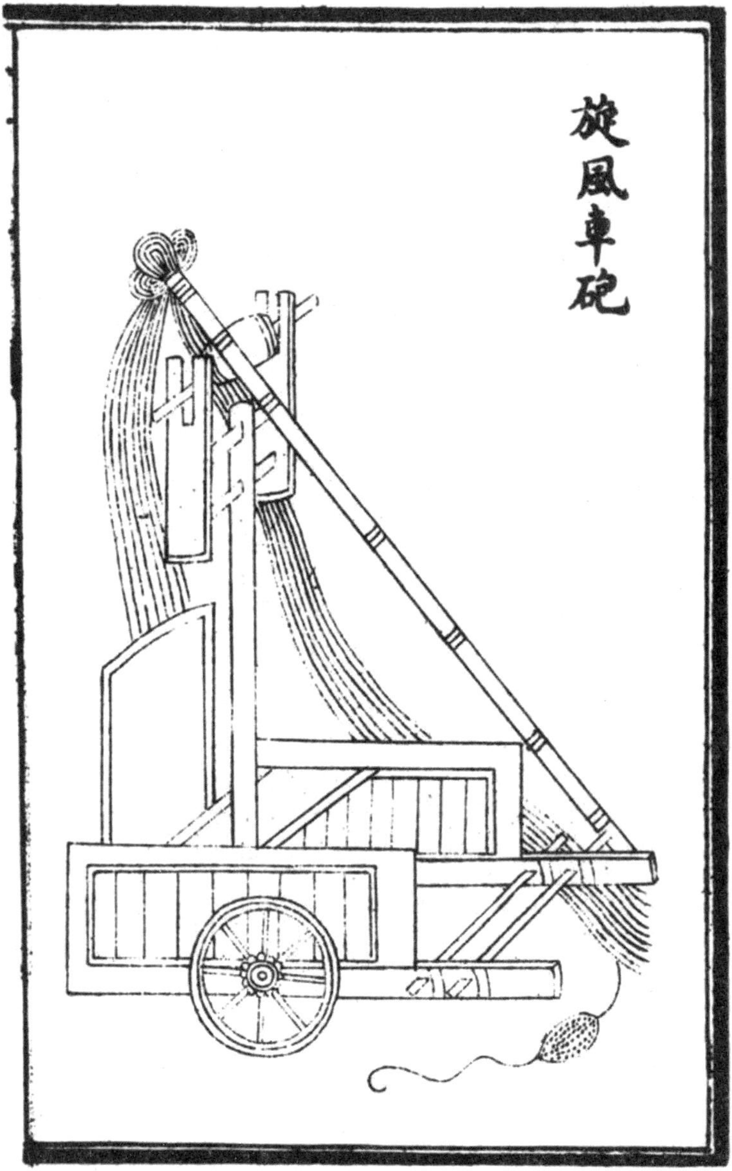

图 4-3 （宋）旋风车炮，《武经总要》卷一二，页 54a

条绳索，由二百五十人操作，杠杆长约两丈七尺（约六至十米），可将九十斤的石块射出五十步，只有三十米左右。攻城时，投石机要放置在离城墙极近处，守城一方也只能等敌军攻到如此之近的位置时才能用上投石机。《武经总要》记载，[①] 无论什么型号的投石机，最大射程都不会超过八十步（近五十米）。而陈规的《守城录》给出的数字却大相径庭：头等的单杠杆投石机的射程是二百七十步，次等的是二百六十步，三等的是二百五十步，需十到十五人操作，其射程比 11 世纪的兵书记载的多出两倍，同弩机的射程相仿。据陈规记载，"远炮"的最大有效射程达三百五十步。[②] 在《守城录》成书的 12 世纪，很可能已经发生了技术革新，投石机的射程大大加长。不过《守城录》并没有记载新旧投石机在结构上的区别。

我们可以区分移动和固定的投石机。有一种投石机，安装在垂直的轴上，可以转动，所以取名"旋风炮"。旋风炮需要十五人操作，可朝任何方向发射，如果装在固定的架子上，要转变发射方向，就必须连架子一起挪动。为了提高机动性，人们还会把投石机架在车上，称为"车炮"。[③]

陈规认为，"攻守利器皆莫如炮。攻者得用炮之术则无不拔，守者得用炮之术则可以制敌。"[④] 有了投石机（即"炮"），攻方可以摧毁城墙上的木结构箭楼，所以在 12 世纪的人眼中，木箭楼是无用之物。守方的投石机不可架在城头，而应架在城内。距城墙的远

① 关于各种器械的完整解说和图画，见《武经总要》卷一二，页 39a—57a；关于射程表和其他数据见吉田光邦：《宋元の軍事技術》，页 223。
② 《守城录》卷一，页 3b，卷二，页 7a。王端履《重论文斋笔录》（《笔记小说大观》，上海，进步书局，页 7—9）中关于投石机的有趣记载。
③ 《武经总要》卷一三，页 6a—12b。
④ 《守城录》卷二，页 7a—b。

近要适当，便于射击。为了瞄准，需要专人立在城头，充当“前沿观测员”，指导投石机的射击角度和距离。如果设置的位置偏离得小，则操作手只需自己移动，如果偏离得太远，则需要移动整架投石机，“旋风炮”除外。射程取决于绳子拉得多紧，如果上一发射得太远，就要减少操作手，如果射程太近，则要增加人手。摧毁敌方的攻城器械要用“大炮”，射击敌方的首领或搬运人员，则要用“远炮”。

《守城录》有一条长注细谈了投石机的制造技术。杠杆需要用栎木的主干，在沟渠中浸泡百余日至半年，取出后去皮晾干，方能使用。绳索必须是麻绳与生皮混编，雨天则皮松麻紧，晴天则麻松皮紧。两种材料混编，可以保证投石机全年性能稳定。

“炮”已经谈得够多了，下面再谈谈“弹”。上文已经提到投石机可以抛射石块、泥块。陈规认为，发射物的规格必须一致，投石机在校准方位后才能命中目标。圆形弹射得更远。即便是一架小炮也能击断人的胳膊和腿脚，如果命中胸部和头颅，则能致人死命。他建议多炮齐发，并建议最好用泥块而不是石块，因为敌人会收集射来的石块，再以其人之道还治其人之身。泥块杀伤力与石块相当，但落地后就会碎裂，不会落入敌手。

投石机最重要的作用是抛射可燃物，攻击城内的建筑或者攻方的木制攻城武器（如炮、复合弩、梯子、平台等）。上文我们已经提到，守将最担心火灾。“燃烧弹”最常用的原料是油浸的棉、麻，点燃即可。宋代已经有了装有火药的“榴弹”。《武经总要》的一张配方表明，12 世纪中国制造榴弹的技术已经达到了一定的水准。[①]

---

① 《武经总要》卷一二，页 58a—b。

这种榴弹爆炸时有巨响，同时释放毒烟。[①] 11世纪出现了一种“毒药烟球”，它重约五斤，配方包括硫黄、硝、狼毒、油、炭末、松脂、蜡。[②] 还有一个配方，列有纸、麻皮、松脂、黄蜡、黄炭和碳粉。后一种不能爆炸，只是在燃烧时释放令人窒息的烟雾。还有一种炸弹，或是地雷，名叫“霹雳火球”，据说爆炸时声如雷震，常在地道中使用。

有一类器械，攻方用来接近墙根或者登城，下面简略一谈。声名最著、使用最频的要属云梯。云梯出现很早，墨翟就曾提到云梯，[③] 它类似于现在的消防梯，可以伸缩。另外一种技术性装置是“天桥”，它是一座高台，下面装有车轮，士兵站立其上，向城墙冲击。平台突出的，叫作“鹅车”。还有一种人造洞穴，名叫“洞子”，覆以木板、皮革，可以保护士兵免受箭射。攻方还可以筑造假山，或曰“土山”，高与城齐。[④]

使用这些器械，需要大量操作手、匠人、苦力。所以，攻城一旦展开，攻方士兵麇集城下，极易受到城头的攻击。无论云梯、天台还是洞子，都是木制，炮发石击，登时碎裂。围困日记中记载得更频繁的是，它们也可以被点火焚烧。到了明代，这些笨重的器械似乎已经弃置不用了。类似的还有城上的木箭楼，12世纪的陈规就以为无用，到了明代果然消失。火药武器的改进和传播和火战的广

---

① 为此，李约瑟举了一次12世纪30年代的内战为例，见*Science and Civilization in China*，vol. 4，pt. 2，pp.420—421.

②《武经总要》卷一一，页27b—28a；《救命书》（下，页13b—14a）中也有同样的记载。

③ Forke，“Mo-ti，” p. 609. 宋代的云梯样式见《武经总要》卷一〇，页15b—16a；《虎钤经》卷六，页48—50。

④ 关于6世纪的土山的例子，见Benjamin Wallacker，“Studies in Medieval Chinese Siegecraft: The Siege of Yü Pi，A. D. 546，” *Journal of Asian Studies* 28: 796 (1969)。

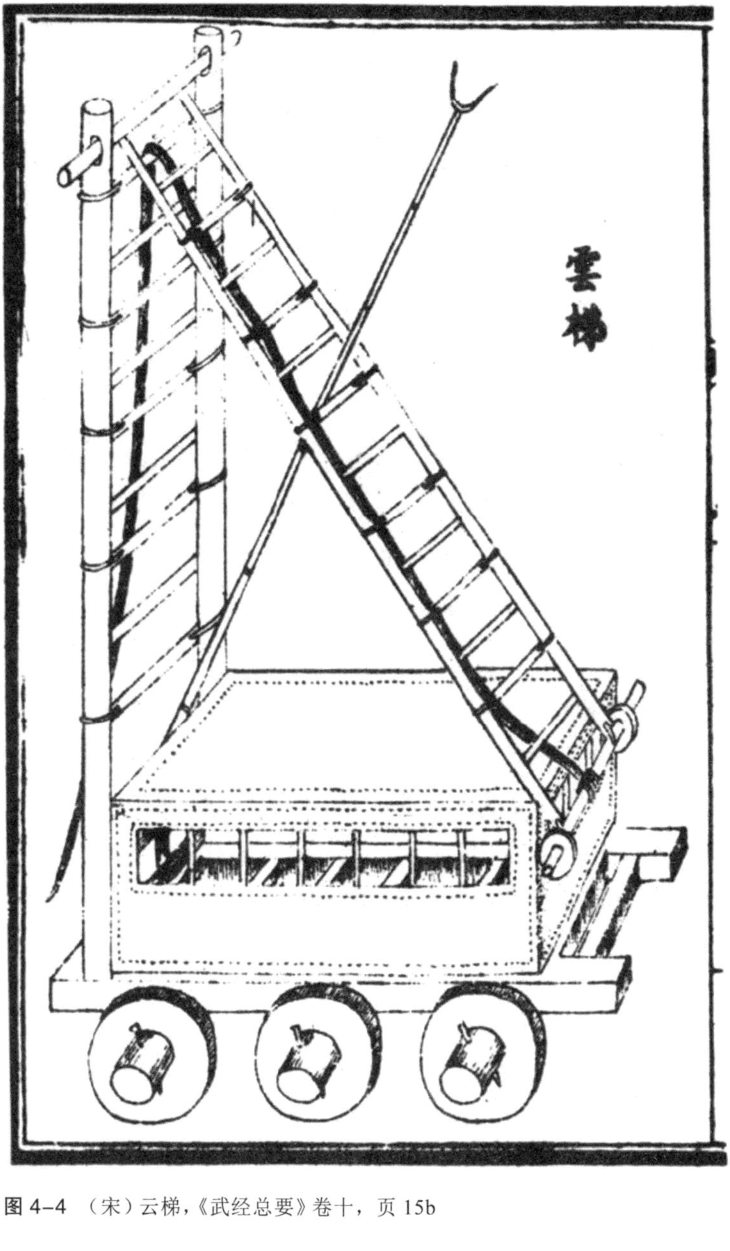

图 4–4 （宋）云梯，《武经总要》卷十，页 15b

泛使用，让这些器械难以抵挡。

最后，我们要说一说通信和信号。[①] 汉代长城上已经有了一套精巧的信号系统，用来防备匈奴及其他潜在敌人。基本的识别法则直到宋代还在沿用。[②]《武经总要》里记载着一套精巧的密码系统。两位指挥官想交换信号而不被敌军看透意思，就要事前商定一套密码，这套密码是一首四十字的诗，每个字都不重复。这首诗就是解码的关键。诗中每个字都对应着不同的内容，或是命令，或是情报，比如“进”“退”“运粮”，诗里面的字会绣在旗子或写在牌子上。[③]

还有声音信号。传统做法是击鼓进兵，鸣锣收兵，后来喇叭也用作传信发令。火器发明后也被用来发信号。比如，前进和攻击的方向，可以用不同颜色的信号旗和不同次数的枪响来指挥。[④] 于是，中军大营就要备下各色旗帜、锣鼓、灯笼以及“大流星炮”（一种火箭）。[⑤]

古代中国长期受五行学说影响。战阵之中，五色的旗帜和灯笼指示五个方向：青色为东方，赤色为南方，白色为西方，黑色为北方，中军主将则张黄旗。还要准备令旗，写着大字的纸可以贴在上面。信使传递情报也是一种通信途径，每位指挥官都要备好一寸长的纸条。[⑥] 如果信使要走远路，则纸条必须封在蜡丸之中，以防沾湿。围困日记中经常提到蜡丸。

---

① 《虎铃经》卷七有很大的篇幅介绍旗帜的使用。
② 《武经总要》卷五，页20b—24b。
③ 《武经总要》卷一五，页12a—13b。
④ 《武备辑要》卷一，页14b—15a。
⑤ 《武备辑要》卷二，页1a—2a。
⑥ 《武备辑要》卷二，页13a。

火药武器

关于中国火药武器的历史著作已经不少，[①] 相关文献也都已纳入东西方学者的研究，此处只需概论之即可。众所周知，火药最初在中国是用于制作炸弹和榴弹，而利用其推进力制造加农炮则是后来的事了。有人认为，中文“火炮”一词对应英文的“gun”或者“cannon”，这是不对的。事实上，这个词指的是抛射燃烧弹的投石机。“火枪”也一样，此词创自陈规，可以肯定它不是一种“gun”，而是一截填满火药的竹竿，可以喷火。另有一种南瓜形的铁壳炸弹，似乎也是用来喷火的，女真人在1221年使用过，名为“震天雷”。这种“震天雷”在1234年围攻开封的战役中，已经是公认意义上的火药武器了。1259年，蒙古军队攻打寿春，南宋守军使用了“突火枪”。突火枪是竹管所制，所以不是真正意义上的“gun”。《金史》中数次提到的“飞火枪”可能是一种火箭。[②] 1270—1271年的襄阳围城战中，蒙古军队使用了由阿老瓦丁（Ala ud din）、亦思马因（Ismail）制造的“回回炮”。现在还不清楚它是真正意义上的“gun”，还只是一种抛射榴弹的重型投石机。

13世纪中国的军事工程人员，大概用火药做了许多试验。然而，能够证明中国在当时已经发明了“gun”“bombard”或者

---

① 在此列举几种近期的关于中国古代火药史的研究：L. C. Goodrich and Feng Chia-sheng, “The Early Development of Firearms in China,” *Isis*, 36.2: 114, 123 and 36.3—4: 250—251 (1946)；Wang Ling, “On the Invention and Use of Gun-powder and Firearms in China,” *Isis*, 37.3—4: 160—178 (1947)；王荣：《元明火铳的装置复原》，《文物》，1962年第3期，页41—44；《中国兵器史稿》，页269—273；《宋元の軍事技術》。

② 复原的宋代火箭的图片见Glimpse on Chinese History, supplement to *China Reconstructs* (April, 1960) p.3；另见Wolfgang Strubell, “Die Geschi der Rakete in alten China,” HTM, *Schriftenreihe für Geschichte de Naturwissenschaften*, Technik und Medizin, 5: 2: 84-86 (1965)。

“cannon”的考古证据，尚付之阙如。但是不少14世纪的炸弹保存了下来。王荣的文章《元明火铳的装置复原》有早期炸弹的图样，时间分别是1332年、1351年、1372年。它们非常短，三十多厘米，在这个发展阶段上，绝不会是一种十分致命的武器。在德国也有类似的火器，德文叫Böller，直到今日，德国乡村的庆典中仍能见到它。在进攻砖石所砌、防御严密的城垣时，这种武器是难当大任的，其作用大概更多是心理上的，而非物理上的。中国在14世纪发展出了真正意义上的火药武器，这在文献中得到了证明。1359年绍兴围城战中，“火筒”的记载出现了数次，几乎可以肯定，此“火筒”乃是真正的火药武器。

明洪武年间（1368—1398）留下了很多炸弹，[①] 但之后明朝火器发展的情况，我们就知之甚少了。16世纪，欧洲火器传入中国，历史揭开了新的一页。众所周知，欧洲火器是改良的中国火器，再回传入华的。但中国的手持火器却是模仿自欧洲样式，名为“鸟铳”。[②] 明朝的戚继光，在1571年的书中明白地写道，倭人入寇之前，鸟铳在中国闻所未闻，其杀伤力高于弓箭。[③] 这本书还记载，佛郎机（直译为“法国的机器”，即火炮）的最大射程是一里，超过了16世纪之前已知的一切中国武器。[④] 不消说，战术必须根据这种新武器进行调整，防守一方也要越来越多地面对火器。早在1607年，吕坤就说火器是最重要的武器。[⑤] 他点评了许多火炮，而对“滚

① 许多关于15世纪军事技术的有趣数据，可以参加Wolfgang Franke，“Yü Chien，Staatsmann und Kriegsminister，” *Monumenta Serica* 11：109（1946）。
② 鸟铳的图片见*Science and Civilization in China*，*vol. 4*，*pt. 3*，p.121。
③ 图片见《练兵实纪·杂集》卷五，页239。
④《练兵实纪·杂集》卷五，页232。
⑤《救命书》（下），页12a—b。

车大神铳”最为欣赏。该铳由叶梦熊设计，长约1.4米，铁铸。须知14世纪的炮都是铜铸的。可以说，17世纪中国和欧洲的炮兵技术处于同一水平。[①] 那时投石机等的旧式武器已然消失，弩再次成为单兵武器，而不像宋代时作为一种主要的重型武器。炮兵技术是如何回传到中国的，是一个值得继续研究的问题，耶稣会士在其中起了很大作用，则是毋庸置疑的。

略论战术

综论战略战术的原则的古代兵法不在少数，从《孙子兵法》开始，城池的攻守就开始纳入讨论。《墨子》中关于城池攻守的内容不多，也不切合宋明时代兵书的环境。明代的兵书将宋代兵书模糊的说法大大地细化了，举出了更多的实际细节，所以更加真切明白；其作者大多曾亲历战阵，知道轻重缓急的实际情形。例如，对城上守军的部署有极其详尽的交代。不要忘记，一旦有紧急情况，需要征发体格强健的百姓在城墙上辅助防御。所有这些，都需要大量的准备和井井有条的组织。临时征发的辅助兵士必须预先知道他们的岗位在哪里，为此兵书的作者们很提倡操练和演习。操练和演习不仅在风和日丽时进行，酷暑、暴风、骤雨时都不应免除。[②] 城墙上具有重大战略意义的区段，应该由娴于弓弩、火器的正规军防守。主帅手中应该有一支战术机动力量随时听命，何处危急便立刻赴援。[③] 城墙上站岗的时间需要极其细致的管理，如果人手充足，

---

① 关于最近发现的17世纪的火铳，见L. C. Goodrich, “A Cannon from the End of the Ming Period,” *Journal of the Hong Kong Branch of Royal Asiatic Society* 7：152—157（1967）。

② 《武备辑要》卷一，页5b。

③ 《武备辑要》卷一，页13b—14a。

则可以分作三班，每班八小时，昼夜站岗。如果人手不够，则十二小时一班岗，主将须保证昼夜执勤时间均匀分配。城墙上的部署取决于城垛的数量。每五个城垛为一伍，置伍长；每二十五个城垛置城长；一百个城垛，置雉长，辖有二十个伍长和四个城长。每名雉长有大旗一面，上书其属下的各伍长、城长的姓名。此外，伍长的旗帜上必须写明所辖城垛的编号，编号依千字文排定，例如一号是“天”，二号是“地”，三号是“元”（避“玄”讳，意为黑），等等。[①]

另一制度关系到执勤任务分配的公平公正。贫苦百姓不能太频繁地执勤，因为白天还要工作谋生。夜间，守城的每伍中，一人执勤，四人休息，休息者是必须和衣而卧，随时准备战斗。

吃饭的时间也有规定。饭食每日两餐，晨间一餐（早七点到九点），午后一餐（下午三点到五点）。如果预计短时间内没有进攻，则在一声击鼓信号后，将饭食送上城头。第二声鼓后，送饭的人必须马上下城。私自下城吃饭的，无论何人，就地正法。有警报的时候送饭的人不能登城。进入战斗状态后，送饭人不许登城，三餐都是在城下做好，用绳索吊上城头。每个灶供应五个伍二十五人，城上用木板临时搭建棚屋，上覆草苫，供兵士遮风避雨。[②]

前敌观察哨和警戒哨对于尽早发现敌军的行动关系重大。显然，哨位的布置很大程度上取决于地形。习惯上每十里设一哨，驻兵五人，每二十四小时轮一岗，每天中午换岗。每个哨位配备有柴火若干、鸟铳五支、灯笼五盏、引线五根。敌人一旦靠近，守军要开三枪，以此作为信号，从一个哨位传递到下一个哨位。这和宋代

① 《武备辑要》卷二，页6b—7b。
② 《武备辑要》卷二，页10a—b；《救命书》（上），页8a。

的边防体制大体相同，[1] 实际上这种办法在汉代已经实行，只是没有鸟铳罢了。这些哨兵自然很想结束战争，所以会擅自进攻或逃跑。许学范清楚地说明，对于临阵脱逃、躲入田宅，或在执勤时打盹的士兵，一律受军法严办。管理不善，使火药、引线、柴火受潮的，也要严惩。[2] 兵书不断劝告将领，要时刻把将士的福利放在心上，在一定程度缓和了军法的严峻。在法家的心目中，赏与罚要相辅相成。极刑要公开执行，以儆效尤；奖赏勇猛之士也要公开。指挥官在进攻的那一天，手里拿着事先备好的袋子，装着从三钱半到十两不等的银子，或者是一百文到一万文不等的铜钱。这些钱将论功赏给勇敢有为的士兵，并且应该公开颁赏。[3]

让守军保持良好精神状态非常重要，这一点就催生了许多规定。关于敌我比较，许学范估计得实在：众人的天资是平均分布的，敌军不会全都英勇无畏，我军不会个个胆小如鼠，敌军不会全都机智，我军也不会个个愚蠢。绝不能想当然地认为敌军打起仗来都不要命。这一点必须让全城的军民都明白。[4]

还有一些关于成功防御的建议是关于守城军民福利的。与军民同甘共苦，对于指挥官来说是老生常谈，关心伤病员如同关心自己的家人。炎炎夏日里，如果城头有一顶伞遮阳，能够有水果吃、有凉水喝，就能减轻昼夜戍守的痛苦。严寒的冬天，每支部队都要有一个小炉子，能做热汤、烤火。还要发放遮雨的斗篷或帽子。[5] 这

---

① 《武经总要》卷五，页20a—25b。
② 《武备辑要》卷一，页11b—12a。
③ 《武经总要》卷一四中记载了详细的赏罚规定。上文所给出的数据，见《武备辑要》卷一，页11a。
④ 《武备辑要》卷二，页15b—16b。
⑤ 《武备辑要》卷二，页14a。

些都是纯粹实用的方法；还有一种间接手段也能保持内部团结，那就是劝说地主暂时不要收租，等战争过去再说。[1] 各级军官都要随时注意自己的部下是否疲乏，如有可能，便令其休整。

如果所有的兵书都提及士气和斗志的重要性，那么合乎逻辑的情况是，敌军一定会努力地去动摇守军的军心。有时在真刀真枪打起来之前，心理战已经开始了。可以肯定，未攻城先劝降，是中国历代相延的习惯做法。一些围困日记记载，有时双方主帅还会来一场道德大辩论。强攻取城，难乎其难，劝降策反，实为上策。威逼利诱的手段，最先施于主帅，但也会扩展到全城军民。有的日记提到，敌军的常见做法是将传单绑在箭上，射入城中。很难讲这种招数成功过几次——这很大程度上取决于敌人是什么样的敌人。以劝说取城或解围，是中国战争的一个传统，早在春秋战国时代就已经很流行了。[2]

宋金战争中，宋军的防御相当坚实稳固，宋军将领投敌的倾向也并不多见。然而，一百多年后情形大变，死战者少，投敌者多。军法之严峻可能助长了这种倾向。另外，文武之间的长期矛盾也是一大原因。力屈而降，史家虽然可以讥为变节（史家绝不可能是武官），但全城百姓至少得以免遭灭顶之灾。城破后的屠城是很常见的，在传统中国视为当然。无论是女真、蒙古还是汉族的叛军，并无区别。[3]

值得注意的是，在比较晚近的时代，主帅的军令和道德训诫，

---

① 《武备辑要》卷一，页11a—b。

② 关于劝说在战争中的作用，见James. I. Crump，jr，*Intrigues Studies of the Ch'an-kuo ts'e*（Ann Arbor，University of Michigan，1964），pp.88—109。司马迁高度评价鲁仲连的游说技巧，说他“排难解纷”。见Frank. Kierman，jr，*Four Warring State Biographies*（Wiesbanden，Harrassowitz，1962），p. 19。关于鲁仲连排难解纷的事例，见该书页45—47。

③ 汉族的叛军常戴上假辫子伪装成女真人，说明了女真的威慑力有多么强。《守城录》卷三，页8b。

会印成单子发给每位士兵。许学范很赞成这种做法。识文断字的士兵可以读给不识字的士兵听，并且逐字解释。[①]

上文已经提到，白天发警报，须开炮、升令旗；夜间发警报，须开炮、升灯笼。一旦接到警报，无论是正规军还是辅助的民夫，都要迅速进入城上事前派定的岗位。连坐互保制度，在军队中同样执行，与平民相比不打折扣。[②] 比如，中国的军法很早就规定，五人互保，一人临阵脱逃，其他四人也要惩办。“使人知守不必死，退不必生，不畏敌而畏我。”[③]

严格的规定是为了执行纪律。凡城上执勤者，一律不许朝同一方向走出五步以上，只有伍长可以前后移动，但是如果他走到了相邻的城垛，一样要斩首。[④] 还有一些规定是为了保持城上的秩序和安静。城上严禁喧哗。如果某军官想招呼一个人，他只能挥手，不能喊叫。交谈必须低声，夜间尤其如此。夜间每过一个时辰，诸城门的守夜人都会击鼓，这时需要一个大嗓门的士兵喊：“大家小心！”全体官兵都要齐声重复。除此之外，不能有任何声音。即使是受伤了也不能喊叫，不能大声谈论，更不用说离开自己的岗位。执勤时闲谈者会被割去耳朵，以示羞辱。[⑤]

如果敌人登城，不可避免要发生肉搏。肉搏也有规定。如果看到敌人逼近城墙，就要放箭。同时要注意观察敌人是否用草人迷惑我方。城头的守军要攻击正在登城的敌人，不能射箭，而要用石头

① 关于现代意义上的战前动员讲话的事例，见戚继光《练兵实纪》卷二、《纪效新书》卷四。

②《武备辑要》卷二，页14b。

③《武备辑要》卷二，页14a。

④《救命书》（上），页6a—b；《武备辑要》卷二，页17a—b。

⑤《救命书》（上），页7a；《武备辑要》卷二，页18a。汉律及以后的律法都没有割耳的刑罚，但实际操作中肯定是使用过的，类似于割战俘的耳朵或者给囚犯刺青。

或者石灰罐等物砸向敌人头部。城墙上建有箭楼，只有箭楼上的弓弩手才能放箭，城垛后面的守军是不放箭的。如果敌军架梯登城，那么守军等到敌人的手扒上城墙的护栏，再用斧头砍。投掷石块之类要对准敌军的头，施放火器弓弩要对准他们的躯干，手持长枪铁钩对准心脏，挥舞斧头和棍棒则对准脖子。[①]

狙击手有特殊任务，他们要锁定敌军主帅并击毙之。怎样于千军万马中找出敌军主帅呢？办法是从城上缒下一块牌子，写上一些高深莫测的话，或者将信绑在箭上射入敌营，如果敌军拿到，肯定会上交主帅，狙击手就可以确定目标了。[②]

兵书中除了记载常规武器的使用之外，还介绍了一些原始武器，如石头。守军用的石头分三类。(一)小型，重一斤半到五六斤不等，每个城垛都要堆成三尺高的石堆；(二)重型，重五十至六十斤，须预备五块，主要砸敌人躯干；(三)巨型，如磨盘之类，是为了对付敌人的云梯等攻城器械。巨型石块要用绳子系好，以便重复利用。

就连便溺也能化身守城利器。守军每二十五人配发大铁桶一只，用以收集便溺。敌人来攻时，则生火将桶中妙物煮沸，用长柄大戽当头浇下。[③]

如果城垣有两道，而敌军攻破了外城，则可将两道城墙之间的房屋中填满易燃的柴草、垃圾等物，点燃之后，内城就被一圈“火池”保护起来了。[④]

如果敌军已经破城而入，又当如何？这是否意味着战斗不得不结

---

①《救命书》(上)，页9b—10a（文中将城头的守军比作临盆的妇人，因为都要等待时机)；《武备辑要》卷二，页17b—18a。

②《救命书》(下)，页11a。

③《救命书》(上)，页8b；《武备辑要》卷二，页11a—b。

④《救命书》(下)，页10b；《武备辑要》卷二，页38a。

束？敌军占领了城池之后，城中百姓又该怎么做？吕坤给出了解答。他认为，城墙内外都要挖掘深十尺、宽五尺的陷阱，最好在城门周边。陷阱附近的草丛中，埋伏十名鸟铳手、十名弓弩手。通衢大道要用家具（桌、椅、床等）封堵，以重装士兵戒备，如有可能，最好架上大炮。

吕坤认为，攻进城的敌军，肯定先涌向商铺、监狱（这表明他更关心内部的叛乱，而不是外敌），其后才会进入民房搜掠。这意味着有大概一刻钟的间歇，足够百姓撤离（不如说是逃离）。他们必须携带五六天的粮食，立刻逃走，昼伏夜行，不然第二天就没有机会了。这样一来，敌军得到的只是一座空城。吕坤认为，不能逃走又不能自尽的妇女，一定会遭到奸污。但即使敌军攻入城内，战斗也不应停止，守军应该乘敌军纵火劫掠之时发动奇袭。他还提出，躲进自己的屋子是没用的，唯有死战到底才是正道。

有人向敌人磕头喊爷，有富人把金银、布匹、粮食送给敌人，以求活命，吕坤对此极其鄙夷，认为这是苟且偷生。真君子应该慨然受之："死则死耳"。[①]这是一幅城池陷落的悲惨画面，可以为此作证的中国史书汗牛充栋。

13—14 世纪的三次围城战

无须多言，上述各种技术与纪律，随环境而变通损益，不可能同时实施。即使这些兵书的作者曾亲历战阵，他们写的东西也是给将帅按需选用的，即使真实细节丰富，也只是纸上工夫，实际战争又完全是另外一回事了。有的书里也不乏异想天开和纸上谈兵，所以有多种围困日记能留存至今供我们检验理论是非常幸运的。日记

① 《救命书》（上），页 11a—12b。

上记载的军事技术和军事行动，有兵书作者闻所未闻者。只有将兵书与围城战的真实记载比较，我们才能知道兵书上的内容到底有多少符合事实，有多少只是纸上空谈。

为此，我挑选了几种真实可信、对本研究有帮助的文献，成书时间从宋到元都有。有两种文献描绘了1206—1207年宋金战争中的攻城战，当时宋军意图收复1127年被金国占领的中原土地。1206年夏，战争打响。起初宋军夺取了几座金国城池。金国调集大军，于1206年11月反攻，分兵数路进攻江淮。其中两座城池战略地位极其重要，一是襄阳（今属湖北省），一是德安（在襄阳东南）。襄阳控制着汉水汇入长江的水道，德安控制着涢水汇入长江水道。[①]两场围城战都有目击者留下记录。

双方最终都未达成战略目标。宋军未能收复中原，金军也未能扫平淮南，饮马长江。襄阳、德安的坚城固垒，是战略僵持的一大原因，也使双方产生了妥协的意愿。1206年，成吉思汗统一草原各部，成为金国背后的一股危险力量，金与南宋议和的愿望因此更加强烈。双方经过长时间谈判，于1208年达成和议。金一直要求南宋将主战派领袖韩侂胄作为“战犯”交予金方，[②]于是南宋主和派在临安发动军变，杀掉韩侂胄，将头颅传送金廷。

---

① 关于襄阳的战略地位，见徐益棠：《襄阳与寿春在南北战争中之地位》，《中国文化研究汇刊》第八卷，1948年，页53—64；关于宋代的情况，见曾我部静雄：《襄陽攻守戰について》，《歴史公論》第六卷第13号，1937年，页8。

② 关于此战及其后果，见外山軍治《金朝史研究》，京都，《東洋史研究叢刊》，1964，页505—549。沈起炜：《宋金战争史略》（汉口，湖北人民出版社，1958）对这次战役的研究令人失望。对这次战役研究最充分的西文文献是Otto Franke, *Geschichte des chinesischen Reiches* (Berlin, de Gruyter, 1948), IV, 260—261, 297—299，而Gorinna Hana 女士的研究已经超过了他。关于宋金之间条约，见H. Franke, “Treaties Between Sung and Chin,” in Etudes Song-Sung Studies in *memoriam Etienne Balazs*, I, 1: 55—84 (Paris, 1970)。

下文的比较可以归结为一点：真实的守城战和兵书记载大同小异。技术方面如此，心理措施、治安措施和焦土策略也是如此。但日记的某些有趣的细节是兵书上所没有的。下文就要考察围困日记中哪些地方印证了兵书上的说法，哪些地方是兵书之所无。

襄阳，1206—1207 年

让我们观察一下襄阳之战的背景。襄阳主帅赵淳，1206 年 5 月已经出任京西北路招抚使（军事上的负责人）。金军进攻从 12 月开始，持续九十余天。襄阳城周回九里三百四十二步，城外有羊马墙，墙外又有护城河。北门临汉水，东西两侧有两面雁翅墙直达江岸。守军又用拆除的车辆在两雁翅间竖起拒马。据记载，襄阳守军不足万人，而金军在二十万以上，金军的数字必然夸大了。襄阳守城战有趣的特色之一是征用茶商武装。襄阳商旅辐辏，是四川茶叶外销的集散地。茶商相当骁勇的原因在于茶叶归官府专卖，贩卖私茶的利润极大。即使合法商人也要雇人保护自己的安全。私茶贩子与合法茶商的界线极为模糊。宋代的一些地方叛乱就是茶商起事。富商大贾结成行会，操纵着茶叶贸易。他们之下的分销商、分销商之下的小店主，都要仰他们的鼻息过活。国家危急之时，商人手中的半合法武装就成为官府征调的目标。[①] 赵淳在襄阳征调茶商武

① 关于边境地区征募民兵的有趣细节，见尚重濂：《两宋之际民众抗敌史研究》，《新亚学报》卷五，第二期，1963 年，页 147—238。关于南宋军民抗金的斗志，见邓广铭：《南宋对金斗争的几个问题》，《历史研究》，1963 年第 2 期，页 21—32。本文对于茶商武装的角色的分析借鉴了佐伯富的研究，见佐伯富：《宋代の茶商軍に就いて》，《東洋史研究》卷四，第二号，1938 年，页 51—59。佐伯先生在文中提到了德安的茶商军，但没有提襄阳的。

装，另组一军，名曰“敢勇军”。他们的战斗力绝不下于官军，而且忠勇可靠，深得倚畀。在城外的战斗以及夜间奇袭中，敢勇军屡次参战，其兵力多少，未见记载。不过，有史料显示，某役有六千敢勇军参战。照此推算，襄阳守军的兵力不下于一万六千人。然而无论如何，金军及其汉人仆从军大大超过襄阳守军，是没有疑问的。

按照计划，襄阳周边乡村的农民集中迁入城中。汉水北岸樊城的数千人，也通过浮桥撤入襄阳。樊城军民全数渡江后，拆毁浮桥。襄阳城外的百姓撤入城中，靠近城墙的房屋也统统拆毁，拆出的木料运入城中当柴烧。即便如此，城中燃料还是紧缺。

金军宿营于汉江北岸，欲攻城必先渡江。金军主帅恪守中国传统，正式交战前先劝降赵淳。金军主帅和赵淳之间的对话十分有趣。《襄阳守城录》主要是以文言写就的，但其中记载的双方主帅的对话却没有文绉绉的套话，全是口语，感觉当时有人一旁在做速记之类的工作。赵淳拒绝进一步谈判之后，才正式开战。

城中粮食相当紧张。每四坊立一官市卖米，米来自公仓，以收购价论斗出卖。只有贫民得买，官府派出官吏登记贫困家庭，发给凭证，拿到凭证后才能在官市买米。有些富家也通过钻营打点取得凭证。如果一旦发现此类情况，凭证没收，发给贫民，尤其是从四郊迁入城中的百姓。内外城之间野草茂盛，用来放马，草料问题由此解决。

在官府颁布的治安措施中，有禁止买卖酒水一项，酒是天寒时发给兵士暖身子的。除了常规的保甲制度，还有许多防火措施，上文已经着墨甚多了。宋金双方都很重视火战。襄阳之战的一大特点是，守军并不坐待敌军攻城，而是频繁奇袭，尽可能扰乱敌军。

《襄阳守城录》记载，守军发动奇袭三十四次，[①] 大战十二次。

双方的技术装备大同小异，都是弓弩、投石机。原本城上只有十六架投石机，守军又赶制了九十八架，还包括可以旋转的“旋风炮”。这一百一十四架投石机有的在城上，有的在城内隐蔽着。城内的投石机最为强劲，每架有九到十个杠杆。宋军用投石机发射的是泥弹。有趣的是，作者特别强调泥弹是兵书上所不载的，然而《武经总要》和《守城录》之类的兵书都曾反复揄扬泥弹的好处，赵淳乃至大多数南宋将帅都没有读过，可见其流传不广，甚至有可能只是在临安枢密院里被束之高阁。探子报告赵淳，金军最怕弩箭，于是他以每人三贯钱的价格招募弩手，招得三千余人。

敌人曾试图改变汉江水道，使襄阳“移到”汉水北岸。这个谋略连赵淳也称许，但还是失败了。金人起了一座土山，对守军构成巨大威胁。土山上有木结构工事，宋军得以用火攻摧毁。金军从襄阳及周边地区撤军之后，赵淳派官属勘察金军营地，绘成地图。又派人焚化尸首，搜集敌人遗落的物资。

围城期间，柴薪稀缺，一千钱才买十斤柴；敌军退后，襄阳周边到处是木材，赵淳命人运入城中分给军民使用。据说襄阳周边广大区域的树木都被金军伐光了，乡间一片牛山濯濯的景象。金军撤退还有一种可能，就是他们的木制攻城器械损失惨重，金军同样面临无柴可烧的窘境。

最后要谈的是襄阳周边狗群的命运。坚壁清野之后，成百上千的流浪狗在城外废墟游荡。每当守军出城夜袭，它们就汪汪地叫起来，敌人因此得到了“警报”。赵淳就派人编竹刍捕狗。不出十日

---

① 有的版本作“二十四”。

群狗尽皆落网，被送进了厨房。

必须指出的是，本文用“金”这个词，不是意味着攻打襄阳的部队全由女真人组成。即使在 1200 年前后，女真人已经高度汉化，我们也可以肯定金军中大多数是纯粹的汉人。襄阳守军偶然截获女真文的文书，却无人能读。另外，汉文的传单却源源不断射入城中，动摇军心。由此可以推测，金军装备技术方面的工作，也是由汉人匠师负责的。

德安，1206—1207 年

从军事和技术上看，德安之战与襄阳大同小异。德安守卫战持续一百零八天，比襄阳多打了半个月。德安主帅王允初，麾下有六千兵马，以民兵为主，另有当地茶商武装两千人。相形之下，官军人数极少，开战时登记在册的官军只有四百余人。所以守城主要依靠“民”，这个“民”也包括茶商武装。

王氏守城的成功，很好地体现了守城的结果取决于民众的决心。敌众我寡，兵力悬殊。攻城部队有十三万至十五万人。史书记载，守军探知敌军每万户其实不足万人，通常是七八千；如此算下来，攻城的部队大概有十万五千人（因为众所周知的原因，数字很可能夸大了）。史料也没有记载城内粮草器械是否充足。无论如何，守将在城内储备了三万石粮食。即使城中军民有三四万人，也足以支持一百零八天。襄阳城内的总人数有记载，而德安城则付之阙如。

德安也照例坚壁清野，并没有什么特别；军事技术、治安措施也大抵如此。但有些办法是襄阳之战中不曾用的，如宋军向井中投毒、金军挖城墙。襄阳没有打地道战，可能是因为襄阳在汉水之滨，地下水位高。而攻打德安的金军，则挖空了一段德安外城的地基，使这段城墙坍塌。[①] 书中还提到了一种探测地下挖掘活动的古老装备——瓮听。[②] 王允初在城墙脚下埋了几个大陶瓮，因为盲人的听力要比正常人敏锐，所以派盲人在瓮旁守候探听。同襄阳一样，火战给双方造成的损失最惨重。双方不仅用投石机投射燃烧弹，还用弓弩将燃烧箭支射击敌人的柴草堆，引起大火。金军造了一种“高如塔”的楼车，填满柴草，由数十匹马拉到城下，打算在城下点燃。楼车逼近时，守军的火箭齐发，提前点燃了楼车。金军的计策失败了。另外，经常有女真士兵成功点燃城门的传闻，可见城门及其上的建筑肯定是木制的。

金军也对德安守军展开心理战。金军曾数次派人劝王允初献城归降，并重金悬赏捉拿他。金军还向城内射发传单，内容尽是编造的“战况”。一份传单上写着，王允初派出的送信人已经被捕，将被剁成肉酱；还有传单说，一位德高望重的当地大儒已经为金人效力（是否出于自愿尚不清楚），他致书王氏，剖析战局，指出德安马上就要陷入绝境。另一个心理战的伎俩是，攻城的金军士兵将面具涂成红色，看起来如同鬼魅。金军还用残暴的手段恐吓守军，用投石机将俘虏的头颅抛入城中，有时一次能抛数十个。这提醒我们，至少在中世纪的中国，是没有类似国际法的制度或者军事伦理来保护战败者的。普通士兵被俘之后，要么为奴，要么被杀，鲜有例外。人道与否并不在当时人们的考虑之内，因为双方粮草都很有限。一个俘虏如果没有利用价值，多分他一口粮食是没有意义的。

---

① 兵书中常常提到挖掘地道的技术，如《武经总要》卷一〇，页4a—b；《虎钤经》卷六，页49，6世纪的地道技术见“Sudies in Medieval Chinese Siegecraft: The Siege of Yü Pi, A.D. 546,” p. 797。

② 《墨经》中已经提到了瓮听，见Forke，“Der Festungskrieg im alten china,” p. 111。

如果俘获了敌方的高级军官，可以留为人质，用为要挟之具。被俘的将领被赎回或换回，也未必是什么好事。按照军法，败军之将是要被惩办的。襄阳之战中，宋军俘获金将纳合道僧。后来双方议和时，金方要求将纳合交还。我们不知道嘉定和议达成时（1208），宋方是否同意了这个要求，也不知道如果他还活着，将经历怎样的命运。

和襄阳一样，德安军民要时刻注意各种征兆。比如，天上出现第二个太阳可以极大地激励守军的士气。守将还祭拜城隍和关公，祈求保佑退敌。这一点也不奇怪。宋代祭祀各种神祇有一整套仪节。《虎钤经》第二十卷全是祭文和仪注，祭祀的神灵有毗沙门天王、风伯雨师、山川神、黄帝（主要是谋士保护神），以及远古战神蚩尤。《虎钤经》另有一章专门讲天象，尤其是云形的观察。[①] 简而言之，《虎钤经》力主禁止普通百姓从事算命等迷信活动，但统治阶级还是要搞一搞高级的仪式化的迷信。这说明预兆及其解释方式是可以影响实际战况的。仔细地研究战争的预兆、仪式和祈祷者，对于更深刻地理解中国中世纪的精神世界[②]非常有价值。虽然下结论

① 《虎钤经》卷一七，页167—174，卷二〇，页189—195。城隍是城的守护神，公私的事情都可以向他诉说，它可能起源于古代的社稷崇拜。见W. Eberhard, *Lokalkulturen im alten China* (Peiping, The Catholic University, 1942), II, 182—183；E. T. C. Werner, *A Dictionary of Chinese Mythology* (Shanghai, Kelly and Walsh, 1932), s.v.。关羽（162—220）是三国名将，被后世尊为“武圣”。1120年关羽被追封爵位，1594年更被封神。1916年，袁世凯还将关羽和岳飞一起祭祀，见*A Dictionary of Chinese Mythology*。蚩尤是古代的战神，也是铁匠的祖师爷，见*Lokalkulturen im alten China*, pp.392—394。

② 关于佛教对于战争的态度，见Paul Demiéville, “Le Bouddhisme et la guerre,” *Mélanges publiés par l'Institut des Hautes Etudes Chinoises* Ⅰ: 347—385 (Paris, 1957)。中国历史上，道教各门派往往与武装活动有关，见Vincent Shih, “Some Chinese Rebel Ideologies,” ***T'oung P'ao*** 44: 150—226 (1956)。太平天国的思想是基督教的一种歪曲形式，也导致了武装起义。方腊起义的思想是以佛教为主而带有摩尼教元素，具体研究见Kao Yu-kung, “A Study of Fang La Rebellion,” *Harvard Journal of Asiatic Studies*: 24: 17—63 (1962—1963)。

还为时过早，但研究者会有一种印象：从 16 世纪开始，迷信和仪式在战争中的重要性在减弱，中国人在军事上越来越理性了。

绍兴，1359 年

开禧北伐（1205—1207）实质上是宋朝与自北方来犯的金朝之间的民族战争，汉人只占金朝治下人口的一部分。以推翻元朝为顶点的元末内战，起初只是反抗统治阶级的农民起义，而不是针对蒙古帝国的国际战争。[①] 本节所选的，是群雄逐鹿的元末的战例。浙江绍兴位于杭州湾南岸，以黄酒闻名。围攻绍兴的军队属于以南京为基地的朱元璋势力，后来的明朝（1368—1644）就是他建立的。攻打绍兴的朱军主帅是胡大海，守军主帅是张士诚的麾下大将吕珍，14 世纪 50 年代，张士诚割据浙江，后受元廷招安。可以说，绍兴守城战是一场典型的汉人之间的较量。但这场战役又不纯粹是军阀的争夺，而是带有许多阶级战争的特点。所以战役的结果除了受地理位置影响，也受到了阶级斗争特点的影响。

14 世纪的绍兴被河流环绕。即使到了 20 世纪，也被河流包围了大半。绍兴与浙江其他地方的交通主要靠水路。绍兴城的城壕虽然不宽，但四围都是广阔的水田。水道大概有五十尺宽、两尺深，可以通航小船。水道与城市之间有栅栏，可以阻挡敌人前进。我们不知道绍兴的城防有多强大，也不知道朱元璋方面的兵力有多少，只能收集到间接的信息，例如史料上只记载某些战斗，朱军有“数千”步兵和“百余”骑兵参战。然而在这种地形中，骑兵派何用场是值得怀疑的，在堤坝或大道上交战时可能用到骑兵。有一点必须存

① 蒙思明：《元代社会阶级制度》，北平：《燕京学报》专号第十六，1938。

疑，当时的攻城军队是否能超过一万人？因为同一时间浙江义军蜂起，所有城池的守军基本都是汉人。即使是军官，汉人也占多数，我们找到一份军官的完整名单，名字明显不是汉人的只有十几个。绍兴守城战的一大特点是粮食供应从未切断。可以推测，朱军数量不足以将绍兴不留空隙地团团围住。绍兴和襄阳、德安的情形大不相同的是，襄阳守将赵淳极少亲自上阵，德安守将王允初从不亲自上阵，而绍兴守将吕珍几乎每天都要跨马出战，与朱军厮杀，留下很多勇猛的事迹。或许在内战中，内部反叛的危险远远大于开禧北伐这样的对外战争，所以他必须为下属做出表率。

张士诚政权的处境相当危险，因为他只是表面臣服元廷，而且必须对付乡间的反叛。胡大海率军包围绍兴之后，这一点体现得非常明显。官府行事如履薄冰，以免失去民心。为保证社会安定，城内实行严格的配给制，禁止米商运米出城，官府将米商的粮食征收，发给可以在杭州换取新米的凭证。粮食状况总体是不错的，官府能够一次向贫民发赈一万石粮食。此外，城内的公共空地，乃至一切开阔的地方也都插上了禾苗。许多中国城市里有广大的开阔地，一般来说要比同时期的欧洲城市宽敞得多。插秧的活计主要由进城避难的城郊农民来做。另外一项确保社会安宁和秩序的措施是暂时停止常规的徭役。即使如此，我们还是能从一些日记中看到当时绍兴城中发生了骚动。数百名因为战争失去工作的工匠要求当兵，官府没有批准，可能认为匠人会当逃兵。城中还发现了几名间谍。

朱军向城内发射的传单抨击守将，尤其吕珍本人，斥责他是肉食者的鹰犬。这说明 14 世纪 50 年代的内战有着阶级战争的一面。

朱军的劝降没有成功。早些时候朱军曾俘获一名军官，正好是某己方将领的结拜兄弟。于是这个军官被派去面见吕珍。吕珍见了他，但拒绝交出绍兴。吕珍没有将这个军官当作间谍拿问，而是把他放归敌营，还给了他金帛若干。这也是吕珍的反宣传手法。有时吕珍对待囚犯的方法也出人意料：只有承认参加了朱军并且杀了人的才会处决，其余的胁从者一律释放并且发给衣食，所以大多数俘虏都得到释放，甚至同一个人被抓住两三次也有机会被送回家。日记中说，不少朱军受到感化，转投张士诚。

守军有一个鼓舞民气的做法：开战之初，允许百姓登城观战，亲自看看敌人怎样被击退。几周后就不允许这么做了，因为万一出了差池，便会造成全城的恐慌。此后普通百姓就不能获知战况了。似乎绍兴的坚强防御，部分是因为敌人的暴行。朱军中有一支从元军阵营倒戈而来的苗兵，其残暴在倒戈前就已臭名昭著了。① 如果绍兴城破，百姓的命运可想而知。②

吕珍经常主动偷袭，所以肉搏战很多。有好几战取回了敌人的耳朵（将敌人尸首的耳朵割下，是从周代起就有的做法），吕珍自己也曾负伤。

总体看来，绍兴之战的“机械化”水平比襄阳和德安要低，或许是由于农民军装备水平低。当时朱元璋政权的技术和资源都无法和金国这样一个大国相比。刚开始城内的投石机很少，据说只架设在每个城门上，和上文两座城池相比，投石机的数目是相形见绌的。

---

① 关于这支苗兵的暴行，见陶宗仪《辍耕录》卷八（《丛书集成初编》本，上海，1936），页127—129。

②《诗经》就专门用“馘”字表示割去的敌人的左耳。1969年3月塔斯社报道，中苏乌苏里江边境冲突中，有苏联士兵被割去耳朵，见Suddeutsche Zeitung (March 11, 1969), p. 2。这是中国传统的延续还是苏联造谣，尚不可知。

火炮、火筒（上文已经提到）弥补了这一不足。张上诚时代浙江铸造的火筒有一部分幸运地流传至今。敌对双方都配备了火筒，数量十分可观。据记载，某次战斗中有数十支火筒齐发。这些武器对于城墙和城门有多大作用，实堪怀疑，但是对于活物或者木结构的建筑，还是很有效的。杭州可能是火药生产的中心，绍兴本地也产火药。史料说，绍兴城中木炭一度匮乏，树木被砍伐一空，供应作坊之需。

最后我们来谈一谈宗教和迷信。日记记载了一个吉兆：敌军撤退前，一朵紫云出现在绍兴上空，于是守将祭祀城隍和“武安王”。“武安王”可能是宋太祖麾下大将高琼（935—1006）。[①] 朱军将士也在禹庙祭祀了大禹，[②]但据说大禹的回应不祥，朱军士兵大怒之下推倒了大禹的塑像。

大禹不祥的回答并不是朱军撤军的唯一原因。更有可能的是，夏季的浙江炎热潮湿，1359 年 5 月中旬瘟疫流行，迫使他们放弃了围城。

吕珍坚守绍兴，让朱元璋印象深刻。他认为吕珍是最危险的敌人之一。[③] 吕珍与朱元璋较量了多年后，于 1366 年投降。

结论

对于中世纪中国城市攻防战的技术、管理、心理诸层面，本研究只能浮光掠影。这个题目太大，史料浩繁，细致翔实的记载又特

---

① 《宋史》卷二八九，页 1a—4a。又见《大清一统志·绍兴府》，页 40。
② 传说中的大禹就葬在绍兴，所以绍兴自汉代起就有祭祀大禹的习俗，参见《史记》卷六；E. Chavannes：*Memoires Historiques*（Paris，1898），II，198；*Lokalkulturen im alten China*，II，p. 365—381。
③ 《大明太祖实录》卷七，己亥岁六月甲子。

别多，扩成一部大书并非难事。因此我需要克制自己不要冒险，不要做太多概括。但是读中国古代的兵书或者守城录之类的著作时，有几点还是要注意的：

这些著作的第一个特点是浓厚的传统主义、军事策略与技术的延续性。《墨子》里描写的守城战术，与 19 世纪早期的兵书战册的说法并无根本不同。武器的改进、火器的发明，对军事思想没有什么根本性冲击。《孙子兵法》直到 20 世纪仍然保有经典的地位。

然而中国军事思想并非一潭死水，毫无进步。中国的军事科学和其他领域一样，不是停滞不前的；但是很难考察其军事历史的图景完全改变的具体转折点。中国的发展跟欧洲不同，是渐变的，而非突变的。就连火器也是如此。明朝前的火铳很难用于攻城拔寨，但是到了 16 世纪，欧洲火炮传入中国，情况才有了变化。攻城一方主要靠人海战术，而不是军事技术取胜；而且从来没有十足的把握。

城防的特点是非常依赖民兵。征用民兵、民夫是头等大事，无论是看重个人的战斗能力还是其技术。这反过来使得官府迫切地需要严格治安措施。一旦民心丧失，再精锐的军队也很难守住城池。职业军人在野战中发挥的作用要比守城中大。但是即使在野战中，还是有相当比例的民兵参与的。尤其在宋代，朝野对官军的批评声不断，王安石认为官军不堪作战。史料充分证明了地方民兵的重要性，间接地支持了王安石的看法。但他们轻视军事的偏见也是值得注意的。

有趣的是，中国的城池和欧洲中世纪的城市比较，有一点明显的不同。在中国，一旦敌人破城而入，城墙之内基本上再无坚固的工事可守。即使是城中的主要建筑，如宫殿、庙宇、衙署，也都是砖木结构，鲜有石砌。[①] 城内没有堡垒，这是和欧洲的显著不同。在欧洲，甚至有些教堂也修成堡垒，可以供小部队据守。欧洲中世纪城市，如圣吉米尼亚诺、博洛尼亚、雷根斯堡，有许多豪门的宅邸，每座宅邸都是一座城堡。欧洲的封建主义的特点就是多中心，即使在一座城市中，也会有多个政治甚至军事中心。权力越分散，城中之城就越多。中国则绝无此事，统一的中央政权早已消灭了封建分立，除了普遍的官僚国家的权力，再没有别的权力。通过众多官员管理无力的大众，这些大众在必要时可以协助守城，但无法产生自己的权力中心。

这里必须谈一谈围城的时间长度。一般来讲，中世纪中国的城市要比同时期欧洲城市人口多，但是攻方似乎很少能单凭饥饿迫使一座城市投降。如果官府能够恪尽职守，使官仓无匮乏之虞，那么城市可以支撑很久。围困日记记载，最容易缺乏的不是粮食，而是燃料。攻城一方也同样存在这一问题。城内相对安全，面积也比较大，所以守军常常较攻方占优势。可别忘了，在中国，大粮仓都在城市，农村囤粮并不多。

攻城军队可以从整个乡村掠夺物资，但是掠夺的物资一旦用尽，就会面临严峻的补给问题。军队如群蝗，所到之地搜刮无余，连喂马的草料都难找。军队还要在这种荒凉之地持续驻扎，所以要解决十万大军的补给运输，几乎是不可能的，除非军队驻地水路通畅，可以大量运输，但前提是必须完全控制水路。我想我们已经找到了中国军事史上少有长期围城战的原因：攻城军队的补给困难，

① 可以说，欧洲和中国中世纪文明的一大区别就是，前者是铁与石的文明，后者是木与竹的文明。传统中国金属业的地位，以及金属在工具中的作用，应该重新思考。中国人很少用石头建造建筑的现象也值得研究。

使得围城最多不过数月。而对于一个粮草充足的城市，支撑几个月毫无问题。只有当军事和官僚机器控制了广大地区，不但能保证生产，还能保证运输，其军队才能在较长时期内获得补给。可以推测，中国不少农民起义之所以都是其兴也勃，其亡也忽，就是因为不能迅速建立起管理和补给机器。[1]

经济因素对中国中世纪战争之重要，怎么估计都不过分。如果官府可以保证官仓充足，能维持最低限度的社会秩序，攻城方肯定是处在不利地位的。这是为什么所有的关于围城和围城战术的书籍，各个方面的防御准备都扮演者重要角色。正如许乃济所说："兵可百年不用，但不可一日无备。"[2]

---

① 黄巾军每到一处，就"焚烧官府，杀戮或驱逐长吏，任命新人替代，并征税修路"，见"Nihilistic Revolt or Mystical Escapism，" p.193。这说明黄巾军的领袖抓住了巩固起义成果的关键。

②《武备辑要》许乃济跋，页1a—b。

附录 中国军事史和军事技术的史料

既有史料显然是难以穷尽的。相关史料太丰富了，随意从参考文献中选一条就能说明问题。[1] 所以我们必须主要关注几种重要的史料，其成书时间从11世纪到19世纪不等。按时间顺序排列如下：

《武经总要》

曾公亮（998—1078）、丁度（990—1053）撰。《武经总要》是一部军事百科全书，成书于11世纪40年代。1044年，作者将此书呈献给仁宗皇帝（1023—1064年在位）。《序言》提到，本书编纂时，正值宋朝和西夏交兵。本书有《前集》《后集》各二十卷。《前集》包括制度十五卷，其中卷十二专论守城，卷十三是各种兵刃、器械的图样，卷十六到卷二十则是论述宋朝的军事地理。《后集》主要搜集了前代兵家著作，论述战略战术以及将帅之道（卷一至卷十五）。《后集》卷十六至卷二十讲军事的占卜，让我们得以一窥宋代占卜的方法及其在军事上的应用。这五卷由司天监杨惟德等人编撰。[2]

---

① 例如《京都大学人文科学研究所漢籍目錄》，京都，人文科学研究所，1963年；《中国丛书综录》，上海，中华书局，1961年，页768—777。但这些书目没有收录关于军事的日记、回忆录、一般性的军事史著作，所以实际的史料数量远远大于“兵家”条目下所列的内容。

② 本文所引的《武经总要》版本是《四库全书珍本》，即1935年在上海出版的《四库全书》手稿影印本。1959年，上海中华书局出版了明正德（1506—1521）的八卷本，但是这个版本只有《武经总要》的《前集》。《国立中央图书馆善本书目》（卷一，台北，国立中央图书馆，1958年，甲篇，第三章，第20页）收录有正统四年（1439年）本，应该是迄今最早的版本。关于文献信息，请对照《四库全书总目》卷九九，商务印书馆，1933年四册本第二册，页2041；周中孚：《郑堂读书记》（《万有文库》本，上海，1937年，第四册，卷三八，页721）。除非特别指出，文中引用的都是《四库全书》版。我已将《武经总要》下列章节抽译为德文：卷三《叙战》，卷五《赍粮》《行烽》，卷九《土俗》，卷十《攻城法》，对卷十五则全文翻译，包括《军行约束》《符契》《传信牌》《守验》《间谍》《乡导》。

《守城录》

宋人陈规、汤璹撰。这本书是不同文章的汇编，分为四卷，第一卷是陈规所作，题为《〈朝野佥言〉后序》，内容是批评夏绍曾《朝野佥言》[①]记载的开封守城战（1126—1127）的战法。卷二也是陈规所作，题为《守城机要》，里面详述了修墙、筑垒、修造守城器械的方法，以及守城战术的大概。卷三、卷四题为《建炎德安守御录》，汤璹撰，记载了1127—1132年宋朝军队守卫德安、抗击金军的事迹。此前刘荀曾写作三卷本赞颂陈规在德安之战的战功，这两卷似乎是对刘荀作品的总结。很明显，这四卷内容在1200年之前就编成一书了。明朝时，此书被编入《永乐大典》，才免于湮没。

《虎钤经》

宋人许洞（970—1011）撰，共二十卷。许洞少时习“弓矢击刺”，后来成为一名武官，仕途并不得意，据说被罢官之后一度“日以酣饮为事”。他积四年之功写成《虎钤经》，于1005年献给真宗皇帝。他著作宏富，却唯有此书传世。此书对军旅征战之事无所不包，而且还有许多篇幅是关于军事的占卜和仪式的。卷六则一再提及守城。无论从内容的范围还是篇目的安排来看，《虎钤经》与《武经总要》都很相似。据此推测《武经总要》有些地方取自《虎钤经》

① 《三朝北盟会编》卷一三九也收录了夏绍曾的《朝野佥言》。目前《守城录》版本，例如本文用到的《守山阁丛书》本、《墨海金壶》本（1921年）都源自四库手写本，而四库本则来自《永乐大典》。关于文献信息，见《四库全书总目》卷九九，页2042—2043；周中孚：《郑堂读书记》第四册，卷三八，页721—722。许多年前《守城录》卷一的德文译本就问世了。在慕尼黑大学召开的会议上，讨论了《守城录》卷一和《武经总要》。

大概是不会错的。[1]

《练兵实纪》

戚继光（1528—1587）撰。戚继光是明朝著名的政治家、军事家。“练兵实纪”四字体现出戚氏将练将与练兵摆在同等重要的位置。这本书其实一部综合性的军事著作。本书有正文九卷、《杂集》六卷。正文卷一至卷六的内容是战略战术的训练，而《杂集》则包含各种武器装备的数据，弥足珍贵。虽然本书没有专辟篇幅论述守城，但是包含很多重要的数据，对于了解16世纪的守城方法相当重要。[2]

《救命书》

吕坤（1534—1616）撰。序言写于1607年，其时吕坤已经致仕。本书特点是短小精悍，只有上下两卷。上卷分三部分：守城事宜、必备之物、遇变事宜。下卷最为有趣，因为其中记载的武器与《练兵实纪》中记载的十分相似。作者曾任山西巡抚和刑部侍郎。[3]

《武备辑要》

许学范（1751—1816）撰。许学范，杭州人，曾任贵州黔西州

---

① 许洞生平见《宋史》卷四四一，百衲本，页5a—b。《虎钤经》有若干明代版本，现在通行的版本是《粤雅堂丛书》咸丰二年（1852）本（收入《丛书集成》卷0945—0946）。进一步的文献信息，见《四库全书总目》，第二册，页2041—2042；周中孚：《郑堂读书记》第四册，卷三八，页720—721，以及19世纪的学者写的两篇跋（《丛书集成》本，页1），署的日期已经漫漶不可识。许洞在《宋史》的本传写明了《虎钤经》于1005年成书。

② 文献信息见《四库全书总目》第二册，页2045—2046；《丛书集成》本（卷0948—0950）来自《墨海金壶》本。

③ 现在通行的版本出自嘉庆十四年（1809）的《借月山房汇钞》，1936年又作为《丛书集成初编》卷0950重印。进一步的信息见周中孚：《郑堂读书记》第四册，卷三八，页725，它参考的是1809年《借月山房汇钞》本。

知州，1795年苗民叛乱，许学范成功守住铜仁府。本书六卷，主要内容就是守城。卷一讲守城的战术，卷二讲守城的指挥与信号，卷三讲守城的准备，卷四讲敌人来临时的坚壁清野和治安措施，卷五讲战术和军事行动的总原则。[①]这本书很有趣，因为它成书时间较晚，可以反映1800年前后军事思想与军事技术的水平。当时正值中国与西方军事接触的前夜，中国军事的传统模式即将发生根本改变。但是《武备辑要》虽然成书于19世纪早期，却没有体现出西方军事技术的影响。唯一直接的证据是“来自西洋”的望远镜（卷一，页20a—b，附了一张简图）。本书提到的“佛郎机”也是西方传来，但并不是18世纪的发明，[②]晚明的《练兵实纪》和《救命书》（经过比对，许学范在许多地方抄了这两本书）已经提到过佛郎机。

后书抄前书是一个问题，不但在军事文献中存在，在其他中国文献中也存在。孙子等古代“兵法”的影响一直存在，千百年来人们一直研究它们并且奉为圭臬。在技术和实战领域，我们也能感觉到强烈的传统主义。11世纪的《武经总要》和19世纪的《武备辑要》并没有什么根本的不同。《武备辑要》包含了一些细节，尤其是关于治安措施的，在宋人著作中没有，但它们的军事思想仍然与古代兵家若合符节。所以本文还是较多利用《武备辑要》，而不是早前的兵书。偏重《武备辑要》的另外一个原因是，它是总结实践经验写成的，对于普通指挥官该做什么，讲得更加明白。

有人会问，为什么本研究没有用到明代的大部头兵书《登坛必究》和《武备志》呢？因为清代出于安全考虑，将这两部书列为禁

---

① 该书由许学范的儿子（或侄子？）许乃济1832年在广州印行，又收入许乃钊编的《敏果斋七种》中。见《中国丛书综录》卷一，页185b。

② 关于佛郎机，见P. Pelliot in *T'oung P'ao* 38: 105, n.39 (1947)。

书，流通面极窄。在我看来，《武备辑要》等后出的兵书，反而比早出的兵书更能说明问题。

然而，这些兵书给出的方法真的实用吗？有些内容纸上谈兵的意味太重，有的则还是远古的军事知识，只是因为年代久远才受到尊重。似乎人们更加重视理论才能，而不是实战。书中的某些谋略似乎只是启发读者的灵感，而不是真的要你去这么做。比如，放老虎咬敌人，究竟有多大用处，实在值得怀疑。可能此举更多是为了心理震慑——老虎一般被当作凶猛、勇武的象征。然而想让老虎参与战斗，必须先教它怎么辨认敌人和自己人。同样值得怀疑的是，在鸟兽身上绑上火把到底能有多大用处？这种办法在史料和兵书都有记载。这可能只是为了强调火攻的重要（尤其是对于攻城）。①

如果想了解实战情况，就要换一种史料来读，比如守城录之类。宋之前的史料，一旦涉及实际战况，要么三言两语带过，要么用陈词滥调铺排一番了事。② 从宋代开始，就有史料详细记载战斗过程了。上文提到的《守城录》有些部分就是这种风格。

《襄阳守城录》

本书记载了1206年12月到1207年3月金军围攻襄阳的史事。

① 《武经总要》（卷一三，页26a）有一幅插图，画的是一只关在笼中的可怕的狮子。将火把绑在动物身上的战术经常见于中国史料中，《武经总要》（卷一一，页20a—21b）也有记载。这种近乎传奇的战法在蒙古人中存在，蒙古军队攻城时会让鸟带着火把焚烧被围的城市，据说成吉思汗攻打金国的城池时就是这么做的，见I. J. Schmidt，*Geschichte der Ost-Mogolen*（St. Petersburg，1829），p.74。John R. Kruger的英译本见 *Occasional Papers Number Two of the Publications of the Mongolia Society*，（Bloomington，University of Indiana Press，1964），p.50。

② 对此，毕汉思已经研究得很明白，见Hans Bielenstein，“The Restoration of the Han Dynasty，”（Stockholm，1954），*Bulletin of the Museum of Far Eastern Antiquities*，*n.*26.40—44，60—62（1954）。

襄阳守军的主帅是赵淳，本书的作者赵万年是赵淳的同宗后辈，当时供职于赵淳幕中。[①]

《开禧德安守城录》

本书与《襄阳守城录》十分相似。1206—1207年，德安守军主帅是王允初(1154—1214)。本书的作者是王允初的儿子王致远，他逐日甚至逐时记录战况，其详尽不下于《襄阳守城录》。[②]

《保越录》

徐勉之撰。[③] 徐勉之是当地书院的山长。前面几本书都是抵抗外敌的，而《保越录》记载的则是抵抗汉族的起义军，时段从1359年2月底到6月13日。

---

① 该书最早的刻本应该是《粤雅堂丛书》本(1854)或《指海》本(1839—1846)，能得到的比较早的标点本《笔记小说大观》本，本文用的就是这个版本。文献信息见《四库全书总目》第二册，页1151—1152。《四库全书总目提要》的作者将1206年金人围襄和1268—1273年蒙古人襄阳之围混为一谈。又见H. Franke, "Some Aspects of Chinese Private Historiography in the Thirteenth and Fourteenth Centuries," in *Historians of China and Japan*, W. G. Beasley and E. G. Pulleyblank ed., (London, Oxford University Press, 1961), p.124。我已经翻译了全文，现在还是手稿，一部分会在即将出版的*Wittfogel Festschrift*上发表，题目是"Die Belagerung von Hsiang-yang. Eine Episode aus dem Krieg ziwischen Sung and Chin, 1206—1207"。

② 除了王氏所藏的古写本，这部书大概只有一个版本，即孙衣言辑刊的《永嘉丛书》。其文献信息见孙诒让的跋语以及他的《温州经籍志》(1921年，卷八，页12b—19a)，Corinna Hana 女士已经将此书翻译，作为Münchener Ostasitatische Studien第一卷出版。

③ 本书最完善的版本是《十万卷楼丛书》本(1880年)；其他版本如《学海类编》本(1831年)，都在明代受到删改，删除了原本中形容"叛军"的词语。文献信息见《四库全书总目》，第二册，页1293，以及伯希和(Paul Pelliot)在*Bulletin de l'École Française d'Extrême-orient* 9:223(1909)发表的文章。我已经将《保越录》全文译出，会找机会和《襄阳守城录》和《守城录》第一卷译文一同发表。当然，还有许多记录了守城的宋元文献，在此无法一一列举，但值得留意是刘克庄为杜杲所写的《杜尚书神道碑》记载的1236年后宋蒙战争的情况。见刘克庄(1187—1269)《后村先生大全集》，《四部丛刊》本，卷一四一，页7a—21a。

上述三本书有一个共同点，都是由守军主帅的亲友书写，为的就是给主帅树碑立传，不免有溢美之词。于是问题来了，我们能信几分？其实，在这三本书里，溢美之词仅限于描写大帅的性格和勇武，文学的陈词滥调都是在这种场合出现，比如孝敬父母、忠君爱国，而占了绝大多数篇幅的对事实的描述，还是值得完全信赖的。这些书里并没有提到老虎大象等动物加入战斗，全篇只是对战斗和武器的客观描述。更重要的是，正史中对战斗的记录往往失之简略，而这些日记的作者则是亲历其事。还有一点必须注意，能被歌颂的只有胜利者，败军之将，无论如何英勇，也是不能写进日记里去的；即使曾经写了，作者也可能因兵败被杀，日记难以流传。所以，现存的围困日记记载的多是胜仗，少有败仗。一个例外是陈规对开封保卫战的（1126—1127）议论。[①] 上述日记对于事实的描述，唯一要存疑的是数字。无论中外的军事著作，往往会夸大敌方的兵力，[②] 而己方的兵力数字则更值得相信。

这些日记还有一个有趣的特点。正史列传中对拯救全城百姓免

---

① 刘祁的《归潜志》的第十一、十二卷记载了城池陷落。关于这部书，请参考H. Franke, *Historians of China and Japan* (London, Oxford University Press, 1961), pp.125—126; Erich Haenisch, "Die Ehreninschrift für den Rebel-lemgemeral Ts'ui Li," Abh. der Preuss, *Akademie der Wissenschaften* 1944 fasc. 4 (Berlin, de Gruyter, 1944); *Zum Untergang zweier Reiche*, ed. Peter Olbricht (Wiesbaden, Franz Steiner, 1968)。Chan Hok-lam, *Notes on Chin Historiography* (Wiesbaden, Franz Steiner 1970), 作为Münchener Ostasitatische Studien的第四卷出版，其中详细讨论了刘祁及其著作。著名的《扬州十日记》是一个扬州本地人记录的1645年扬州被满人攻陷后的情况，已经被译为德文和法文，见P. Aucourt, "Journal d'un Bourgeois de Yang-tcheou," *Bulletin de l'École Française d'Extrême-orient* 7: 297—312 (1907); Lucien Mao, "Mcine Erinnerungen an das ZehnTage-Massaker in Yang-dschiou," *Sinica* 13: 265—283 (1938)。

② 关于中国史书对待数字的态度，杨联陞已经作了充分的研究，见Lien-sheng Yang, "Numbers and Units in Chinese Economic History," *Studies in Chinese Institutional History*, Harvard Yenching Institute Studies, XX (Cambridge, Mass., Harvard University Press, 1962), pp. 146—161。

遭敌人屠戮的“英雄”几乎只字不提。很明显，史官认为这些人的分量还不够在正史中享一传之荣。这是鄙薄武事的偏见在起作用，宋朝着力控制武人，这种偏见特别强烈。最著名的受害者就是岳飞。虽然岳飞冤屈得到昭雪，但是他作为一代名将的功业却一直覆盖着传说和神话的纱幕。[①] 据我所知，没有一部书客观记载了他的功业。我们知道他是常胜将军，却不知道他是怎样指挥战斗的。在元朝，唯一会写日记的汉族士人的轻武倾向更为严重。虽然不少汉族士人与蒙古人合作，但是不会细致入微地赞颂戎狄的胜利。

最后必须说明的是，有一类史料本文完全没有利用，即白话小说。《水浒传》以及反映宋朝和各种敌人作战的小说化的记录，构成史料的主体。如果不能当作实际的记载，至少是关于大众观念和理想化的史料。但是如果把这些材料也包括进去，本文的范围就难以容纳了。或许应该留待中国文学的专家来解决这些问题。大众对战争的观念是一个重要的因素，因为中国的英雄和英雄崇拜和其他地方一样，通过小说和戏剧为大众所接受。[②]

---

① Hellmut Wilhelm, “From Myth to Myth: The Case of Yue Fei's Biography,” in *Confucian Personalities*, ed. Arthur F. Wright and Denis Twitchett (Stanford, Stanford University Press, 1962), pp.146—161.

② Robert Ruhlmann, “Traditional Heroes in Chinese Popular Fiction,” in The *Confucian Persuasion*, ed. Arthur F. Wright (Stanford, Stanford University Press, 1960), pp.75—84.

1363年鄱阳之战：明朝开基的内陆水战

爱德华·L. 德雷尔（Edward L. Dreyer）

元末有三方势力争夺长江流域，即以武昌为首府的陈友谅政权，以应天（今南京）为首府的朱元璋政权，以苏州为首府的张士诚政权。1363年鄱阳湖水战是这场争夺的顶峰。战役的结果是，大汉皇帝陈友谅兵败身死，朱元璋吞并了他的地盘，取得了打败张士诚的实力。张士诚数年来与朱元璋争夺长江三角洲，相持不下。1363年之前，元朝的江山鹿死谁手还是未知之数，1363年之后，朱元璋地盘的扩张势如破竹，1368年终于驱逐了蒙古人，于应天称帝。

鄱阳湖水战不但对明朝的建立意义重大，而且作为一场内陆水战，在中国军事史上具有典范意义。这一时期的军事目标是筑城城市，这些城市对控制周边的农业地区至关重要。这些城市之间的交通靠的是长江及其支流。于是这一段军事史就是船运军队攻城的历史。1363年，陈友谅水军包围南昌，朱元璋率水军前往解围，鄱阳湖水战由此展开。此战是中国历史上内陆水战中史料最完备的一场，但是西方学界却不甚留意。[①]

---

① 本文是根据本人的博士论文"The Emergence of Chu yuan-chang: 1360—1365"(Harvard University, 1970）第六章修改而成。所有日期都换算成了公历。

争夺中的战略要素

1356年朱元璋就将自己的首府设在应天，张士诚几乎在同时拿下苏州。双方都在江南扩张势力。1360年，张士诚政权除了苏州，还控制着松江、湖州、嘉兴、杭州、绍兴，以及江北一片人口不太稠密的地区。浙江沿海的庆元（今宁波）、台州、温州掌握在方国珍手里，其水师尤其精锐。朱元璋则占据今天浙江、安徽、苏南的其他部分。张士诚治下的人口约一千万，比朱元璋治下（约八百万）略多，基本上势均力敌。想要夺取对方的地盘，必须先夺取其他地盘扩充军队。

1359年，陈友谅已经夺得了席卷湖南、湖北、江西的农民军的领导权。次年称帝，国号为汉。陈友谅势力鼎盛的阶段，治下有一千四百万人口，比朱元璋和张士诚多出一半。[①] 然而，他的政权最极端地体现了当时所有中国政权的普遍弱点：地方的军事力量掌握在地方长官，尤其是城池守将的手中。他们和自己主公的关系以私人忠诚维系，在陈友谅顺风顺水时便服从他，但如果陈友谅倒了霉，就会考虑另寻出路。

这个时代中国中部的战争是围绕城池展开的，每座城池都是一个广大区域的经济和行政中心。14世纪50年代的战乱结束后，中国中部的城市一般都有地方武装重兵把守，而且必然属于三家之一。当时简易火炮已经广泛应用，但城池攻防战中，守军仍然占有极大的战术优势。事实上，并不存在城防完备的城池没有经过围困而被攻下的，除非有内奸。所以攻占一座不愿投降

---

① 关于1360年三方控制的人口数，见“The Emergence of Chu yuan-chang：1360—1365”，pp. 88—98，459—469。

的城池，唯一可行的办法就是围困。被围城池附近乡村的粮食往往都已经运进城中，所以围城军队的补给不能完全从被围城市周边搜集。因此，围城军队往往要从更远的地方运送补给到前线。

在中国南方，补给运输主要靠船。到 1360 年，长江流域的三个政权都有强大的水运能力。朱元璋政权的水运能力最弱。时人组建水军的初衷，无外乎向被围城市运兵运粮。于是人们很快发现切断敌人交通线的价值，随即产生对战船的需求。所以这些战船并不是与“陆军”（army）并立的“海军”（navy），而是陆军中的一支特种部队。14 世纪 50 年代，大量渔民落草为寇，娴于水战，水兵往往从他们中间招募。1360 年，一股巢湖的水贼加入了朱元璋的队伍，他们正是 1363 年鄱阳湖水战中朱氏水军的基础。他们只提供了骨干人员，却没有提供明确的水战方略。对比明显的是，大家非常明白船队对于补给和辅助攻城的作用。在辅助攻城方面，这个时代有一项重大创新：从船尾直接进攻临水城垣，夺取城市。1360 年陈友谅就用这种战术攻占了太平。1361 年，朱军在船尾架设“天桥”，攻占九江，报了一箭之仇。

散见各处的史料提到了种类繁多的武器，包括火炮、以火药为燃烧物的武器、弓、弩、攻城用的投石机和攻城塔楼。火器使用虽广，却尚未发展成熟，还不能成为战场的主导武器。当时的通行做法似乎是，在一个非常低的组织水平上，根据战术需要将所有武器混合使用（如同一两个世纪之后的欧洲）。所以史家所注意到的规模较大的军队都大同小异。对于交战双方的战斗命令，史料也语焉不详。当时的军队延续着击鼓进兵、鸣金收兵的传统，旗帜也用作指挥信号。鄱阳湖水战中，朱军舰队分为几支，指挥官的座船用旗帜标明。[①]

腹背受敌的朱氏政权（1360—1362）

朱氏政权在长江上游和下游都有敌人，经常面临两线作战，这种局面是对朱元璋帅才的严峻考验。朱氏政权内部的偶发叛乱和政变阴谋同样危险。这样危险的局面不使出浑身解数根本难以克服。

1359 年，陈友谅在上游的武昌达到权力巅峰，但还未能将自己辖下的广大地区熔铸为一个团结无间的整体。办成此事之前，他就卷入了自己的部下、安庆军阀赵普胜与朱氏政权的战争。陈友谅杀了赵普胜，收编了他的部众，1360 年夏，他率十倍于朱军的战船顺江而下，奇袭太平，随后称帝，还与苏州的张士诚结盟。朱元璋难以撼动陈氏对长江的控制。于是引诱陈友谅在应天以北登陆，跳入朱军的埋伏圈。汉军兵败如山倒，被杀被俘者三万，占总兵力的三分之一，巢湖的水手（以前是赵普胜的部下）也全体投降了朱元璋。朱军还俘获了许多战船，陈友谅逃到九江，慢慢收拢残部。

朱元璋则乘胜进军安庆，又派一支人马从浙江进兵，由陆路袭取广信。两路得手后，朱元璋认为陈友谅不足为患，转而全力对付张士诚。1361 年夏，陈友谅重夺安庆，朱元璋得报后再度派兵前往江西。朱军舰队打下九江城后才发现，汉军已经连夜逃往上游。于是朱军一路扫荡，江西各邑守军往往望风逃窜。最后连江西首府南昌的守将也投降了。朱元璋升了降将的官职，收编了他的部众，换

① “The Emergence of Chu yuan-chang: 1360–1365”, pp. 139—157.

了更可靠的部队驻防南昌。

1362 年初，朱元璋返回应天。与此同时，他的大将徐达正率水军将陈友谅围困在武昌。当时正值浙江苗兵叛乱，四座大邑被苗兵夺去两座，朱氏政权对浙江的控制危如累卵，朱元璋不得不从应天调大军入浙平叛。朱元璋突然返回，得以敉平叛乱。

原先在南昌投降的陈友谅旧部已经归入徐达麾下，见到江浙军队的调动后，他们倒戈回师袭取南昌。无奈之下，朱元璋只好令徐达放弃武昌，夺回南昌。徐达成功拿下了南昌，却让陈友谅获得喘息之机，得以重振力量。

1362 年夏，朱军两员大将在应天发动兵变，几乎得手。外有叛乱，内有反侧，朱氏政权处在风雨飘摇之中。1363 年初，张士诚出人意料地向朱元璋发动进攻。①

1363 年 2 月，张士诚的大将吕珍突袭安丰，杀其守将，俘虏了朱元璋名义上尊奉的皇帝韩林儿。同月，饶州守军叛朱归陈。朱元璋认为张士诚的威胁更大，调集主力迎击。朱军夺回了安丰，救下了韩林儿，但没有消灭那里的张士诚军。庐州在巢湖之滨，其守将已经勾结了张士诚。攻下安丰后，朱元璋下令攻打庐州，4 月底，朱军开始攻城，主力被绊在安丰城下三个多月。汉政权对江西的威胁不断加大。②

① “The Emergence of Chu yuan-chang：1360—1365” pp. 158—280.

② 据和田清的研究，朱元璋麾下将士普遍崇敬韩林儿，朱元璋也无法忽视这种心理，见和田清：《明の太祖と紅巾の賊》，《東洋学報》第 13 卷第 2 號，1923 年 7 月，页 288—290。虽然巢湖的水手劝说朱元璋攻打庐州，但朱元璋并没有长期围困庐州的清晰动机。

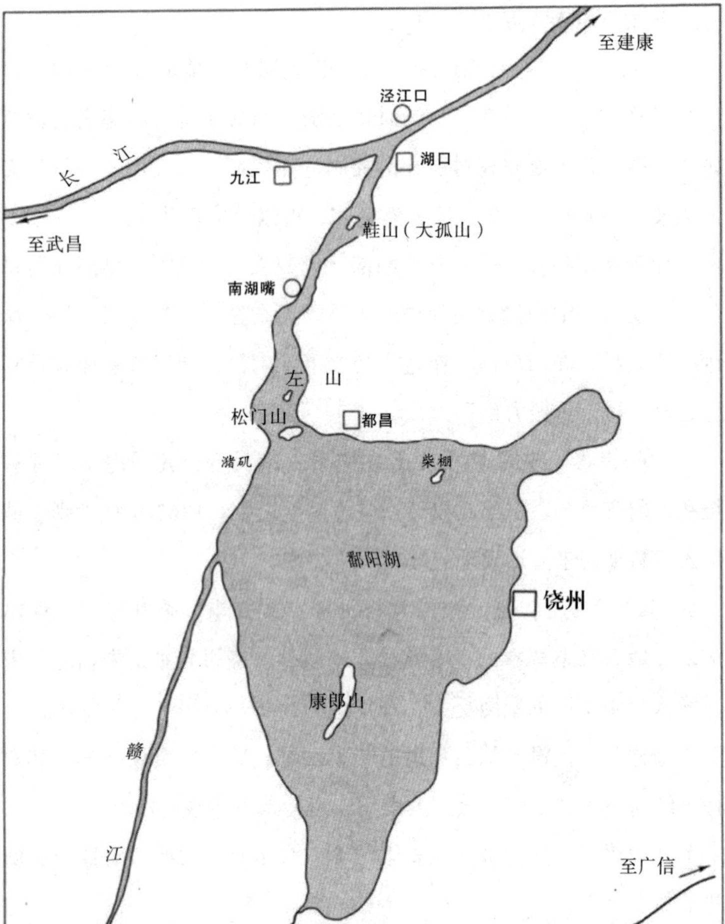

图 5-1 1363 年的鄱阳湖地区
（注：湖中岛屿尚多，图中不再一一标明）

南昌之围（1363年6—7月）

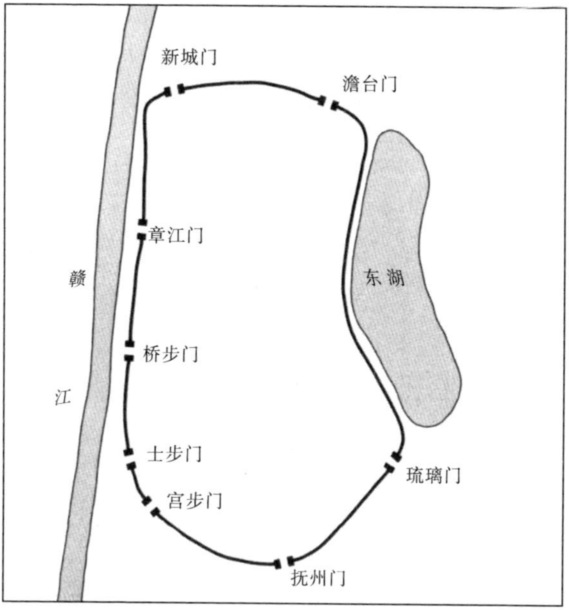

图5-2 1363年的南昌

6月初，汉军号称六十万①乘舟而下，穿长江，入鄱阳，直薄南

① 战事之初，汉军水师的实际人数最多三十万上下，是史料中说的“六十万”的一半。“六十万”只是一个刻板印象，《平汉录》（沈节甫：《纪录汇编》卷二八，台北，民智书局，1965，页9b）提到苻坚从长安出发时率军“六十余万”。关于汉军水师的人数，有三种说法：(1) 攻南昌损失六七万；(2) 水战第二天损失六万，此处将第一天战死的一千五百人和第二天才收集到首级的两千人一并算入；(3) 战役最后投降五万人。只有第三条有可能是准确的，前两条有可能夸大了。

《国初群雄事略》（卷四，页19b—20a）引用俞本《纪事录》，湖广三分之一的成年男子都征召入伍了。1393年湖广地区有四百七十万人口，1363年的人口肯定更少，而成年男子的数量大概不会超过总人口的四分之一，照这样算，陈友谅还是有可能征到三十万人的，但一定达不到六十万。罗杰斯（M. Rogers）研究认为，383年苻坚南侵很大程度上是想象出来的（M. Rogers, *The Chronicle of Fu Chien* [Berkeley and Los Angeles, University of California Press, 1968], pp. 64—69）。与苻坚南侵相比，1363年陈友谅倾巢东侵的史料要准确得多。陈友谅的水军比朱元璋的强大，也是很清楚的。

昌城下。朱军主力正在攻打下游敌人的门户，而自己的战略要地南昌却遭到上游敌人的猛攻。南昌处于鄱阳湖南岸，赣江入鄱阳湖的咽喉，可以控制大半个江西。无论是陆路还是水路，武昌离南昌都比应天到南昌近。朱军一直不能稳固地控制南昌。陈友谅为他新建的水军找了一桩本少利厚的生意。

1360年之后，陈友谅没有再亲自指挥过作战。1361年陈氏派部将回头迎击的作战，损兵失地更为惨重。1362年对抗朱氏的失利再次印证了这一点。陈氏“忿疆土日蹙”，决心与朱元璋决一死战。

1362年初徐达从武昌撤围后，陈友谅得以集中全力造战船，练水军。一年之内，他就练成了一支新水军，规模更胜往昔，运送家属百官、士卒马匹、粮草器械都不成问题。然后他征发治下所有壮丁，乘船驶向下游。①

史书中对陈友谅最大的战船的描写是一致的：“皆高数丈，饰以丹漆，每船三重，置走马棚，上下人语声不相闻，舻箱皆裹以铁。”战斗的记载很清楚地表明，橹手都在最下一层甲板之下，很难听到甲板上的命令；而且胜负不靠撞角，而是靠船上互相射箭或者其他投射物。弓手站在很高的位置，这是火炮普及之前水战的特点。高层甲板比低层甲板短一些，所以船尾有三层甲板，而船头只有一层。走马棚在每一层甲板最前方露天的一端，后面有遮蔽部分则供人使用。所有这些都是以桨为动力的大船的标准设计。当然，内河船只不可能纯靠风帆行驶。

① 胡广等撰:《大明太祖实录》卷一二，页3a；谈迁:《国榷》，北京，中华书局，1958年；《明史纪事本末》卷三，页12ab。壬戌即6月5日。

关于战船的大小和数量的史料不多，但是可以考证。[①] 陈友谅在撤南昌之围后，派出巨舰“百余艘”试图突破鄱阳湖，随后投降的人数达五万之多。史料明确记载，速度快的小船逃掉了，而巨舰都被俘获。我们可以估算，一艘船大概可以装五百多人。如果其中有三百多人是桨手，每支桨由五人合力划动，则可以证实每侧船舷有“数十”支桨的说法。对已知信息的分析只能到此为止了。但这些证据都说明，陈友谅的“巨舰”确实很大，有着很高的箭塔，小船想要攻击它非常困难，但是它航速慢、吃水深、操控难。朱元璋意识到大船的诸多弱点，便一直拖延水军的行动，直到长江水位下降才开战。

史书还说陈友谅的所有兵马都在大船上，但这是不可能的，因为史书还提到了各式小船，在一场关键的水战中，一个小目标要五百艘小船去执行，但是每艘船肯定很小。在鄱阳湖大战中，数百艘巨舰被焚，可能绝大部分的汉军主力都在大船上，他们是正规军。老弱、家眷等都坐在普通小船上，这些船数量众多，都是从上游征用来的普通江船。

对巨舰笨重、涂有朱漆的描写记录，大概是想贬低陈友谅，揭露他对奇异而无用的事物的迷恋。然而，陈友谅是历经多年激烈的水战才当上皇帝的，说他没有意识到这种巨舰在真正的水战中会出问题是不大可能的。更可能的是，陈友谅想重复自己在 1360 年的

① 《国初群雄事略》(卷四，页 19b) 引用《纪事录》，陈友谅所造舟船，大者乘三千人，次者两千五百人，最小者两千人。这个话是靠不住的。如果这个数字是常规装载人数，那么这些船比 19 世纪初欧洲的海军主力舰要更大，欧洲的主力舰船当时最多只能装载一千人，而且会极其拥挤。中国人那时可以制造比西方大得多的木船，但这种船无法仅靠划桨驱动。其他的史料记载的汉军舰船的最大装载人数比《纪事录》的说法小很多，但比朱元璋的任何船都要大。它们逐字引用了《太祖实录》卷一二中对汉军舰船的记载。

成功：直接从船尾登上城垣的水门，夺取城池。朱元璋已经针对这一战术采取了预防措施，大举改建了南昌、安庆、太平的城垣，例如将水门移后，与河道拉开距离。应天城墙原本就离长江很远，这种战术难以奏效。

1363年，陈友谅的计划是突袭鄱阳湖及沿湖诸城，速战速决，避免长期围攻。那时朱元璋控制薄弱的港口腹地则会再次倒向陈友谅，大汉的巨舰就能直捣应天。此时汉军的力量已经足以压倒朱军。汉军的巨舰就是为执行此战略而设计的。结果巨舰久顿南昌城下，在鄱阳湖的激战中表现不佳。

南昌守将是朱元璋的侄儿朱文正。1362年叛乱平定后，朱文正就奉命坐镇南昌。1363年6月5日，汉军水师突袭南昌，未能得手。朱文正早已严阵以待。他自将精兵两千，居中策应，并分派手下大将负责防御各方。参政邓愈守南城抚州门；元帅赵德胜负责西城面对赣水的宫步、士步、桥步三门；[①] 指挥薛显守北城的章江、新城二门（对新城门的猛攻导致了1362年南昌的陷落）；元帅牛海龙守东城琉璃、澹台二门。[②] 城内还有其他指挥和元帅，南昌的高级将领如此之多，可以推测朱军兵力约有三万。当时只有城墙能帮助他们抵挡汉军，甚至当陈友谅分兵攻略其他州县时也是如此。[③]

6月9日，南昌围城第五天，陈友谅亲率大军攻抚州门。他的士兵装备有篮筐形状的竹盾，以抵挡矢石。火铳或其他攻城器械肯定出现了。因为第一轮进攻就使城崩三十丈。邓愈立即反击，用火

① 麾下兵力有数千人。参见《明史》卷一三三，页12b；黄金：《皇明开国功臣录》卷二，北京图书馆缩微胶卷，页11b。他在1363年统领的人马很可能并不比1360年多。
② 关于南昌的城门，见同治十一年《南昌府志》卷九，页1b—2a；光绪六年《江西通志》卷六五，页3b。
③《武备辑要》卷一二，页71a；《救命书》（上），12b。

器将敌军击退。于是朱军便需要在城墙塌陷的处修筑土木工事，陈友谅反复发动进攻，阻止朱军修筑工事。邓愈修筑工事时，其他各方朱军主动出击，分散汉军的兵力，最后预备队也增援抚州门。朱军且战且修，终于在第二天清晨筑好了工事。[①]

陈友谅坐镇南昌城外，派遣一支汉军溯赣水向南。6月12日，朱军将领内讧，汉军攻克吉安。[②] 6月16日，长江上的另一支汉军攻克湖口下游的无为（湖口是长江进入鄱阳湖的入口）。[③] 三天后，6月19日（南昌围城第十五天），陈友谅再次攻城，这一次他选择了新城门。负责守新城门的薛显开门迎击，汉军猝不及防，折损了两员大将。[④] 接下来的三十五天里，汉军再未攻城，也没有其他调动。陈友谅想坐困南昌，迫其粮尽而降，同时修缮器械，补充武器。7月24日，围城第五十天，汉军发动总攻。这一次陈友谅的目标是突破水关的栅栏。朱文正派士兵手持长枪，藏在栅栏之后，敌人靠近即从栅内攒刺。汉军士兵的反应是出手夺枪。朱文正命令士兵将枪头烧红，敌人夺枪，手就会被灼伤。于是陈友谅对水门的进攻也告失败。史书评价“友谅尽攻击之术，而城中备御随方应之”[⑤]。

陈友谅计穷，又派兵攻打赵德胜防守的宫步、士步二门。赵德胜率军死守整日，傍晚时分他登上宫步门城楼指挥时，被敌军弩手

---

①《太祖实录》卷一二，页3b—4a；《国榷》，页301；《明史纪事本末》卷三，页12b。丙寅即6月9日。
②《太祖实录》卷一二，页4a；《国榷》，页301；己巳即6月12日。
③《太祖实录》卷一二，页4b；《国榷》，页302；癸酉即6月16日。
④《太祖实录》卷一二，页4b；《国榷》，页302；《明史纪事本末》卷三，页12b。丙子即6月19日。
⑤《太祖实录》卷十二，页5a；《国榷》，页302；《明史纪事本末》卷三，页12b—13a。辛亥即7月24日。

认出，中箭身亡。[①]

虽然陈友谅未能迅速攻取南昌，但是他在围城的同时，还有余力分兵四出，恢复汉政权对周边地区的统治，表现出强韧的作风。南昌的防守已经接近极限，如无外援解围，终难久撑。我们先把朱军解围的事按下不表，来看看是什么把朱军的兵力吸引到了其他地方。

浙江的叛乱（6—8月）

6月8日，南昌围城的第四天，诸全守将、枢密院判官谢再兴叛变，杀知州栾凤，栾妻用身体掩护栾凤，也被杀死。谢再兴扣押了参军李梦庚、元帅陈元刚，亲赴绍兴投降张士诚，献出诸全。只有总管胡汝明抛妻弃子，单骑逃脱。事情的起因是朱元璋想免去谢再兴诸全守将之职。之前谢再兴的两个亲信向张士诚手下的杭州守将出卖情报，被人发现。这两个人被逮捕处决后，朱元璋开始怀疑谢再兴，因为这两人在谢氏亲军中极见信用。朱元璋召谢氏去应天，另派人统领诸全守军。谢再兴拒不从命，继而反水。[②]

1362年震动浙江的叛乱中，诸全虽然保持忠诚，但被张士诚的军队围攻。朱军在浙江的最高将领左丞李文忠只能派胡德智率一小队兵力救援。他虚张声势，扬言朱军主力正在逼近，张士诚军便在混乱中撤退了。这次李文忠再次派出刚升任参政的胡德智。胡氏奉命在诸全城外几里处宿营，监视动向，以防张士诚从这个方向进攻。[③]

---

① 《太祖实录》卷一二，页5a；《国榷》，页302。
② 《太祖实录》卷一二，页3ab；《国榷》，页301。乙丑即6月8日。
③ 《太祖实录》卷一二，页3ab；《国榷》，页301。栾凤和胡德智的传记附在《明史》卷一三三《胡大海传》之后。胡德智后来的失宠见《太祖实录》卷五一，页7a。

李文忠是朱元璋的外甥，1358 年随军攻打严州，随后五年一直在浙江。他将才卓著，又与朱元璋有甥舅之亲，所以被委以经略全浙的重任。李文忠的夫人是谢再兴的长女，而徐达夫人是谢家的次女。朱元璋正是用姻亲关系保证谢再兴的忠诚。没想到一旦地盘受到威胁，谢氏就立马反水了。

谢再兴叛变后，朱氏政权在浙江的势力再度岌岌可危。但直到江西的危机解除时，也就是谢氏叛变四个月后，朱元璋才能够大举进攻浙江叛军。10 月 23 日，李文忠野战击败谢再兴，但未能攻克诸全。他的副手胡深建议在诸全附近筑城防备。[①] 11 月 5 日，张士诚派兵猛攻该城，朱元璋同意李文忠撤退。[②]

1363 年浙江的战事再次说明朱元璋和张士诚处于胶着状态，这种状态就是从浙江开始的。诸全的陷落并不意味着朱氏政权在浙江的崩溃，朱军此前的胜利也没有动摇张士诚对北部沿海的控制。

1363 年下半年，张士诚在力所能及的范围内给了朱元璋巨大的伤害，但总体上是引而不发的，他打的是渔翁得利的算盘。不过事与愿违，1364 年朱元璋因为击败了陈友谅，势力陡增数倍。对于张士诚来讲，谢再兴之叛的意义在于牵制了浙江的朱军驰援江西。1360 年，一支规模较大的朱军从浙江出兵江西，占领广信。1363 年，朱氏政权在江西只有广信一城可以使用。诸全之变，加剧了 1362 年以来的动荡局面，使得更多的浙江朱军要留在本省。

朱军溯江而上（8 月 15—25 日）

南昌被围两月，内外阻绝，音信不通（只有一个例外），粮食、

① 《太祖实录》卷一三，页 4b；《国榷》，页 307。壬午即 10 月 23 日。
② 《太祖实录》卷一三，页 4b。乙未即 11 月 5 日。

兵员也无从补充。虽然据说汉军也损失了“六七万”人[①]，但数量占劣势的守军也接近油枯灯尽。于是朱文正用计安排了一次停战，利用停战的间歇，派人突破汉军的封锁送信出去。这件事一定发生在7月24日陈友谅最后一次总攻后不久。关于朱文正如何诱使陈友谅取消进攻，只有一条史料：“文正遣千户张子明赴应天告急。又诈遣卒号舍命王者诣友谅约日出降，友谅信之，缓其攻。至日，城上旗帜一新。友谅候至暮，见无降意，缚降卒至城下杀之。”[②]

史书认为，张子明赴应天求救是此役的关键。张子明乘东湖小渔舟，连夜出南昌水关，从没有汉军警戒的小河汊进入鄱阳湖，昼伏夜行，花了半个月到达应天。[③]陈友谅占领无为之后，其势力已经向长江下游大大扩张了，但史料并未提及安徽沿江诸城的情形。显然，陈友谅的水军虽已出现，但并未攻占这些城市。

史书将张子明冒险出城事系于8月4日，这一天一定是张子明来到应天的日子，因为两天后，朱元璋就命徐达等从张士诚政权的重镇庐州撤围。所以张子明去往应天的所谓“半月”，其实只有十一天，即陈友谅最后一次总攻的7月24日到8月4日。如果是这样，上文中提到的7月24日之后不久的停战状态，直到张子明到达应天时还未结束。

朱元璋问张子明南昌的情况，张子明说：“兵虽胜，而战斗死者亦不少。今江水日涸，贼之战舰将不利用。又师久粮乏，若援

---

① 《国初群雄事略》卷四，页184；叶子奇：《草木子》卷三，页16a。《草木子》的表述非常模糊，“合战鄱阳，前后相持者八十余日”，这指的是围攻南昌的时间（八十五天），没有把后面水战的时间算进去。当时叶子奇并不在场，所以不能知道他的确切意思。本文所用的版本是1786年刻本，四卷，自序署的年份是1378年。

② 《太祖实录》卷一二，页5b；《国榷》，页302；《明史纪事本末》卷三，页13a—14a；壬戌即8月4日。

③ 《太祖实录》卷一二，页5b；《国榷》，页302；《明史纪事本末》卷三，页13a。

兵至，必可破也。”朱元璋命张子明返回南昌，告诉朱文正再坚守一月。

张子明返回南昌，经过湖口时被陈友谅的手下擒获。陈友谅让他劝降朱文正（也就是让他告诉朱文正，援军不会到了），并且许他以“富贵”。张子明佯装答应，到了城下却大呼：“大军且至，但当固守以待。”他被当场处死，但是对陈友谅的不利效果也产生了——南昌会继续抵抗。[①]

朱元璋让徐达从庐州撤围的命令是 8 月 6 日下达的。[②]《明史纪事本末》引用朱元璋的话：“为一庐州而失南昌，非计也。”[③]看整体的地理形势，这一点是很清楚。为什么朱元璋没有早点得出这个结论呢？张子明到达应天后十一天，集合在应天的军队才准备完毕。当时应天的一个大火药库刚刚遭受损失[④]，朱元璋仍可以如此迅速地组织一支大军赴援。这就说明，在张子明到应天求援之前，朱氏政权的中枢机关已经对江西的大势有着明白的认识。朱元璋或许是故意拖延，因为他希望庐州攻克在即。

8 月 15 日，从庐州撤围的军队到达应天，在应天登船。他们走的路线并不清楚，但距离大概是一百六十千米。传令兵骑马从应天到庐州，再加上围城军队步行从庐州回应天，九天足矣。

朱军祭旗、出发也是在 8 月 15 日。朱元璋对众将说：“陈友谅构兵不已，复围南昌，彼累败不悟，是天夺其魄而促之亡也，吾当

① 《太祖实录》卷一二，页 5b；《国榷》，页 302；《明史纪事本末》卷三，页 13a—14a。

② 《太祖实录》卷一二，页 5b；《国榷》，页 302；《明史纪事本末》卷三，页 14a；甲子即 8 月 6 日。

③ 刘辰：《国初事迹》（《金声玉振集》本，页 15b）：“为一庐州而失江西大郡，岂兵家之法？”

④ 《太祖实录》卷一二，页 5a；《国榷》，页 302。丁未即 7 月 20 日。

亲往耳。诸将其各整舟楫率士马以从。”[①]

救援南昌的朱军总兵力约二十万，各种史料差不多都是这个数字。但有一条史料则提到“舟师千艘，甲士十万”，[②]大概更接近真实。即便把汉军的伤亡和逃跑的人数剔除，其兵力也是朱军两倍之多。朱军水师也和汉军一样，有一个以大型战舰组成的核心，专事水战（其中很多都是1360年从陈友谅军中俘获的），其他各式小船用作辅助，执行运输、侦查、传递情报等任务，也属必不可少。史书没有探究守卫和补给的常规工作。但是从时间上仍然很清楚地看出，从应天赴援的朱军是完全走水路的（从广信赴援的朱军大约同时走陆路出发）。关于朱军战船的大小，史书记载的1360年的模糊数字是唯一的参考：平均每艘船上一百人。即使将帅的座舰会更大一些，但与陈友谅专门为此次大战建造的战船相比，还是逊色得多。

随朱元璋出征的将领有：右丞徐达、参知政事常遇春，这二人是朱元璋麾下最重要的将领；帐前亲军指挥使冯国胜；同知枢密院事廖永忠、俞通海，这二人是从前巢湖水军头目，现在则统领朱氏政权的大部分水军。他们对鄱阳湖水战影响最大。对于下级武官，参加这场战役将成为他们人生中的里程碑，足以与朱军首次渡江相比。

① 《太祖实录》卷一二，页6a；《国榷》，页302；《明史纪事本末》卷三，页14a。癸酉即8月15日。

② 《天潢玉牒》，《纪录汇编》卷一二，页5a。提到朱军的船只数量，所有史料都用“千艘”一词。这些船中很多都是1360年俘获的汉军船只，当时这些船就有“千艘”之多。1360年集中在应天的朱军，加上原来的守军约有十万人。除了那时归附的巢湖水贼的残部，胡廷瑞部的归附也使得朱军主力大大扩充。但是因为需要一支可靠的大军镇守南昌，这些新获得的兵力大部分被抵消了。所以1363年时赴援南昌的朱军大概不会超过十万。

航行途中有两个插曲。“有大鱼二，鳞鬣异常，出没波浪中，夹上舟，泝流直过小孤，众以为龙云。”未来的皇帝在大战之前尤其需要吉兆。8 月 24 日，大风吹翻了冯国胜的船，船体破坏严重，朱元璋命冯氏回应天修船。次日，水军抵达湖口。整个行程逆流航行约四百千米，用时九天，并无汉军水师前来截击。[①]

陈友谅南昌撤围（8 月 28 日）

鄱阳湖与长江的交汇处就在湖口县城边上，湖口迤南还有一条约五十六千米长的狭长水道，过了松门山，湖面才豁然开朗。进了鄱阳湖，就能从水路到达江西的大多数城邑。因为江西的城邑大多沿赣江、抚河、信江、修河四大水系分布，而这四条河流都汇入鄱阳湖。所以湖口到松门山这段狭长水道是从水路撤出江西的必经之路。汉军占领了湖口，防备却很松懈。8 月 25 日，朱军兵不血刃进占湖口。

朱元璋派指挥戴德率领一支人马，守住鄱阳湖与长江的真正的交汇处泾江口，又派一支人马守住南湖嘴，此地是水道的狭窄之处，紧临南康。[②]另外传令广信方面的朱军向西行军近二百五十千米抵达位于抚河上游、南昌东南的武阳渡，防止汉军由陆路从抚州方向赶来。[③]陈友谅掌握着吉安和临江，也就控制着整条赣江。都昌和饶州也屯有陈友谅的大军。如果朱军在鄱阳湖大战中取得决定

---

① 《太祖实录》卷一二，页 6a；《国榷》，页 302；《明史纪事本末》卷三，页 14a。壬午即 8 月 24 日，癸未即 8 月 25 日。

② 泾江口在湖口下游不远的长江北岸，南湖嘴在湖口到星子县（南康府治）的水道的最狭窄的地段。《明史·戴德传》和《皇明开国功臣录》（卷五，页 12b）都没有提到这个部署，也没有提扼守南湖嘴的将领是谁。

③ 《太祖实录》卷一二，页 6a；《国榷》，页 302；《明史纪事本末》卷三，页 14a。

性胜利（并没有立即发生），守在抚河上的这支强大朱军便能将汉军截断，使其无法从陆路集结。如果形势有利，这支人马也可以救援南昌。然而非常重要的是，汉军舟师从南昌撤围之前，广信兵不能向西过于深入，不然就会被汉军的优势兵力击破。

史书没有阐明，陈友谅没能守住湖口，是因为缺乏情报，还仅仅是因为过度沉迷于攻打南昌。张子明事件后，他必然知道朱军的援军将不日到来。谨慎起见，陈友谅应该立即最后一次强攻南昌，然后就把大军调往湖口和泾江口。扼住这个咽喉要道，朱军能不能进鄱阳湖就尽在陈友谅的掌握之中。即使考虑到三个月攻城的损失，汉军兵力也足够一面继续封锁南昌，一面扼守湖口。如果其兵力不足以支持两线作战，那么对他来说最急迫的事是，从速击破朱氏水军，防止其与广信兵或者南昌守军会合。在湖口决战，至少陈友谅还可以在战局不利时抽身逃回武昌。

时间已经过了许久，陈友谅一定不会还以为朱文正会遵守以前的投降协议。但7月24日之后，汉军再也没有攻城。接下来一个月，陈友谅只是死死围城，想用粮绝迫使城中守军投降。陈友谅很可能低估了朱元璋集结大军救援南昌的速度，认为朱元璋至少还有半个月才能赶到。8月25日，陈友谅已经错失先机，处境极其危险。

8月28日，朱军水师通过松门山水道，进入鄱阳湖。同日，陈友谅结束了八十五天的南昌之围，令大军登舟，经赣江进入鄱阳湖。[①] 他现在唯一的希望就是击破朱军水师。开阔水域比峡口和赣江三角洲都有利于汉军水师，所以陈友谅迫不及待地接受了朱元璋的挑战。有人可能认为朱元璋的舰队较弱，而陈友谅则会拼死冲出

① 《太祖实录》卷一二，页6ab；《国榷》，页302—303；《明史纪事本末》卷三，页14a。丙戌即8月28日。

鄱阳湖，而且作战条件非常有利。其实朱元璋也有很多选择。他嘴里说着要解南昌之围，但如果不能直接击破汉军达成目的，朱军水师还可以退往松门山水道或更远的地方，将汉军水师困在湖中。后来朱元璋也正是这么做的。

赣江在南昌以南，向北流经一片广阔的三角洲之后汇入鄱阳湖。史书没有明确记载陈友谅取哪条水路进入鄱阳湖。从双方第一次交战的地点可以推测，汉军水师的路线是经三角洲，到达赣江以东的抚河下游，从抚河河口进入鄱阳湖。陈友谅原先的意图或许是先同饶州守军会合，再迎战朱军。

如果陈友谅的意图真是如此，那他真要失望了。次日（29 日），两军遇于康郎山。康郎山是鄱阳湖南部最大的岛。前一天朱元璋已告知众将：陈友谅听闻我军前来，已撤围迎战。康郎山之战当天，陈友谅派巨舰列队迎战，朱元璋对众将说："彼巨舟首尾连接，不利进退，可破也。"①

这个判断可以和亚克兴（Actium）海战的传统解释相比较。亚克兴海战中，埃及舰队想要突破罗马舰队对海湾的封锁。希腊化地区三百年来在造舰领域互争雄长，埃及巨大但不灵活的战舰就是集大成之作。埃及海战的战术也相应落后，这些巨舰只能用作步兵的作战平台。相比之下，罗马海军是在一百多年来清剿海盗的过程中发展起来的，战舰一代比一代小，其基本策略就是将舰船本身当武器，用撞角破坏敌船的船桨。

在一定条件和范围内，可以用亚克兴海战为模型来分析鄱阳湖水战。第一，没有史料提到撞角，战船肯定也不是为此设计的。中国式

---

①《太祖实录》卷一二，页 6a；《国榷》，页 303；《明史纪事本末》卷三，页 14ab。丁亥即 8 月 29 日。

的船只都是用方形木材建造的（square transom），没有能支撑撞角的重型龙骨。朱军战船优越的机动性是最重要的，因为他们可以占据上风位，用投石机发射燃烧弹或者施放火船都是有利的。第二，汉军的战舰之所以造得那么大，是把它作为攻城时的高度机动的辎重队，而不是用来水战的。在那个时代的战争中，水师一般而言只是攻城的辅助力量。船与船之间的厮杀是比较少见的。同样，朱军也只能用手头现有的舰船对抗汉军水师，没有时间，也没有意识专门针对汉军船只的弱点设计和建造战船。在这里必须强调的是，在浅水水域作战的战船，必须要保证吃水浅，即使牺牲其他性能也在所不惜。在设计专门辅助攻城的船只时，陈友谅赌了一把，赌的是速战速决，在长江汛期之内就可以拿下南昌。南昌久攻不下打乱了他的计划，他只能在夏末水位降低时打这场水战。这对朱元璋当然是一个意外之喜。第三，当指挥巨大笨重的船只时，最佳策略是将船只连在一起；而分散则会被各个击破。在鄱阳湖大战开始时，陈友谅遇到了严重的麻烦，但这是因为他早前犯的错误，在实际战斗中，他的表现还是值得称道的。

8月29日，双方遭遇的时间一定很晚，因为真正的战斗要到第二天才爆发。汉军战船排列紧凑，朱元璋将水师分作十一队，下令将士靠近敌舰时“先发火器，次弓弩，及其舟则短兵击之”。“火器”的定义并不明确，因为朱军从未在下风向发射过“火器”，所以“火器”除了指火铳（当时火铳刚刚用于实战），也可能包括发射燃烧弹的投石机。[①] 夜间，双方水军落锚对峙。[②]

① 《太祖实录》对更传统的武器着墨更多，但是明军已装备了相当数量的火器。《国初群雄事略》（卷四，页19a）引《纪事录》，列举了火炮、火铳、火箭、火蒺藜（可能相当于小型燃烧弹）、大小火枪、大小将军筒、大小铁炮、神机箭。还有一种两船相靠时向敌船扔炸药包的发明——“没奈何”，据《纪事录》记载，敌船面对这种攻击无处可逃，但是对于施放炸药包的船来说，同样危险。

② 《太祖实录》卷一二，页6a；《国榷》，页302；《明史纪事本末》卷三，页14ab。

鄱阳湖水战（8月30日—9月2日）

8月30日清晨，徐达、常遇春、廖永忠率水军总攻，大战正式打响。三将指挥的兵力超过朱军的半数。徐达的座舰一马当先，首先与汉军水师接战。此役朱军杀敌一千五百人、俘获巨舰一艘。汉军水军主力迫近，经验丰富的朱军水军将领俞通海抢占上风向的位置，以投石机发射燃烧弹（“发火炮”），焚毁敌船“二十余”艘。[1]

这一波进攻并没有动摇汉军的阵脚。相反，打头阵的三支朱军舰队开始崩溃。徐达的座舰着火，汉军战船乘机围攻徐达座舰，朱元璋亲率预备队救援徐达，徐达扑灭船上的大火，“力战，敌乃退”。我们怀疑朱元璋是否加入了驱逐汉军的战斗，使徐达暂时脱离了战斗。其他史料记载，朱元璋旗舰外观特殊，而旗舰一般是通过不同的旗帜区分的。

汉军的反击是由大将张定边指挥的。他是非陈友谅亲属的最重要的大将之一。朱元璋的旗舰[2]搁浅在沙滩中，被汉船围住。汉船和朱元璋的船保持一定距离，以免也搁浅。张定边的旗舰继续向前冲杀。混战开始了。后来康郎山忠烈祠中供奉的许多人都是在此役战死的。朱军元帅陈兆先与程国胜向敌人勇猛冲杀，都战死了。元帅宋贵和指挥韩成也战死于此。韩成舍身报主，换上朱元璋的冠服，面对敌人，主动投水而死。可能此举震惊了敌人，汉军暂停了进攻。但是这再一次暗示了，他们不接近朱元璋的座舰是为了避免自己搁浅。

---

① 史书记载他“乘风纵火”，可见并没有使用火炮。见L. C. Goodrich and Feng Chia Sheng, “The Early Development of Firearms in China.” Isis 36: 114—123 (1946)。

② 《国榷》页303提到朱元璋旗舰名叫“白海”。

此时，常遇春率部反击，贴近张定边座舰厮杀。常遇春亲自弯弓搭箭，射伤了张定边；与此同时（中午和午后），朱元璋和徐达都不再战斗。俞通海来援朱元璋，再次挽救了局面。俞通海乘舟速度极快，掀起了巨大的波浪，朱元璋的旗舰摆脱了沙洲。张定边想逃走，于是朱军水师（或者剩下的有战斗力的部分）集中兵力对付他，俞通海和廖永忠选了最快的船追击，但明显并不坚决。[①] 张定边的座舰中了"百余矢"，所部伤亡惨重。朱军的麻烦并没有结束。常遇春的座舰又搁浅了，幸而被随波而下的弃船撞上，在救援赶来之前就摆脱了搁浅。此时已经日暮，双方都无心再战。[②]

第一天的战事，最可惊异的就是朱军船只频频搁浅。五位主要指挥官，有两位的座舰搁浅。我们不得不推测，其他战舰其实也一样容易搁浅，大多数朱军船只都面临这个问题。但是没有史料说明汉军船只面临同样的问题，即使是最靠近朱军搁浅船只的也没有。由此我们可以得出三点结论：

（1）朱军的大船都由朱元璋、徐达、常遇春亲自指挥。这三人主要的作战经验是陆战，他们指挥的船只，为的就是和敌船战斗，战术是钩住敌船，士兵跳上敌船搏斗。俞通海和廖永忠两员大将，曾是巢湖水贼，有"水师"的经历。1355 年朱元璋率军南渡长江，靠的就是他们的船只。此后他们的部属成为朱军水师的骨干。他们的船只轻巧、航速快，战术以使用远程武器为主。[③] 同样的水域，

---

① 此时俞通海受到了强大的压力，见《明史》卷一三三，页 4ab；卷一二九，页 10b—11a。

② 《太祖实录》卷一二，页 6b—7a；《国榷》，页 303；《明史纪事本末》卷三，页 14b。戊子即 8 月 30 日。

③ 《国初群雄事略》（卷四，页 19a）引用《纪事录》证明廖永忠和俞通海分统朱军水师的两翼。

朱元璋和常遇春的船接连搁浅，而俞通海的船进退迅捷；再对比他们的战术，一切就很明白了。

（2）朱元璋对白天战斗的计划是，先用重舰在前面牵制敌军（需要注意，虽然是重舰，但也比陈友谅的巨舰小了不少），以轻快小船绕至敌军侧翼和后方实施火攻。朱元璋希望如此打乱敌军阵脚，迫使敌军阵线向中间收缩，从而消灭一大部分敌军。他推测，汉军巨舰笨拙，侧后遭到奇袭，难以及时反应。他寄希望于自己最得力的两员水师大将能够奇袭得手。所有史料记载，这天早晨，朱元璋同时命徐达和廖永忠“进兵薄战”，模糊了这一图景。在接下来的战斗中并没有廖永忠的记载，直到午后追击张定边时，廖永忠才出现。无论他上午做了什么，他的任务和重型舰队的任务一定是不同的。可能他和俞通海各当一面，如果是这样，俞通海的舰队顺风发动火攻时，他则在汉军舰队的下风向，难以进攻。

（3）朱元璋的部署没有奏效，并不是因为将领们没有执行到位（这是次日的问题），仅仅是因为朱军的战船太弱。俞通海并没有打乱汉军的阵脚。汉军以压倒性的力量反击，将朱军赶进浅水水域。朱军舰船在浅水区运动不便，但同时也保护它们免受汉军巨舰的进攻。如果有人能考证出朱元璋是特意选择了背靠浅水区作战，那么将会大大提高人们对朱元璋军事才能的评价。但是无论如何效果是一样的：他成功地拖到晚上，汉军船只自行撤退了，在夜间有组织地作战几乎不可能。任何混乱对实力较弱的舰队都是有好处的。

白天的战斗挫伤了朱军的士气。朱军上下都不愿次日冒险再战，想打退堂鼓。朱元璋在自己座舰上召集众将，讲明次日的作战计划，令众将起誓死战到底，并派徐达回防应天。《明史·徐达传》则记载，首日战斗之后，朱元璋“知敌可破，而虑士诚内犯，即夜遣达还守应天”。[①]

然而，首日的战绩丝毫不能得出如此乐观的评价。8月15日之后，任何对张士诚进犯应天的忧虑都是符合逻辑的，但仅仅这一条原因还不能解释朱元璋为什么在8月30日晚上派徐达回防，其时还没有战胜汉军。这里还有一种解释：朱军不少战舰受损，徐达本人的座舰同样遭到损坏。朱军士气低落，次日战事的胜败难以逆料。在这种情形下，受损战舰会成为战斗时的妨碍，需要撤退时又十分危险。于是，让受伤战舰尽快撤出战场是顺理成章的事。朱元璋将这个任务交给了自己最信任、最得力的部将徐达。徐达很快担起了应天的防务。

8月31日清晨，朱军前进的角声响起。战斗再次打响。这次朱元璋亲自布阵，指挥进攻。陈友谅将自己的巨舰集中起来布阵（小船不在此列）。[②]朱军将士还对前日的战斗心有余悸，踟蹰不进。汉军战船巨大，“望之如山”，连朱元璋自己的旗舰都不敢近前。朱军水军右翼退却，朱元璋下令立斩队长十余人。

即使用了如此激烈的手段，朱军的进攻还是无法步调一致，取得显著成效。《太祖实录》记载：“诸军奋击敌舟，敌不能当。”其实

---

① 《明史》卷一二五，页2b；《太祖实录》卷一二，页7a；《国榷》，页303；《明史纪事本末》卷三，页15a。

② 《明史纪事本末》直接说“连锁为阵”，而《太祖实录》只说“联舟”。汉军舰船互相靠得太近，操控不便，《三国演义》第四十七到四十九回，曹操采纳了铁索连船的建议，结果被敌方的火船焚烧殆尽，《明史纪事本末》中加的“连锁”二字可能就是来自这个传统。《大明英烈传》里描写得更细致：刘伯温登上祭坛祈求风向转变以利于朱军火攻，同《三国演义》中的诸葛亮借东风如出一辙。参见Chan Hok-lam, “Liu Chi (1311—1375) in the Ying Lieh Chuan: The Fictionalization of a Scholar-Hero,” *Journal of the Oriental Society of Australia* 5: 1—2; 25—42(1967)。跟本研究相关的地方在于，两部小说都说明中国将领清楚地认识到，只有风向对的时候才能实施火攻。风向的转变很可能只是偶然，而朱元璋已经预备好了火船，只等机会出现就发动火攻。汉军船只挨得太近，对风向的突转猝不及防。

朱军在这天一早就损失惨重，足以使朱军水师次日失去战力。参加上午战斗的将领有五个入祀康郎山忠烈祠。枢密院判官张志雄（1360 年安排了巢湖水贼残部向朱元璋投降的事宜）的座舰折断了桅杆，敌方发现后，集中船只围攻。张志雄无路可走，自刎而死。同知枢密院事丁普郎“身被十余创”，死后仍不倒地，直立船上，手握兵器，保持着战斗的姿态。敌军“畏之若神”。还有三名朱军元帅也和他一同战死。

这一天的战斗，朱军是失利的。元帅郭兴向朱元璋进言：“非人不用命，舟大小不敌也。臣以为非火攻不可。”

在激烈的战斗之中，郭兴如何建言不得而知。因为以郭兴的官职，应该会有自己的座船。但《太祖实录》中给出的事件的顺序肯定是错的：准备火船至少要花几个小时，所以朱元璋如果等到下午风向转为顺风时才下令准备火船，日落之前是不可能做完的。郭兴一定是在上午的战斗结束后马上向朱元璋进言的，因为他提到了参战的朱军将领令人失望的行动。

朱元璋采纳了郭兴的建议，命令常遇春等人调集渔舟，装以苇草，苇草里放置火药，每艘船上扎起草人，草人都穿着甲胄，拿着刀枪。这些手段都是为了迷惑敌人，因为载满士兵的战船是不可能作为火船的。朱元璋选派若干“敢死之士”驾驶火船，希望能在最后一刻逃离。下午，东北风起，朱军位置变为上风位（同时证明了朱军阵线面对的敌军是靠南或者东南方的），朱元璋命令用“走舸”（桨划船）将七艘火船推向朱军战线最前方，乘风纵火，直迫敌舰。[①] 风急火烈，而汉军巨舰结为水寨，本就进退不灵，加上风向

① 《明史》俞通海和廖永忠的传记记载，火攻是这二人执行的。见《明史》卷一三三，页4b；卷一二九，页11a。

突变，所以难以避开朱军火船。

大屠杀开始了。汉军舰船被焚毁“数百艘”，“燔焰涨天，湖水尽赤”，史书坚称朱军这一击就消灭了汉军大半兵力，以七千伤亡的代价歼灭六万汉军。[①] 这个说法有一个证据支持，就是陈友谅的弟弟陈友仁、陈友贵以及平章陈普略在此役中被焚死。史书对于陈普略没有评价，而称陈友仁“枭勇善战”，友仁之死，陈友谅为之丧气。朱军借着火攻造成的混乱，继续进攻，并且跳上一些没有焚毁的汉军战船，又斩首两千余级。这两千人不包括被烧死的汉军士兵，因为烧死的是没办法计算“首级”的。[②]

即使考虑到史书夸张的癖好，朱军在 8 月 31 日下午大获全胜也是显而易见的。汉军船只焚毁“数百艘”的数字也可能是真的。因为接下来的战斗中，双方的实力更加均衡了。然而接下来的战斗也说明了两点：(1)朱军舰队自身损失惨重，次日全天都在修理船只；(2)朱军最终向湖口退却，可知汉军即使在 8 月 31 日损失惨重，实力依然强于朱军。

次日，即 9 月 1 日，没有战斗的记载。汉军舰队需要修理和重组。更让人奇怪的是，朱军没有乘胜追击，一举消灭汉军。按理说，敌军还乱作一团，破绽百出，应该趁夜再发动一次火船突袭

---

① 《国初群雄事略》(卷四，页 20a)引《纪事录》。如果算上回防应天的徐达部的损失，整个朱军的损失更大。俞本将前两天的水战都系在8月30日，记载红船(陈友谅一方)损失了二十艘，白船（朱元璋一方）损失了七艘，这七艘指的明显是火船。正如在1360年，俞本虽然参加了战斗，但是没有参与计划制定，所以不知道那七艘船是用作火船的。《纪事录》时间顺序偶尔错乱，而细节栩栩如生，是事后回忆常见的情况。

《平汉录》(《纪录汇编》卷二八，页8b）记载8月30日汉军损失两三万人，而31日只损失两千人。两三万人只能是第二天的损失数字，我没有对这些数字进行单独计算，因为已经包含在俞本给出的六万人中。

② 《太祖实录》卷一二，页 7ab；《国榷》，页 303—304；《明史纪事本末》卷三，页 15a—16a。己丑即8月31日。

（朱军预备的火船的总数目不清楚，31 日下午的战斗只用了七艘，很可能还有剩余）；纵然夜间不出击，次日也应该出击一次。然而，《太祖实录》对次日的记载只是朱元璋勉励部将。史书记载，汉军知晓朱元璋座舰的桅杆是白色的，事实上，朱元璋的座舰在前一天的战斗中就被辨认出了。但是朱军发现陈友谅设计想将朱元璋座舰与舰队主力隔开，这一计策要奏效，就必须识别出朱元璋的座舰。为了防止被敌军认出，朱元璋命令将所有朱军战船的桅杆连夜刷成白色。《太祖实录》记载，第二天“旦视莫能辨，敌益惊骇”。

史书的这段叙述也引发了很多问题。早在 8 月 30 日，汉军已经试图将朱元璋的座舰与朱军主力截断，而且付出了许多行动。光是这一天已经有太多证据向朱元璋证明他的座舰太显眼了。所以，第二天收到的一条情报不太可能是他隐藏自己座舰的唯一原因。桅杆连夜涂白，第二天一早敌人为之惊骇。因为战事在 9 月 2 日才重开，所以之前提到的“连夜”必然是 9 月 1 日夜间，这才和上文连贯，即 9 月 1 日整天朱军都在修船。傍晚，主要的修理工作结束了，朱元璋决定再加一项任务，将所有桅杆涂白，希望能造成敌军的惊慌。史料中没有提到朱军在这个时候遣返损坏严重的船只。[①]

9 月 2 日早晨，康郎山附近战事重开。据说此时发生了一件不寻常的事：“时刘基侍，忽跃起大呼，太祖亦惊起回顾，但见基双手挥之曰：‘难星过，急更舟！’太祖如言入他舟，坐未定，旧所御舟以炮碎矣。友谅乘高见舟碎，喜甚。俄太祖麾舟更进，皆失色。”朱

---

① 《太祖实录》卷一二，页 7b；《国榷》，页 304；《明史纪事本末》卷三，页 16a。庚寅即 9 月 1 日。《纪事录》（引自《国初群雄事略》）称汉军舰队为红船，朱军舰队为白船。有史料提到陈友谅的战船会涂成红色。有一种说法认为朱元璋的船只的桅杆在战前就已经涂成白色，只是有些船在 9 月 1 日完成了重新涂刷，《纪事录》的记载支持了这一说法。

元璋的座舰并没有沉，这个段子是后来添加的，为的是表现刘基的巨大影响力。但是这件事告诉我们，敌人靠旗帜就认出了朱元璋的座舰。这反过来说明了桅杆涂白只是船只整修工作的一部分，并不是为了使所有的船看起来一样。

这一天陈友谅并没有将巨舰密集布阵，这样一来火攻便更难奏效了。然而，由于巨舰数量大减，朱军水师便可以将其分割包围，各个击破。汉军巨舰行驶迟缓，遂难幸免。上午的战斗中，常常是甲板上的汉军士兵已经被杀尽了，下面的桨手和舵手还不知道，依旧划桨操船。这些人最后连同船一起葬身火海。

朱军胜利的原因和两天前是一样的：汉军舰队没能贯彻协同一致的战术原则，没能使各船密切配合，以最大限度地发挥自身的体量优势。陈友谅意识到，大型船只组成的舰队，自然要集中布阵。然而，船只太集中又会带来灾难。很明显，汉军水师没有受过多少协同进退的训练，但是现在汉军统帅又害怕集中，结果是船只被各个击破。从部署的失误可以知道，汉军的将领并不擅长单纯的水战。这反过来又证明了前面的论点：1360 年以后，最好的水师将领已经脱离了陈友谅的阵营。汉军水师主要的作用只是运输和攻城，这二者是有联系的。因为无论是组建汉军水师还是设计建造巨舰，都是 1361 年之后的事。当时整个巢湖水贼势力都投向了朱元璋。

上午的战斗中，俞通海、廖永忠、参政赵庸、汪兴祖（明水军的统领之一、佥枢密院事张德胜的养子。张德胜于 1360 年战死，同样出身巢湖的养子汪兴祖继承了他的职务）率六艘战舰深入敌阵，汉军巨舰在六艘船之前连成一线，朱军望不见六船，以为已经被击沉了，结果过了一阵，六艘船从敌船身旁绕出。“我师见之，勇气愈倍，合战益力，呼声动天地，波涛起立，日为之晦，自辰至午，敌兵大败，弃旗鼓器仗，浮蔽湖面。”俞通海等回阵，朱元璋向他们贺捷。这场勇猛的厮杀是整场战役的转折点。[①]

大战落幕与陈友谅之死（9 月 2 日—10 月 3 日）

9 月 2 日，大约中午前后，双方决定暂时休战。汉军做出这个决定是可以理解的。先是受挫于南昌城下，打破了速战速决、直捣下游的计划。现在又在四天之中连打三仗。此时看来，朱军明显占了上风。朱军对汉军相对的实力，比刚开战时大大增强了。汉军的战略目标一个一个落空，将帅意志动摇，陈友谅也不例外。这是比物质的损失更为致命的。连续四天，双方不是交战就是修船备战，而这一连串战斗对汉军来说，都是出乎意外的遭遇战。汉军实力折损严重，需要休整，争取时间制定力所能及的新目标。

汉军高层信心动摇的一个明显信号是，张定边想挟持陈友谅退保鄱阳湖北部的鞋山岛，[②]在那里重整旗鼓。这件事只见于《太祖实录》，也没有给出更多细节。然而结果是，张定边并没有因此获罪。9 月 2 日上午，汉军联舟发动了这几天以来的首次集中攻势，但既没有冲破朱军的包围，也没有逼退他们的阵线。陈友谅只得听从张定边的主张，收兵后撤数里自保。虽然后面的决策还是由陈友谅做出，但是他似乎未能恢复往日的权威，一切都要仰赖张定边。指挥层的变故并不能给汉军带来好处。现在，他们唯一的选择就是冲出鄱阳湖，返回武昌。但是汉军对朱军的优势很微弱，不足以保持攻

① 《太祖实录》卷一二，页 7b；《国榷》，页 304；《明史纪事本末》卷三，页 16ab。辛卯即9月2日。

② 鞋山即大孤山，在湖口以南的水道中。《国榷》和《明史纪事本末》都记录这是陈友谅本人的主张，而被朱军挫败。不管主谋是谁，这是放弃鄱阳湖的计划。

势。这个决定最后由合法性不如陈友谅的张定边做出，说明败局已现，出于对曾经与自己平起平坐的新贵的嫉妒，那些有了投降之心的汉军将领更坚定了自己的主意。如果这个推测是正确的，那么张定边最终逃回武昌所率的汉军残部多是从前的私兵。

同日午后，朱军战舰停泊在汉军五里外的柴棚，并发起挑战，[①]汉军不应。深水区对汉军舰船有利，朱军不想在深水区进攻。后面的事情需要解释。有人向朱元璋建议暂且后撤，让士卒休息。朱元璋立刻否决了此议，并说："两军相持，先退非计也。"俞通海进言："湖中水浅，移师长江较为得计。"朱军在长江上也有优势：因为汉军巨舰用桨橹操作不便，在任何水流中都更加危险。讨论中，刘基还提到了星象问题（"期金木相犯日决胜"）。朱元璋最终同意移师长江。

史书中给出的理由并不充分。史书一直夸大朱军的胜利，而其实朱军的损失也很惨重。[②]但非常清楚的是，朱军在8月31日战后与汉军的相对实力明显增强，并且在9月2日掌握了战术主动权。虽然汉军实力依然胜过朱军，但是当天的战斗本身还不能迫使朱军后撤。有证据显示（见《明史·常遇春传》），大概半个月之后，朱军士气低落，很大程度上是这次战略撤退造成的。但是在紧急关头，朱元璋总能使自己的部下竭尽全力拼死一搏。此时汉军士气比朱军还低。俞通海的言论很奇怪，浅水对汉军更不利，所以鄱阳湖是有利于朱军的。但是俞通海就在现场，而且是一个驾船的好手。他认为朱军在长江上与汉军势均力敌甚至略胜一筹，这个观点可以被接受——前提是能诱使汉军按照他的计策行事。

---

① 《中国古今地名大辞典》认为柴棚在"都昌县东南"。

② 四天的战斗下来，明军的损失大概在五分之一到四分之一，其中包括回防应天的军队的损失。王崇武注意到朱军的胜利有限，而汉军实力依旧强大。见王崇武：《明本纪校注》，香港，龙门书局，1967，页85—86。

这就涉及一个关键问题。要解南昌之围，必须歼灭或者绕过汉军舰队。所有史料都集中于朱军舰队在上游的进展和在鄱阳湖上的战斗。在南昌得到受到援助和补给之前，两场消耗战已经发生，问题在于是南昌先陷落，还是汉军先溃败。另一方面，如果朱军解除了南昌的危险，将其牢牢掌握，扼住赣水流域的门户，那么朱元璋可能会退守长江和鄱阳湖之间的水道。那样的话，汉军水军必须沿路攻打戒备森严的朱军据点，而且前进的每一步都是在极端不利的战术条件下。即使在 9 月 2 日，汉军依然十分强大，而且很可能数量超过朱军。事实上，汉军实力的确不俗，其中一部分能够突破重重险阻回到武昌。然而，朱军在 9 月 2 日上午并未败阵，如果朱军撤退不是因为失败，那么真相只有一个：朱元璋知道（至少是相信）南昌已经脱险。

因为朱军水师还没有到达南昌，这暗示我们，广信的人马很可能已经在 9 月 1 日之前抵达南昌，因为将情报传递给朱元璋至少也要用一天时间。史书在 8 月 25 日的条目中明确记载，广信的军队已经从陆路派出。史书是这么记载的："师次湖口，先遣指挥戴德以一军屯于泾江口，复以一军屯南湖嘴以遏友谅归师，又遣人调信州兵守武阳渡，防其奔逸。"湖口是鄱阳湖入长江的地方，泾江口更在湖口下游，而南湖嘴在鄱阳湖到湖口的狭长水道之间。这一部署大概是在朱军到达湖口时同时做出的。武阳渡在南昌东南的抚河上，如果当年的行军路线是沿着今天的铁路线，那么朱军从广信出发需要行进二百四十千米。

中国的军事作家认为，步兵加大车的军队一天可以行进三十里。[1]

---

① 这个数字出自《孙子兵法》。

如果给广信军的命令是在朱军到达湖口之后发出的，广信军到达武阳渡要到九月末了。然而，史书的措辞，让我们能够做出更为合理的解释：朱元璋决定出兵鄱阳湖时，就给广信军下达了命令。那是8月6日，朱元璋命徐达常遇春撤庐州之围也是一个证据。如果广信军准备时间是一周（水军准备也只用了九天），那么他们从广信出发的日子应该是8月15日，如果是这样，那么在康郎山之战打响时，他们应该已经到达南昌附近。广信军到底有多少人马不得而知，但是肯定比南昌的守军要少，因为浙江行省的大部分朱军都被牵制在本省。然而，陈友谅没有留一兵一卒封锁南昌，如果留了，史书会有战斗的记录，也就不用费力气推测陆路援军存在与否了。即使从陆路出兵的初衷只是防止汉军主力的会合，广信军的指挥官一旦发现围困南昌的汉军并没有自己预想的那么强大，自然会前往支援。

还有一条证据说明上文对南昌解围的推测是正确的。在顺江而下攻打湖口之前，陈友谅派出五百只船去抢掠南昌的粮食。[①] 朱文正派出一支人马奇袭，将汉军的抢粮船一把火烧光了。陈友谅没有抢到一粒米。如果不是相信南昌有粮，他是不会派船出去的。这些粮食应该不是来自南昌本地的粮仓。久围之下，南昌城中肯定不会留下什么粮食；汉军驻扎了三个月，南昌四郊也不会有粮。最后只剩下一种可能，粮食是广信军接济的。

可以确定，统领广信军的就是6月收复诸全未果的胡德智。史书没有记载他在这一年晚些时候参加了诸全战役，说明他那时还在

---

① 大多数史料都说是都昌，而《明史纪事本末》中南昌才是正确的，因为朱文正没有力量去阻止都昌的劫掠。南昌在那时叫洪都，但是在所有这些史料还没有编纂的时候就已经改名南昌了。

江西。这路军队没有参与战斗，史书只是含糊提及。但是这支军队从陆路支援南昌，发挥了极其重要的作用，朱元璋因为他们才得以暂停与陈友谅进行危险的、不对称的水战。9月2日夜，朱军放弃阵地，秘密撤退。汉军次日清晨才发现这一情况并采取行动。湖中浅滩极多，夜间撤退容易搁浅，于是朱元璋命令每艘船的船尾挂一盏灯笼，整个舰队排成一字长蛇阵，每艘船都跟着前面的船行驶。之后每天的时间轴并不清晰，所有的事都系于两天之中。从康郎山到第一个锚地左蠡山至少需要两天。左蠡山在都昌县西北的水道之中，朱军到达那里不会早于9月4日。陈友谅发现朱军北撤后，也向北追踪，最后泊舟于左蠡山附近的潴矶。朱元璋并没有派兵扼守松门水道。①

双方抛锚相持了三天，延续着9月2日以来的僵局。刀兵的搏杀暂停了，文字的交锋随之展开。此时陈友谅的大军开始呈现瓦解之势。汉军内部最严重的叛离事件是左右金吾将军的反水。这件事也真切地说明了汉军众将的困境：

> 友谅左右二金吾将军率所部来降。先是，友谅数战不利，参谋于下，其右金吾将军曰："今日战不胜，出湖实难，莫若焚舟登陆，直趋湖南，谋为再举。"其左金吾将军曰："今虽不利，而我师犹多，尚堪一战，若能僇力，胜负未可知，何至自焚以示弱。万一舍舟登陆，彼以步骑蹑我后，进不及前，退失所据，一败涂地，岂能再举耶？"友谅犹豫不决，至是战多丧败，乃曰："右金吾之言是也。"左金吾将军闻之，惧

① 《太祖实录》卷一二，页7b；《国榷》，页304；《明史纪事本末》卷三，页16b—17a。

及祸，遂以其众降。右金吾见其降，亦率所部来降，友谅失此二将，自是兵力益衰。①

汉军依然强大，朱军仍要退避三舍。但汉军众将帅，包括陈友谅本人，对于突破封锁、打回武昌，都不那么有信心了。

朱元璋还没有抵达更下游的预定地点。他想要在左蠡山附近再打一仗，前提是汉军要在朱元璋预定的水域发动进攻，为此朱元璋设下一个圈套。他在陈友谅到达潴矶后致信，信中多有侮慢之辞。信的第一部分是对双方战争的冷静评价，表示刀兵相见绝非所愿；结尾部分则笔锋一转，非常有趣地提到陈友谅的船只："公乘尾大不掉之舟，顿兵敝甲与吾相持……"这封信没能挑动陈友谅出战，但他为了泄愤，将俘虏的朱军尽数处死。朱元璋却释放了汉军的俘虏，凡伤者都予医治，并下令祭奠战死的汉军将领。除了左右金吾将军，肯定还有不少汉军来降，只是史书中没有专门记载。②

朱元璋一直期待的左蠡山防守反击战落空了。汉军越来越绝望，等他们主动进攻大概是不可能了。于是他决定移师湖口，这个决定的做出不早于9月8日，很可能是之后几日。汉军还停泊在潴矶，陈友谅犹豫了十五天。9月23日当天或者稍后几天，他已经没有时间了："友谅住湖中既久，食尽，遣舟五百余艘掠粮于南昌，都督朱文正复使舍人陈方亮潜往燔其舟。友谅粮绝，势益困。"③汉军

---

①《太祖实录》卷十二，页8ab；《国榷》，页304；《明史纪事本末》卷三，页17a。这段故事应该是真实的，因为他们刚投降时，会当着掌管书记的幕僚的面，将此事禀告朱元璋。

②《太祖实录》卷一二，页8b—9a；《国榷》，页304；《明史纪事本末》卷三，页17ab。

③《太祖实录》卷一二，页9b；《国榷》，页304；《明史纪事本末》卷三，页18a。

掠粮失败的事说明了在胡德智的广信军和南昌守军会师后，已经完全控制了南昌周边地区，朱文正是最高指挥官。

如今的汉军，要么放手一搏，要么坐以待毙。下一条记录出现在 10 月 3 日，记载了他们的决定：“陈友谅穷蹙，进退失据，欲奔还武昌，乃率楼船百余艘趋南湖嘴。” 10 月 3 日是决定被执行的日期。汉军从潴矶向下游进发，在南湖嘴打一仗之后才能到达湖口和泾江口，所以进军南湖嘴的决策要比 10 月 3 日早几天。陈友谅派往南昌掠粮的船队，抵达、战败、消息传回，至少需要四天。如果派出的时间确如上文推测的是 9 月 23 日，那么汉军进军南湖嘴的日期大概是 9 月 28 日。

朱军已于 9 月 10 日从左蠡山移师湖口，并于县城周边立栅。南湖嘴和泾江口也有朱军驻扎，这两支人马在后来的战斗中起了重要作用。泾江口的驻军原先的任务是，万一朱军惨败，他们就是阻挡陈友谅的最后一道屏障。如果朱军战胜，单凭南湖嘴一支人马就可以截住汉军，防止其逃回武昌。鄱阳湖之战中，汉军虽然损失惨重，但并未溃散，而且实力很可能在朱军之上。朱元璋必须用这支兵力去补充二者的不足。常遇春和廖永忠率一路舰队“横截湖面，邀其归路”，而朱元璋率军移师湖口略微上游的长江江面。

除了主力舰队，朱元璋还派兵攻占上游约一百一十千米的池州和兴国。这支军队得手后，带回“十余艘”海船，可能在决战中派上了用场。[1]

朱元璋此时下定决心，在鄱阳湖汇入长江处堵截汉军，阻止其回到武昌。汉军要想突破封锁，首先要突破南湖嘴的岸防，然后

---

① 《太祖实录》卷一二，页 9ab；《国榷》，页 304；《明史纪事本末》卷三，页 18a。

在湖口外与朱军决战。朱军的部署确保了两支舰队在战役进行中都将到达泾江口。汉军水军向上游入长江会遭到朱军的堵截，并因为战斗的环境而陷于混乱。朱军舰队会向上游追击行驶较慢的汉军舰队，如果双方陷入胶着，一起漂向下游，那么汉军舰队会远离武昌。这个战略是俞通海首次建议撤出鄱阳湖时提出的："湖有浅，舟难回旋，莫若入江，据敌上流，彼舟入，即成擒矣。"[1]

很多史书里说，此时朱军士气高涨。而《明史·常遇春传》里的一段文字却否定了这种说法。《常遇春传》描写了8月30日到9月2日的战事之后，接着写道："诸将以汉军尚强，欲纵之去，遇春独无言。比出湖口，诸将欲放舟东下，太祖乃命扼上流，遇春乃溯江而上，诸将从之。"[2] 失败主义者的名字没有记载，不管他们身份如何，这条史料说明，未被击败的朱军士气之低落与被封锁的汉军相当。朱元璋做出背水一战、有进无退的部署，为的就是给手下官兵最后一战的勇气。如果朱军士气较高，可能9月2日之后朱元璋就会坚决阻止陈友谅进入松门山水道。可能上文记载的事件发生在9月8日之后几天，所以当汉军发动总攻时，朱军已经休整了三周了，而这三周正是汉军后勤补给不断恶化的三周。

汉军舟师从渚矶出发，攻打南湖嘴，没有费什么力气就突破了。汉军继续前进，10月3日早晨到达湖口。当汉军舟师进入长江、准备溯流而上时，湖口江面警戒的朱军水师截住了他们，朱军水师主力也很快赶到。朱军对自己一个月前的胜利记忆犹新，准备了火船火筏，点燃之后乘着西风顺流而下，[3] 冲入接近的汉军舰队。

---

① 《明史》卷一三三，页4b。
② 《明史》卷一二五，页13a。
③ 《国初群雄事略》卷四，页20b，引《纪事录》。

汉军舰队马上分散开来，掉头向下游撤退。之后双方陷入混战。最后，朱军舰队截住试图逃向上游的汉军战舰，这些战舰相持不下，向下游飘去。傍晚时分，汉军舰队漂到了泾江口，泾江口的朱军也投入战斗，在汉军水师挤作一团时，陈友谅中流矢而死。[①]

陈友谅战死的结局，最初有一个算命先生告诉过他。这位大仙准确地预言了1362年的反叛，由此得了神算的名声。其后，汉军降卒也确认，陈友谅在换船时，被流矢射中了眼睛，箭镞入脑，立时毙命。朱军听闻友谅的死讯，大呼喜跃，越发奋勇。陈友谅的太子也在此役中被俘。

日落之前，朱军水师泊在岸边，大多数汉军战船也这么做。你可以想象汉军将领之间产生了多么激烈的争论。陈友谅死了，他的太子被俘，两个弟弟也战死。一个月之间，有威望统领全军的人一个不剩。张定边想要代陈友谅的次子陈理摄政，而众将并不接受。张氏和其他两位将领连夜逃走，他们乘着小舟，走更浅更曲折的水道，躲过朱军的追击，最终他们逃回武昌，维持住了汉政权。张定边安葬了陈友谅，立陈理为帝。

10月4日，即张定边逃走的次日上午，余下的汉军投降了。其中，值得特别提及的高级降将有五人，指挥以下投降者五万余人。朱军完整地接收了汉军战船及其中的物资，令人骇怪的是，在一场生死一线的突围中，船上竟然还载有马匹。[②]

① 《太祖实录》卷一三，页1ab；《国榷》，页305—306；《明史纪事本末》卷一八，页18ab。壬戌，即10月3日。傅友德在鄱阳湖水战中遇汉军前锋，身被数创，其后又与诸将邀击汉军于泾江口，陈友谅败死，傅氏因此声名鹊起。见《明史》卷一二九，页6a。徐达返回应天时，可能在泾江口留下了一些伤势较轻的士兵。

② 《太祖实录》卷一三，页1ab；《国榷》，页305—306；《明史纪事本末》卷一八，页18b—19a。

对于朱元璋来说，最大的收获还不是俘获的船只和人马，最重要的是，朱元璋牢牢控制住了江西，当时江西的人口是湖南湖北人口之和的两倍。一旦江西的人力物力动员起来，那么朱元璋的下一步棋——灭吴，就更有把握了。

1364—1365 年，朱元璋都在忙于安定江西、征讨湖广。1366 年，朱元璋大举进攻张士诚。此时朱军气候已成，难以抵挡。1367 年，朱军攻破苏州。其后，朱氏政权开始同时向各个方向扩张。1368 年朱元璋称帝时，明军一边在华北平原驱逐蒙古军队，一边凭借水师在华南沿海攻城略地。1363 年之后，朱元璋再无兵力短缺之虞。从这个角度看，鄱阳之战的意义就更深远了：没有 1363 年的以少胜多的苦战，朱元璋就无法夺取全中国，此后的中国历史将完全改写。

回顾这场战役，朱军的胜利得益于对船只的有效运用。陈友谅仅仅把船只当作攻城的器械，张士诚的水军除了偶尔运兵，经常按兵不动，朱元璋的水军则用途广泛，且长于水战。实战中，朱氏水军用火铳、火船等武器纵火，用铁钩等拉住敌船，登船近战。当所有这些都无法击败敌军的优势舰队，朱军对鄱阳湖口的控制被证明是决定性的因素。

附录 朱氏政权的军事组织和等级

朱元璋占据应天，是韩林儿名义上的丞相。韩林儿伪称自己是大宋皇帝。朱氏政权直到 1367 年还是隶属于“大宋”的地方政权。朱元璋在应天建立的中央政府最高派出机关“行中书省”，自任丞相。行枢密院和行中书省平行，是名义上的最高军事指挥机构，朱元璋自任行枢密使。朱军最重要的将领都挂行中书省衔，这就意味着行中书省同时也是最高军事指挥机关，行枢密院则沦为闲曹，只有在授予最高级以下的军官等级的时候，枢密院在制度上的重要性才体现出来。1361 年，废枢密院，设大都督府，朱元璋的侄子朱文正为都督。朱文正作为朱元璋之下的“总司令”，也是名义上的。因为 1362—1364 年之间他实际上只负责南昌的防务。带枢密院衔的将领在 1361 年之后仍然保留枢密院衔。

除了朱文正和冯国胜（冯氏的职务比较特别，是“帐前亲军指挥使”），朱明军将领大概有七个层级，它们依次是：左丞、右丞、参知政事、同知枢密院事、佥枢密院事、同佥枢密院事、枢密院判官。最上层的三个其实是行省的文职头衔，这三个级别的将领独立统率浙江和江西的军队，或者在主力部队中受朱元璋直接指挥。后四个级别的将领或驻守重要城池，或是分统诸军。其他政权中将领的层级也大抵如此。

朱军起源于地方性的非正规的军队，在 14 世纪 50 年代混乱的十年中诞生。朱军一旦夺取一座城池，往往就会将其守军改编为一翼，其指挥官成为元帅。小一点的守军，约一千人，则命名为府，长官称总管。除了这些独立城市的守军，在应天还驻有十万大军，由朱元璋直接指挥，分作八翼。其中两翼是应天的守军，一翼是水军（秦淮翼），余下的前、后、左、中、右五翼则是主力野战军。1364 年，翼的编制正式废除，翼被重新划分为卫，长官称为指挥。总管府变为千户所，长官称为千户。一个卫编制为五千人。这次改编具有双重意义：第一，1363 年鄱阳湖大战之后，大量汉军编入了朱军，这就使得改编变得必要；第二，朱元璋个人权力大增，他第一次可以随意黜陟官员。1363 年时，朱军的组织远没有这么正规化。主动投效的军官，还会保持原来的等级，统领原来的军队。所以朱军同时存在着各种不同组织形式的残余。元帅和指挥、总管和千户是最常见的校官。

虽然武人的地位在朱氏政权初创时期非常重要，但朱元璋也致力于在所征服的地区建立正规的文官政府。每一个朱氏政权的地方政府长官，一般都有在应天任职的经历，他们在一定程度上起到限制军事长官权力的作用。见拙著《朱元璋的崛起，1360—1365》（页 98—120，469—479）。对这一时期朱氏政权的军事制度最好的研究当属青山治郎《朱吴国翼元帅府考》（《骏台史学》第 13 期，1963 年 3 月，页 91—116）。

1449 年土木之变 *

牟复礼（Frederick W. Mote）

中国的千年帝制到 20 世纪初才寿终正寝。对于帝制时代下的

* 关于参考文献的说明：

本文原创性的发现极少，只是重新梳理和思考了一段广为人知的史事，所依据的史料主要是官修正史，忽略了一些最近的学术成果，许多细节的疏失和错漏也在所难免。但读者如果能够从本文提供的角度重新思考土木之变，应该还是能够有所收获的。

下列文献之所以能够引起注意，主要有两个原因，一是能够证实一些非常要紧的史实，二是能够引发对耳熟能详的事件的重新思考。本文主要依靠主要是官修史书，这些官修史书都已列于Wolfgang Franke, *An Introduction to the Sources of Ming History* (Singapore and Kuala Lumper, University of Malaya Press, 1968)：

(1)《英宗睿皇帝实录》(Franke 1. 1. 5)

(2)《明史》(Franke 2. 1. 9)

(3) 谈迁：《国榷》。最有用的一部明朝编年史，跟本研究相关的是第二十七到二十八卷。(Franke 1. 3. 7)

(4) 夏燮：《明通鉴》。较为晚出的优秀的编年史，跟本研究最相关的是第二十三到二十五卷。(Franke 1. 3. 11)

(5) 谷应泰：《明史纪事本末》，最好的纪事本末体明史，跟本研究最相关是第二十九卷《王振用事》和第三十二卷《土木之变》。(Franke 2. 2. 11)

(6) 刘定之：《否泰录》，1449—1450年当时的记录。(Franke 2. 5. 1)

(7) 李贤：《古穰杂录》。李贤在土木之变时扈从出征，侥幸生还，后来成为名臣。(Franke 4. 5. 3)

(8) 杨铭：《正统临戎录》。作者杨铭是汉化的蒙古人，1449—1450年充当翻译的角色。这本书作为分析蒙古人的动机和态度的史料应当谨慎使用。见Hok-lam Chan (陈学霖), "Draft Biography of Yang Ming," in Ming Biographical History Project, Columbia University, *Draft Ming Biographies*, no.14, 1971。(Franke 2. 5. 3)

中国执政者来说,军事与整个中华文明相比只是次要的问题，事实也应该如此。然而在古代中国，军事支出占政府支出的比例一向都是最大的。政治家们为此思量得殚精竭虑，争论得舌敝唇焦，由此也影响到千家万户的日常生活。军事组织如何运作？如何做出决策？何时主动出击？怎样安排防御的重点？对于这些问题，从15

从北京到大同、再从大同回北京的路线，是很难确定的。本文主要依据的史料是1884年《畿辅通志》。该书第四十六和五十二卷有顺天府和宣化府的详细地图，第六十五卷《山川》、第一百二十一卷《营汛疆里》关于宣化的部分，尤其相关。关于从天城（今天镇县）到大同一段路线，用的史料是1782年《大同府志》。它的地图用处不大，但所列的地名更为详细。近来苏同炳所著《明代驿递制度》（台北，学生书局，1969）非常有用，尤其是页161宣府的军事区划图。有了地图和这本专著的帮助，很多地理问题的细节还是不能确定，需要进一步研究。顾炎武《天下郡国利病书》（1831年版，Franke 8. 1. 10）有北直隶十一卷、山西五卷，提供了大量宝贵的军事和地理信息，虽然没有直接讨论土木之变，但是分析了当地的状况，尤其是当地的军事化，一定是1449年蒙古入侵以及其后持续威胁的后果。

《明代名人传》（*Ming Biographical History's Draft Ming Biographies*，是为正式的《明史》所写的传记稿，从1964年起就由哥伦比亚大学不定期出版）中两篇傅吾康（Wolfgang Franke）的执笔的《王振传》和《朱祁钰传》与本文直接相关。傅吾康关于于谦的研究也是当今分量最重的，他的“Yü Chien, Staatsmann und Kriegsminister, 1398—1457,”刊登于*Monumenta Serica* 11：87—122（1946）。傅教授还有许多其他关于明前期的重要研究。

司律思（Henry Serruys）多年以来致力于汉蒙关系的研究，是这个领域的权威。他的成果与本研究最相关是里程碑式的著作*Sino-Mongol Relations During the Ming*，都在*Mélanges Chinois et Bouddhiques*丛书中出版，即第一卷*Mongols in China during the hung-wu Period, 1368—1398*（MCB XI, Brussels, 1956—1959）、第二卷*The Tribute System and Diplomatic Missions 1400—1600*（MCB XIV, 1967）。这几部书后面列的参考文献，对于最近的研究很有参考价值。

研究中蒙关系的日本学者中，和田清是最重要的一个。他关于明蒙关系的研究成果都收入文集《東亞史研究：蒙古篇》（東京，東洋文庫，1959）。文集中没有专门研究土木之变的文章，但有对长城防御体系等问题做了宝贵的研究。本文还引用了荻原淳平的两种研究。

中国学者对该问题的研究较少。值得一提的是赖家度、李光璧《明朝对瓦剌的战争》（上海，上海人民出版社，1954）。这本小书是民族主义的历史书写的一个范例，其民族主义感情之强烈，已经扭曲了历史，压倒了扎实的学术研究。

在这里我衷心感谢华盛顿大学中国研究会的同事，他们的热情讨论使得本文更加完善，也提高了我本人对这个问题的认识。弗兰克·基尔曼博士一开始就鼓励我写作本文，并在写作的每一个阶段都提供了建设性的意见。司律思博士审阅了文稿并且给出了很多有价值的建议和修改意见。陈学霖博士也读了本研究较早的文稿，提供了很多有用的信息，但文中并没有一一提到。本文最终定稿由我一人负责，如有任何错误，概与以上诸位先生无关。

世纪中期的一起荒唐的事变中，我们可以得到一些答案。

事情发生在 1449 年夏天。皇帝年纪尚轻，大太监王振实际控制着内廷和外朝。王振率领一支大军征讨蒙古，使军队陷入本可避免的绝境，明军被敌军一股先头部队杀得血流成河。随皇帝出征的所有高级将领，连带王振本人，都葬身沙场。皇帝被生擒，做了一年俘虏。这种危机足以灭亡明朝，至少会使明朝丢掉华北。北京朝廷的果断既拯救了王朝，也拯救了国家。但这起事变在明朝的政治家乃至百姓心中都留下了太深的烙印，“蒙古的威胁是首要的”这一观念一直保持到明朝灭亡。土木之变的过程及屈辱的结局，在明史上简直难以置信，如果你了解它的细节，就更会觉得如此了。这起事变之所以值得研究，是因为它揭示了明朝军事机构运作方式，还能够帮助我们理解接下来几个世纪的军事史。

本文分为五个部分：前两部分简要介绍事变的背景，结论是 1449 年的惨败是明朝政府和蒙古之间问题发展的顶点。第三部分应该题为“如何失去一个皇帝”，通过爬梳传统史料，厘清时间脉络。第四和第五部分是对事变推理性的思考，其中一些思考并不能从本文给出的史料获得支持，但还是值得提出，以供对明清史和军事史有兴趣的读者了解。[①]

蒙古的兴起

中华帝国晚期由朝廷直辖的军队，除了承担越来越具象征性的护卫皇帝及皇陵的常规任务，还有两个明确的任务：预防和镇压造反，防止国内混乱；戍守北方边境，防止外敌入侵。正规军几乎不

① 见以上文献说明。

用承担警察的职能。他们对内维持秩序的功能，到王朝受到政治性威胁的时候才发挥出来。至于外敌，历来只有北方边境对中国构成重大威胁，其他三个方向的边界都是“软”的，汉族和异族的冲突可以被控制在地方冲突和政治活动层面。即使是边境问题需要朝廷军队来解决（比如1406年对安南的战事、15世纪40年代西南边境的战事，规模极大，而战略上得不偿失）[①]，也从不或者极少对中央产生威胁。他们既不会改朝换代，也不会侵入中原腹地，只局限在边远地区。

从大西北的青藏高原边缘，到松花江和黑龙江流域的茫茫林海，可以划出一条定居的汉人和其他少数民族的分界线。北方少数民族的政治和军事组织能力极强，足以对中国构成威胁。中亚草原是历史上很多民族的故乡，他们懂得汉人的生活方式，却不能总是模仿，这在汉人看来是不可理解的。他们在不同程度上对中国有着物质依赖，经常通过武力掠夺、勒索，或者有计划地压榨中国的物资。为了将掠夺常规化，他们在帝制时代（从公元前200年到20世纪初）的中后期越来越擅长统治中国北部边境与他们相邻的地区，而且设计了诸多政治军事措施使掠夺常规化，不然单次军事入侵之后，掠夺就会结束。这些措施包括以巨额的财物换取和平的条约，以及占领和直接统治。

在整个中国历史上，长城都是一条剑拔弩张的边界。中原王朝

① 15世纪40年代的云南战役相对宫廷政治而言规模大，意义重要，也是王振的军事冒险主义导致的。战役的目的是镇压滇缅边境的土司。其梗概见谷应泰《明史纪事本末》卷三〇；又见黄仁宇为思任法作的传，收入《明代名人传》（*Draft Ming Biographies*, no.8 [1967]）。关于总体的战和问题的讨论，见Jung-pang Lo, “Policy Formulation and Decision-Making on Issues Respecting Peace and War,” in Charles O. Hucker, ed., *Chinese Government in Ming Times: Seven Studies* (New York, Columbia University Press, 1969), pp.41—72。

强盛的时候，政府可以确保长城以内地区的安全，并对其实行直接管理。更强盛的时候，中原王朝用以夷制夷的办法来干涉长城以外的权力安排，这样既能防止草原部族凝聚成一股势力对付自己，也可以将自己的影响力扩张到长城以外。中原王朝虽然偶尔支持百姓在塞外定居，但仅仅止于防御性地扩张自己的势力，而并不想直接统治长城以外太远的地方。北方草原，即使是邻近长城的北方草原，从未彻底受到中原王朝的控制。中原王朝并没有像罗马一样，对其北部边境实施武力征服、军事占领、建立殖民地、汲取财赋。罗马人用武力扩展疆土汲取财赋的做法，更像是草原民族对汉族的做法。

虽然在汉唐时代，中国的势力远及中亚，但直到17世纪后，草原地带才成为中原政权的有机组成部分。清朝三百年的内亚草原政策，完全符合中国的利益，使得现代中国既可以继承前代王朝的传统疆域，又能继承清朝平定的疆域。内蒙、东北地区（除明代的辽东以外）、新疆（塔里木盆地及周边绿洲地区）被中央政府直接管辖，文化上在一定程度上开始汉化，都是清朝统治带来的一个意外的好处。当然，还有许多其他民族国家的例子，现代民族国家偶然地在民族国家概念凝固之前继承了周边地区。在这里介绍后来的历史发展，就是想要引入对于中国北方边境地图的一种更开阔的眼光，这样我们才不会把看现代地图领土划分的眼光投射到历史当中去。

明朝（1368—1644）早期同蒙古的关系处在一种变动不居的环境中。“蒙古”一词的概念——涵盖了长城以北所有的相邻地区——正在形成。中原王朝在长城沿线的势力在崩溃了数百年之后，此时又重建起来了。蒙古强权土崩瓦解。明朝的势力成功地伸展到长城以北尚未直接统治的地区。明朝初年，明军多次进攻蒙古残部。当时明军多能征惯战之将，皇帝有时还会御驾亲征。明军在蒙古的地域打败蒙古人（其战术很大程度上模仿蒙古人），对蒙古军事社会的高层组织施加强有力的干预。明初的君主显然希望可以给蒙古各部划定领土，让部族首领向明朝称臣纳贡，但没有什么成效。日后清朝的政策也是如此，但远比明朝成功。

蒙古社会的组织结构和汉族王朝大相径庭。蒙古社会是军事化的，各个小部落组成军事联盟，中国人会把它们看作行省，这种类比虽然在描述蒙古的组织结构上有用，但是它们又不是行省，因为它们可以成为国家级别的组织。在诸如成吉思汗及其子孙那样卓越的统帅下，这样一个相当于国家的部落联盟会扩大成一个众多国家联合的广袤帝国。成吉思汗的胜利是因为他建立了可能是最大的帝国级的超级联盟，然后利用其军事资源，征服世界。成吉思汗死于1227年，但是他开启的势头一直继续到13世纪中叶。顺着这股趋势，13世纪70年代蒙古征服了长城以南，忽必烈建立元朝。

元朝在中国的统治崩溃之前，帝国层面的蒙古权力结构就先崩溃了。因为早期的大汗开拓的疆土太过辽阔，离心力也就随之增强。统治中国的蒙元王朝，虽然将成吉思汗和元代之后的蒙古联系起来，但只是整个蒙古帝国的一个组成部分而已，在忽必烈和他的子孙的统治下，到13世纪末期，元朝中国已经脱离了蒙古世界。1368年蒙古统治被推翻，汉族统治的明王朝建立。蒙古人被赶进了辽阔的北方草原。在蒙古历史的低潮期，国家级的联盟也一度解体，结构松散，更像是众多分散的省份。后来这些省级的联盟也出现了解体的危机。不少蒙古部落，尤其是居住在长城附近或者留在中国内地的，渐渐同化于汉族了。这数万人占整个蒙古人口的比例很小，但象征着蒙古国家的崩溃和无序。

我们不要忘记，蒙古国家无论从政治还是民族构成上讲，都是一个历史的创举，即使在草原的历史上，也是前无古人的。草原部族和社群在成吉思汗的领导下结合成一个民族共同体，它使得各不相同的分立部落和民族（虽然血缘相近）取得了一致的文化和心理认同。“蒙古”是一个新词，它的出现比成吉思汗的出生早不了多少。在成吉思汗有计划地扩张蒙古国家之前，“蒙古”只是一个部落的名字。14 世纪晚期以降，随着元亡明兴，蒙古这个名称才被用作指称今天所说的蒙古地域。成吉思汗的蒙古后裔，在历史上第一次赋予这片土地文化的统一性和身份的延续性，并且持续至今。这标志着草原历史进入了新阶段。虽然 14 世纪末和 15 世纪初，蒙古国家的政治军事架构摇摇欲坠，但蒙古人还是保有作为成吉思汗子孙的自我意识，这是推动重新统一的强大潜在因素。

亚洲腹地有许许多多民族学会了系统、持续地利用他们和中原王朝的关系（以及和居住在“内亚海”的“岛屿”和“海岸”的其他定居民族——借用威廉·拉铁摩尔的地理学的比喻），蒙古族是其中的佼佼者。他们军事上的组织能力是最强的，而且建立了历史上最大的世界帝国（虽然不是最长寿的）。蒙古人是第一个在中国全境建立统一政权的少数民族，其统治从 1279 年持续到 1368 年。在所有统治中原的游牧民族中，蒙古统治者的汉化程度最低。他们在最短的时间内获得了最多的东西，而且在放弃原有价值观方面付出了最小的代价。蒙古人和汉人都在某种程度上意识到了这个问题，因此影响到他们在 15 世纪早期变动不居的关系模式。

汉人虽然早就习惯了在北方草原上有个危险的邻居，但是到了明朝，北方又有了一个新形式的邻近强权。草原在文化上更加同一了，有着前所未有的统一潜力。它的统治者不久前还处于元朝统治的伟大时代。四分五裂的蒙古和刚刚建立的明朝不得不思考和回应他们关系中的新状况。明朝对双方关系的态度是消极的，它并不觊觎草原，只是想确保草原上的部落对自己没有威胁。马匹大概是明朝唯一需要向草原买进的东西，但是买马还是为了防备草原民族的入侵。明朝的态度只有一点积极之处：非常重视心理和意识形态。明朝宣称自己文化优越，是世界中心，很希望草原能认同这一点，[①]但不会为此发动战争。

从蒙古的角度讲，双方关系更加重要和积极。蒙古依赖明朝供应一些必需物资，而且还会寻求一些他们并不真正需要的东西。必需品包括粮食、生铁、铁制品和其他手工制品。这对蒙古经济，以及对维持其原有的生活方式至关重要。这种需求比中原对战马的需求重要得多。为了以汉人能接受的方式获得这些关键物资（当他们必须这么做的时候），他们是愿意放下身段承认中原中心的，而且多少也会受此影响。例如汉人对天地万物的看法就影响了蒙古巫术。这种不平衡的共存关系中的单方面依赖，使得他们对于明朝强硬的命令能够灵活适应。可能正是因为这个原因，他们在处理双方关系时比汉人更有创造性，更灵活。但如果把眼光再放远一点，到了清朝，汉人进入蒙古的草原世界，对此蒙古人在文化和人口上都难以抵挡。

宦官制度与 1449 年的战役

1449 年，北京的龙椅上坐着的皇帝年纪轻轻，昏庸无能。他

---

① John K. Fairbank, ed., *The Chinese World Order: Traditional China's Foreign Relations* (Cambridge, Mass., Harvard University Press, 1968) 集中了近年对这个问题的最好的研究，也是对相关研究的最好述评。

叫朱祁镇，死后庙号英宗，年号正统。朱祁镇于1435年1月31日登基，时年八岁。正统元年是从他登基后的第一个农历新年，即1436年起计算。他生于1427年12月3日，所以土木之变时还没过二十二岁的生日。他的父亲宣宗皇帝是个有活力、有作为的君主。他操持一切，就是没把儿子教育好，也没有委派有责任心的师傅来教导。这个责任最后落在了皇太后身上。皇太后是一个聪明、心性高贵的女人。[①] 但是1442年皇太后薨逝后，十五岁的天子就完全落入了大太监王振的掌握。在有明一代的历史上，王振可谓臭名昭著。一群执掌外朝事务多年的老臣明明知道内廷的情形，却放任宦官控制内廷，而没有挺身抗争，因为即使抗争了也未必成功。由于这个污点，许多人认为他们要为后来发生的事件负责，这大概是不公平的。王振是明朝历史上第一个能够控制皇帝的宦官。通过皇帝，他控制了整个朝廷，一手策划了1449年的轻率出征，扮演了关键角色。后来事态失去控制，他也死于军中。英宗皇帝和他的密友王振，都不是当英雄的料。

长城另一侧的领袖是也先，漠西蒙古瓦剌部的首领。他继承了父亲脱欢的权力和头衔。明廷一厢情愿地封他为“顺宁王”，即“顺从和安宁之王”，他还有汉族头衔“淮王”和蒙古头衔“太师”，[②] 说明他是大汗在军事上的主要助手。大汗是成吉思汗和忽必烈的嫡传后代，当时已经无足轻重。明朝人对蒙古潜在的乱源本身后知

---

① 她的本传见《明史》卷一一三，“仁宗诚孝皇后张氏”。她在正史和小说中都是重要的角色，如蔡东藩《明史通俗演义》（序言日期是1920年）第三十三、三十四回。

② 在与著名蒙古学家、历史学家冈田英弘教授谈话时，他指出，元代之后草原上的蒙古人，一直用“太师”（Tayisi）一词称呼大汗的军事副手，这个词是元时借鉴的汉族官衔“太师”。太师是三公之首，在元代的官僚体制中是没有实际权力的荣衔，但在蒙古世界却有着重要的地位。

后觉，当他们关切地注意到，蒙古的最高权威从属于自己不曾预料到的势力时，处理双方关系就更困难了。也先是太师，是蒙古大汗名义上的军事助手，但是明廷发现，他甚至不经常和这个所谓的大汗联络。也先的父亲还攻杀了鞑靼部的首领阿鲁台，也先因此可以插手三卫的事务。三卫是明朝人对定居在后来的热河—满洲地区的东部蒙古部族的称呼。事实上，也先想要效法成吉思汗统一蒙古诸部。他把势力东扩到已经归附明朝的内蒙古和满洲地区，证明了如果出现一个能力与魅力兼备的领袖，从前蒙古国家的组织架构就有可能复活。虽然他未能成功，却唤起了16—17世纪其他蒙古酋长的梦想，鼓舞他们再度尝试。司律思（Henry Serruys）称也先为"全蒙古的实际统治者"。[①] 在这里，我们见到了建立草原权力的经典模式。明廷必须要关注并采取反制措施。中原王朝曾经对蒙古采取以夷制夷的办法，现在他们感到应该直接出手了。

司律思是明代汉蒙关系史的权威，他令人信服地论证了，蒙古最需要的是和中国保持稳定的经济关系；如果这种关系处理得当，能够满足他们的需要，战争就不会发生。这个结论说明，如果汉人有足够的智慧和理性，效法历史上的先例，就可以减小乃至化解蒙古问题，这样做之后，并不是不用维持在蒙古的军事存在，而是可以避免军事灾难。对比之下，官僚手中的北方边塞管理不善，耗费

① 见*Sino-Mongol Relations During the Ming*，2:8。与冈田英弘谈话时，他称也先在"元之后的蒙古史中破坏性的影响最为剧烈"。作为一项政策，也先杀掉了成吉思汗的几乎所有男性后代，只留下母亲来自瓦剌的不杀，并且摧毁或改写了蒙古世系，等等。冈田教授说他是"一个革命性的人物，标志的蒙古历史的转折点"。又见M. Rossabi，"Notes on Esen' s Pride and Ming China' s Prejudice，" *The Mongolia Society Bulletin* 9：31—39（Fall，1970）。

越来越多，用处越来越小。作战指挥不得当，军队巨大的技术能力几乎没能发挥。一场轻率导致的军事灾难，更加强了明朝对军事行动，而不是其他手段或其他问题的依赖。

14世纪后半叶，中原王朝开始重修长城，长城今天的样子就是那时奠定的。此举意在加强边境防御，防止蒙古人进入，无论是使者、商人还是侵略者。长城虽然看起来壮观，但并没有成功实现这个意图。中原王朝躲在墙后观察蒙古人，但有价值的发现极少。对于蒙古的欺骗，他们以诚实的义愤回应；对于朝贡关系，他们的管理渎职且腐败，这都使得防御态势更复杂了。对于蒙古人来讲，朝贡首先是贸易。汉人倨傲的政策和腐败的管理，使得蒙古人没有得到满意的结果。在危急的时候、遇到挫败的时候，或是军事信心增强的时候，蒙古人就会轻易进入长城防御区，毫发无损地突破长城。15世纪40年代发生了一系列的边境冲突。汉人认为他们在更邻近、更和平的蒙古地区"省份"取得的稳定已经被动摇了。也先致信那些配合中原王朝绥靖政策的蒙古酋长："尔祖父皆元成吉思可汗、薛禅可汗所授官。"其实是在质问："汉人是我们的宿敌，日后还将成为我们的臣属，你现在真要臣服他们吗？"[①] 这是一个有力的号召。

15世纪40年代末，长城沿边守将由于边防问题向朝廷上奏了无数次。[②] 当时大批粮饷军械都被用于谋划不当、执行腐败的云南

① 部分引用，全文及中国史家的评论见《国榷》（北京，中华书局，1958），页1750，庚寅日。

② 典型的奏报见《国榷》，页1729页，壬寅日、己酉日（1447年九月）。壬寅日的奏报是大同守将奏报的六条措施，与本研究非常相关。史家很少关注这些问题的纯军事面相，这一次也不例外。在记录大同守将提出的防御措施时，只详细保留了军政管理的部分，至于兵器、弹药、战术、战斗序列则一笔带过，不过聊胜于无。

战事，长城边防的力量大大削弱。1449年初，明朝重振长城防御力量的紧迫感加强了。在京师的年度军事评价和战力检阅就变得异常重要。王振虽是宦官，却是王朝的实际统治者，以边镇作为自己党羽的酬佣。他的下属宦官被安插到重要的边镇，掌握了实权，能征惯战的宿将却只是挂名主将。[①] 皇帝也接近成年了，越来越意识到自己可以不顾老臣和外朝的意见任意行事。他对王振百依百顺，称王振为“先生”。为什么明朝人在边境军事危机时误用了自己的力量？因为他们对这次危机出现的新情况视而不见。但明朝的制度能够在多大程度上容忍政治权力的滥用？王振能走多远？他的动机是什么？他为什么被纵容到如此地步？这是更难理解的。

中国历史学家坚定地认为，宦官这个群体，虽然个别人会有一些小才微善（中国的历史学家并不怎么想提这一点），但大体上是又贪财又贪权的。王振的确贪财，甚至锱铢之细也不放过。他对待蒙古人和对待汉人并没有什么区别。王振的仓库非常巨大，堆满了财宝，都是他平日里利用职务之便巧取豪夺的。从蒙古人那里捞来的东西对他来说只是九牛一毛，却足以把蒙古人逼急。显然他通过宦官代理人网络，在朝贡贸易中年复一年地欺诈蒙古人。蒙古人进贡四千匹马，希望一匹马换取十五匹布，或是相当数量的铁、手工制

① 通过一些蛛丝马迹可以看出，宦官集团可能已经控制了长城沿线的军务，这值得深入研究。第一，虽然朝贡贸易方面的问题对明朝财政的影响不大，政府对此并不关心，但额外的油水对宦官很有吸引力，对其他有机会中饱私囊的人也一样。对外贸易（包括朝贡）是皇室私人收入的来源之一，宦官则是皇室掌管贸易的代理人。第二，王振的宦官集团其实包括了北方的文武官员，见萩原淳平：《明代中期における北方防衛と銀について》，《東方学》第16号，1958年6月，页67—79。王振本身是北方人，家乡在大同府。第三，长城沿线军费巨大，可以从中捞取不少好处。非法获得的银两又使宦官能够巩固北方文武官员的利益集团。

品或是粮食。[1] 但是他们经常得不到回报。他们一再要求开放边境贸易点，使他们能够在一个公平的基础上进行常规贸易，但都被明廷拒绝了。王振掌握下的朝贡贸易，是蒙古人获取某些必需品的唯一渠道，欺骗让他们陷入物质的短缺和精神的屈辱。如果没有王振，没有腐败，其他的明朝官员也不会对朝贡关系有什么新的看法。

“王振可以走多远？”我们已经提出。他的权力极限可以从他和外朝文武大臣之间的关系中看出。他取得了黜陟官吏的大权。很多官员不齿于他，消极地抵抗他，但他却可以贯彻自己的意志。他决定所有的大政方针，恫吓官僚中的精英，那些放弃尊严谄媚于他的人可以最快地升官发财。他将锦衣卫交给自己的亲戚掌管，使整个朝廷陷入恐怖。一段传说展现了 15 世纪 40 年代晚期的朝廷氛围。有一个叫作王佑的年轻文官，升迁得飞快。他同王振一样没有胡子。王振曾问他为什么，他的回答反映了朝臣的屈辱：“爸爸没有胡子，儿子怎么敢有呢！”[2]

王佑是为荣华富贵放弃尊严的小人，而王振是皇帝的延伸。中国帝制向着专制主义演进千百年，到明朝已登峰造极。没有人能批评皇帝，皇帝既然可以选择自己的代理人，宦官也就鸡犬升天，一样不能批评。王振是一个天才，他在宦官中第一个发现自身的地位

---

① 这是假设，而不是真实事例。关于这一问题的进一步讨论，见 *Sino-Mongol Relations During the Ming*，vol.2，ch.3，pp.29—43；ch.4，pp.44—63。第 30 页以及后面几页讨论了实际的数字。和田清：《東亞史研究：蒙古篇》（页 670）认为，土木之变的直接原因就是朝贡贸易没有满足蒙古人的需求。萩原淳平也持相同看法，而且强调了蒙古对明关系中经济的迫切性，见萩原淳平：《土木の變前後》，《東洋史研究》第 11 卷第 3 号，1951 年 10 月，页 1—20。最近的研究，见 Morris Rossabi，“The Tea and Horse Trade with the Inner Asia During the Ming,” *Journal of Asian History* 4：2：136—168（1970）。David Farquha，“Oirat-Chinese Relations 1408-1446,” in *Studia Altaica*, Festschrift für Nikolaus Poppe（Wiesbaden，Otto Harrassowitz，1957）提供了很多朝贡和货物交换的细节信息。

② 许多史料都记载了这段对话。如《国榷》页 1748“庚申”条；《明史纪事本末》卷二九，正统六年夏四月。王佑的回答臭名昭著，但是不同史书的记载略有出入。

蕴含着何等巨大的权力。不幸的是，无论是他还是之后的宦官，都没能发现明朝的真问题。王振完全没有军事才能，不像一些低级宦官锻炼成了出色的将才。①

1449年年中，边情已急如星火。王振劝英宗随自己御驾亲征。按王振的预想，他统率五十万大军打败塞外侵扰的蛮夷不成问题。大军将从北京向西北进发，抵达山西大同，然后从大同进入草原。战场上所有的宿将都要听命于他，就如朝中文官已经习惯的那样。而英宗将一路跟在他身后，祝贺他拯救了大明。

随后大军将经过王振的家乡——大同东南的蔚县，于是王振便可以让所有亲戚见到皇帝——这个在自己毕恭毕敬地控制之下的角色。王振的家族在蔚县早已是豪门了，得胜之后王振不会得到更多的财富，但他的威望和荣耀将会达到顶峰。②

土木之变日录

作为一场军事行动，王振的举措完全是轻率不负责任的。以下细节来源于史书：③

---

① 关于明初帝王对宦官的控制，见黄彰健:《论〈皇明祖训录〉关于明初宦官制度》,《历史语言研究所集刊》，第32辑，中研院，1961年6月，页77—98。关于明代宦官权力的更加全面的讨论，见Robert C. Crawford，“Eunuch Power in the Ming Dynasty,” *T'oung Pao* 49: 115—148 (1961)。《明史》中有传的宦官，大多是拥有巨大荣誉和赞扬的，最显著的例子是郑和（1371—1435）。

② 或许王振在1449年7月提出这个建议,比9月提出更为合理。在之前的半个世纪，宦官已经作为军事将领、皇帝的得力代理人建立了声誉，15世纪下西洋的宦官郑和是最好的例子。永乐皇帝曾亲征蒙古，取得了有点虚幻的胜利，在国内赢得了荣誉，见Wolfgang Franke，“Chinesische Feldzüge durch die Mongolei in Frühen 15. Jahrhundert,” *Sinologica* 3: 81—88 (1951—1953)，以及他的“Yung-lo's Mongolei- Feldzüge,” *Sinologische Arbeiten* 3: 1—54 (1945)。所以宦官动议和御驾亲征并不是不光彩的事，反而完全符合明朝的惯例。

③ 下文所列均采自《英宗实录》(卷一八〇至一八一，尤其是页3485—3510) 及其他史料，但是大多数都能在《国榷》页1770—1780查到。

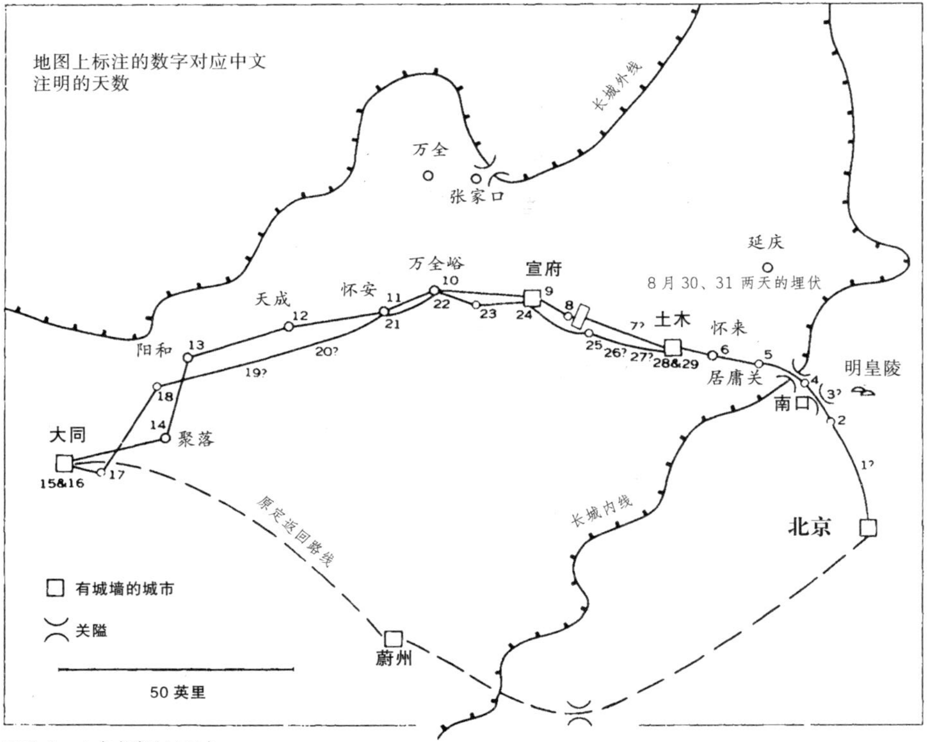

图 6-1　土木之变（1449）

1449年7月30日（七月十一日己丑） 此前一段时间，每日从北京以西长城沿线的边镇发来报告，敌人侦查、劫掠频繁，小规模冲突时有发生。这表明也先在策划一场总攻，而目标可能是万里长城的要冲大同。本日，也先在大同地区发动进攻，其他蒙军从辽东到甘肃各路发动进攻。王振私下劝说英宗亲征，以伸惩戒。当朝廷集议此事的时候（可能是在次日），兵部尚书邝埜谏阻亲征，认为“六师不可轻举”。[①] 王振对此充耳不闻。

7月31日（七月十二日庚寅） 无事。

8月1日（七月十三日辛卯） 无事。

8月2日（七月十四日壬辰） 吏部尚书率群臣谏阻亲征，大意是皇帝亲征是反应过激，况且暑气未消，水草不继，准备未足。车驾出京是犯无谓之险，又使朝廷陷于无主之境，“且兵凶战危，古之圣人敬慎而不敢忽，今以天子至尊而躬履险地，臣等至愚，以为不可”。在王振的建议下，英宗答复：“卿等所言皆忠君爱国之意，但虏贼逆天悖恩，已犯边境，杀掠军民，边将屡请兵救援。朕不得不亲率大军以剿之。”

8月3日（七月十五日癸巳） 英宗命皇弟郕王朱祁钰留镇京师，并择定了一众扈从出征的文臣武将，定于次日出发。

同日 宣府告急，蒙军已围马营三日，马营水源断绝。又大同来报，两员宿将于大同东北的阳和（今阳高县，在长城边

① 邝埜传见《明史》卷一六七，有些史料记载谏阻亲征的是兵部侍郎于谦。15世纪30年代晚期，邝埜就开始强调加强长城边防的必要，但他反对冒进的策略，《明史·邝埜传》记载：“王振主亲征，不与外廷议可否。”英宗下诏亲征后，邝埜和于谦一起领衔率外朝官员谏阻。邝埜是湖广宜章人，于谦是浙江杭州人，都是南方人。

上）全军覆没。监军的宦官郭敬是王振的党羽，强令涣散无纪律的军队出战，导致败绩。郭敬伏在草丛中才幸免于难。

（1）[1]8月4日（七月十六日甲午） 遣官祭告太庙、社稷。亲征令下之后二日就启程了，扈从的文武官吏仓促就道。科给事中鲍辉拦驾谏阻："陛下纵自轻，如宗庙社稷何！"王振当即呵斥鲍辉，而英宗默然。于是大队人马继续前进，出北京城向西北行进。（当晚安营于唐家岭，不见于任何一张地图。）

（2）8月5日（七月十七日乙未） 第二晚宿营于南口迤南的龙虎台。夜间忽有警报，军中一度大乱。

（3）8月6日（七月十八日丙申） 成祖忌辰（成祖于1402年即位，1424年驾崩）。[2]英宗遣官至长陵献祭。长陵是十三陵之一，龙虎台距长陵只有数十里。是日，英宗召集扈从群臣，晓谕行军纪律。（《英宗实录》中此日没有记载安营地，可见此日英宗及扈从并未上路。）

（4）8月7日（七月十九日丁酉） 五十万明军通过居庸关，越过了内线长城。当天风雨竟日，群臣请暂驻数日，王振大怒不允。士兵怨声载道，文武将士都没有纪律可言。

六十四岁的兵部尚书邝埜是一位年高德劭的老臣。他刚直敢言，曾领衔上奏谏阻英宗亲征。但他毫无实际作战的经验，曾经数次堕马，身受重伤。同僚劝他留在后方就

---

① 以下序号数字对应的是地图上标出的行进天数。

② 原文为"birthday of the Emperor Cheng-ts'u"，《英宗实录》原文为"忌辰"。查《成祖实录》，成祖崩于永乐二十二年秋七月十八日辛卯，应该为忌辰，而非生辰。——译者

医，他义正词严地拒绝："至尊在行，敢托疾自便乎？"

（5）**8月8日（七月二十日戊戌）** 前线传来一件忠勇的事迹，英宗特命表彰以激励士气。夜间宿营榆林站。

（6）**8月9日（七月二十一日己亥）** 宿营于怀来城西。

（7）**8月10日（七月二十二日庚子）** 宿营于雷家站（不见于所有地图）。

（8）**8月11日（七月二十三日辛丑）** 过鸡鸣山，警报频传，众臣都惧怕将要到来的灾难。英宗将万事委之王振，王振愈发专横跋扈，公侯见王振也要屈膝而前，就像见皇帝本人一样；有谁言不称意就罚跪半日。钦天监监正是王振党羽，私下劝告王振，继续前行有"象纬示警"，而王振则坚决地说："即不幸，天也！"王振拒绝了许多类似的谏言，下令继续前进。[①]

（9）**8月12日（七月二十四日壬寅）** 抵达北京和大同的中点——宣府（今宣化区）。雨仍未停，敌情警报引起了慌乱，扈从群臣又交章上奏，请驻跸宣府，王振大怒，拒绝了他们。惩罚领衔上奏的户部尚书王佐、兵部尚书邝埜在草丛中跪了一整天。大将向王振奏事也要膝行而前。一些高级官员已经开始密议最后的手段——刺杀王振。

翰林院学士曹鼐（一说李贤）与随行的诸位御史说明为什么必须这么做："不杀王振，则驾不可回也。今天子

① 《英宗实录》和许多其他史料都说本日过宣府，次日过鸡鸣山。这种记载和地图和方志记载的两地位置有矛盾。比如《畿辅通志》卷六五《山川》记载，鸡鸣山在宣化府（即明代的宣府）东五十里，而鸡鸣驿更在鸡鸣山东南五里。《畿辅通志》卷一二一的记载也相同。《实录》中这种错误非常罕见，但是我还是判断这是一个错误，并且根据地理情况重新调整了史料。

蒙尘，六军丧气，切齿于振久矣。若用一武士之力，捽振而碎其首于驾前，数其奸权误国之罪，然后遣将领前诣大同，则天意犹可挽也。”一众御史谁也不敢如此造次，事情未能实现。[1] 随着明军的前进，瓦剌军慢慢退到了长城以外，伺机伏击。

（10）**8月13日（七月二十五日癸卯）** 宿营于万全峪（即宣府六十里外的“左卫所”，位于交通要道上）；星象不吉。

（11）**8月14日（七月二十六日甲辰）** 宿营于怀安城西。黎明时“黑云一道，阔二（二十？）尺余，离地一丈余，南北亘天，徐徐北行。

（12）**8月15日（七月二十七日乙巳）** 宿营于天城（今天镇县）西。

（13）**8月16日（七月二十八日丙午）** 大军过阳和口，8月3

① 这里就涉及一个关于土木之变的史实性问题。既然所有高官都在1449年9月1日身亡了，那么类似曹鼐和诸御史关于刺杀王振的谈话是怎么被记录下来的呢？《英宗实录》和《明史》中都没有记载这段谈话。《国榷》和《明史纪事本末》是17世纪编纂的质量很高的史书，补充了大量有用的史料，使得历史背景更加清晰，但二书也都没有记载这段谈话。这段话出自夏燮的《明通鉴》，是1873年才问世的晚清史书。夏燮是一个非常谨慎的史学家，他写的东西应该是有根据的，但我确实还没有找到这段史料的出处。

陈学霖博士提醒我注意《古穰杂录》（文献说明有介绍），作者是扈从出征的御史李贤。他称自己曾提议刺杀王振。陈博士认为，夏燮在编撰《明通鉴》的时候出现失误，将李贤记成了曹鼐。有两种观点认为这个故事和事实有关，要么谈话确实发生过，要么它本应该发生。如果此事确实发生，有官员从土木之变中幸存，而他们之中又有人是曹鼐等主要人物或其他御史（例如李贤？）的助手，参与了对话。后人需要重新梳理亲征的日程，填补起居注留下的空白，现在看来，这项工作做得很充分，只留下很少的问题没有解决。提供这个信息的人应该还可以提供一些与《实录》给出的结论不符的信息，他们可能还记录了许多其他信息，或将这些信息传递给了其他人。第二，对话本身固然可能是编造的，但传递的信息是真实的，即仇视王振的官员确曾想过刺杀他，动念可能更在亲征之前。所以，曹鼐曾经谈论过刺王而未实施的记载（以及一名军官在土木之变的战场上杀王振报仇的记载），可能有一种抽象真实性，传递的是一种总体上的事实。

日明军刚在这里惨败于也先，战场上有上千具尚未掩埋的尸体。明军上下见此愈发心寒。

（14）**8 月 17 日（七月二十九日丁未）** 至聚落驿，距大同六十里。

（15）**8 月 18 日（八月初一戊申）** 大军抵达大同；“日晕终夕”，不祥。王振密会安插在当地的宦官爪牙。

（16）**8 月 19 日（八月初二己酉）** 王振不愿放弃从大同北行出塞的计划，宦官郭敬曾从阳和口之战中死里逃生，他告诉王振：“若行，正中虏计。”郭敬很得王振信任，他的话使王振心生惧意。自从出居庸关之后，天气一反往年常态，非风即雨，到大同之后，骤雨又至。看到这种种迹象，王振也大为不安。他决定宣布大获全胜，不日凯旋。

（17）**8 月 20 日（八月初三庚戌）** 启程，东还京师。只行进了二十里就宿营了。扎下营寨后，一团黑云卷来，如同压在头顶。而营地之外则是一片晴朗。须臾，雷雨大至，竟夜不息。全军惊乱。

王振起初打算南行，经蔚州回京。蔚州是他的故乡，这样他可以在家中款待英宗。这一条路线要经过北京西南的紫荆关，然后折向东北返回北京，比较便捷，也相对安全。然而，按照这条路线走了一天之后，王振感到军纪日益涣散，如果大军经过蔚州，便会给自己的大量田宅造成损失。于是他力排众议，下令改向东北行进，按原路返回。

（18）**8 月 21 日（八月初四辛亥）** 宿营于滴水崖（地图失载，据说据阳和四十里）。

（19）**8月22日（八月初五壬子）** 宿营于洪州方城（具体位置不详）。

（20）**8月23日（八月初六癸丑）** 宿营于白登。

（21）**8月24日（八月初七甲寅）** 宿营于怀安城西。十天前也曾宿营于此。

（22）**8月25日（八月初八乙卯）** 宿营于万全峪。

（23）**8月26日（八月初九丙辰）** 宿营于阳和北沙岭。

（24）**8月27日（八月初十丁巳）** 宿宣府，回程已经过半了。这一周的天气恶劣，行军也乱成一团。本日在北京举行了孔子的丁祭。

（25）**8月28日（八月十一戊午）** 宿营于宣府东南。

（26）**8月29日（八月十二日己未）** 宿营于雷家站（8月10日曾经宿营于此）。

（27）**8月30日（八月十三日庚申）** 本日发生两场战斗，拉开了土木之变的序幕。记载颇为混乱。史家虽然力图还原当日的情形，但由于明军全军覆没，相关记载也随之毁灭，兵力部署和事件发生的地点已经说不清了。《英宗实录》记载，当英宗及其扈从准备离开时，宣府传来消息，蒙古人袭击了大军的后卫。一些史书说前进停止了，有些记载说当日大军并未停止，而是前进到了土木堡。不管是哪种情况，可以肯定的是，王振是一早收到的消息，于是改变了这一天的行军线路。后卫离大军有两天的路程，一离开宣府就遭到袭击。因为结果尚不确定，所以大军停止前进或犹豫不决。但是当晚消息传来，后卫已经全军覆没，主力已经暴露在敌人的直接威胁之下。于是明军又组织了一支新的后卫部队，撤回宣府。这些情形散见于《明史》的各列传中。假设这个推断是正确的，那么随后的重大军事行动应该如下：

吴克忠、吴克勤兄弟二人率部殿后。[①] 他们是蒙古人，其父在永乐年间归顺明朝，成祖赐姓吴，不久封爵。克忠克勤兄弟也以父荫得了高爵，而且屡建战功。二人率军进入狼山峡谷，"敌兵据山上，飞矢石如雨，官军死伤略尽。克忠下马射，矢竭，犹杀数人，与克勤俱殁于阵"。吴克勤的儿子吴瑾死里逃生，将消息报告朝廷（之后克忠兄弟二人都被追封了爵位，获得了美谥）。

后军覆没的消息传来，明军马上从主力部队抽调五万（也有三万、四万的说法）骑兵殿后，由朱勇统率，薛绶为副。[②] 朱勇当时年事已高，他的父亲朱能是明朝的开国功臣。《明史》本传记载："勇赪面虬须，状貌甚伟，勇略不足，而敬礼士大夫。"他是典型的明朝"武二代"，受文官的熏染太重，导致了军事上的无能，不过这在文官中心的政府中并不是问题（然而 1444 年朱勇因出击朵颜诸部不利，遭到弹劾）。而薛绶是一个蒙古酋长的儿子，他在 14 世纪末降明，并在 15 世纪的前 25 年立下了卓越功勋。薛绶这个名字是他在 1425 年袭父爵时仁宗赐予的。他勇猛善战，有着朱勇缺乏的一切品质。但是在这种生死关头，只是作为朱勇的副手参战。当日晚些时候，二人都战

---

① 《明史》卷一五六；Henry Serruys, "Mongols En0nobled during the Early Ming," *Harvard Journal of Asiatic Studies* 22：209—260（1957）。

② 《明史》卷一五六。

死在鹞儿岭，离英宗驻跸的地方约三十里。[①]朱勇率领新组织的五万殿后的人马撤往吴克忠最后的驻军地点时，直接闯进了埋伏圈。土木之变后，坐镇北京的于谦认为朱勇玩忽职守，酿成大祸，褫夺了他的荣衔和爵位。薛绶壮烈牺牲。全军所剩无几，他自己弦断矢绝，仍然用弓和敌人搏斗，最后被敌肢解。既而敌人发现薛绶也是蒙古人（可能是投降的明军告诉他们的），叹息说："此吾同类，宜勇健若此！"纷纷为他落泪。朝廷谥之为"武毅"。

（28）**8 月 31 日（八月十四日辛酉）** 午后，英宗抵达离怀来县城约二十里的土木堡。群臣意识到也先正在快速逼近，一再恳请英宗尽快避入怀来城中过夜。兵部尚书邝埜先是坠马受伤，后来又被王振罚跪，当时已然伤病缠身，他上奏英宗，请一面以大军殿后阻挡也先，一面直趋居庸关。王振则担心上千辆满载私财的大车出现差池，坚持要求全军等到这批辎重跟上队伍再走。急趋入怀来无异于将这些辎重送给也先。邝埜力谏速行时，王振呵斥道："腐儒安知兵事，再言者死！"令左右将邝氏扶出。当晚，邝埜与同僚对泣帐中。

大军很快在土木堡扎营，连日困扰行军的大雨也停了。土木堡没有水源，士兵掘地超过六米也没有挖出水来，只得放弃。土木堡南边不远就有一条河，也先提前派人到河畔把守，阻止明军前来取水，整个明军营地水源断绝。此时消息传来，也先的大军已经将明军主力包围。明

① 《畿辅通志》（卷六五，页 4b）记载鹞儿岭在宣府城东南三十里。

军人马饥渴，困苦不堪。一支明军奋战终夜死守山口，阻止敌军进入土木堡。敌人从四面八方涌来，数量远远超过预计。

(29) **9月1日(八月十五日壬戌)** 当日是中秋，本是欢聚团圆的节日，而明朝的大军已断水两日，困苦更甚。

明军有意向怀来移动，但营地被围，未能成行。此时蒙古人佯装退兵请和，英宗命翰林院学士起草敕书准许了和议。王振却不顾和议，命令大军向河边移动。大军乱哄哄地簇拥着皇帝的乘舆向前走了三四里。敌人看到明军移动，立刻四面包抄，展开总攻。明军溃不成军，蒙古人大喊："解甲投兵者免！"明军士兵不顾长官，脱去甲胄，跑向蒙古骑兵，被砍成碎片。战场上矢落如雨，敌骑四集。宿卫将士环护英宗着突围，却没有成功。英宗下马，坐在地上，流矢射死了他身边大部分人，他却毫发无损，镇静以待。

蒙古士兵冲上前去，想要抢夺英宗贵重的甲胄，英宗不从，正当一个士兵正要杀死英宗时，一位蒙古王爷制止了他。英宗向他致意，问："子也先乎？"然后又问他是不是也先的兄弟，还历数了也先每个兄弟的王号。这位蒙古王爷非常惊奇，猜测此人定非常人，有可能是皇帝。他毕恭毕敬地将英宗带走。次日，英宗到达土木堡和宣府之间的雷家站。他派人将自己被俘的事通报北京，索要送给也先的礼金。也先听说自己俘虏了明朝皇帝，大为震惊。9月3日，也先在宣府不远处的大帐中会见了英宗。

于是，也先召集王公耆宿商讨怎样处置明朝皇帝。一

> 位长者说:“明我仇也，天以仇赐我，不如杀之。”[①]而《国榷》里记载，也先的弟弟伯颜帖木儿打了那位长者一记耳光，说:“大明皇帝，天人也……然战时不忆人马，或刃或矢或践压，明皇帝独否。我等受汉德深厚，何可反天?那颜若遣使告明朝来迎，则归之耳，亦万世下美名也。”也先采纳了伯颜的主张，下令善待英宗。

王振被斩杀于土木堡。有些史料记载死于明军官之手。明军战死约五十万人。许多活下来的都受了伤，有些逃回了北京，有些成了俘虏。扈从西征的文武大员无一生还，其中有些人是战死的。这一役，是王振轻率出征的终点，也是明蒙关系的新起点。

蒙古人错失良机

也先俘虏了英宗，待以优礼。英宗可以留几个贴身随从，他们都是在战场上被抓到的明军幸存者。没有这些随从的帮助，英宗连马也上不了，像样的文书也写不了，脚也暖不热。也先的弟弟负责看管英宗。作为一名蒙古王子，他最出名的事情就是手中有一个汉家天子。英宗经常参加宴会和娱乐，但拒绝迎娶蒙古妻子，包括也先的亲妹妹。英宗并没有为这段经历难过，回到北京后依然仿照在蒙古的方式举行宴饮，而且花样翻新。其实结局一开始就注定了，

---

① 这句话和其他蒙古人表现出对英宗敬意的话，似乎都出自杨铭《正统临戎录》，或者出自中国史官的想象。《正统临戎录》作于土木之变数十年后，作者杨铭是一个在明朝做官的汉化蒙古人，是明政府的“蒙古通”。所以这本书的立场不能代表那些毕生与明朝人厮杀的蒙古人。但又没有其他史料记载也先及其他蒙古酋长对英宗的态度如何，所以杨铭的书值得仔细研究。*The Mongol Chronicle*, *Altan Tobci*, trans., C.R Bawden (Wiesbaden, Harrassowitz, 1955), p.172，和其他史料都记载英宗第一次被俘时反复奇迹般地死里逃生。

一旦也先决定不杀英宗，那么送还英宗就是迟早的事。

问题是如何送还、何时送还、为何种目的送还。手中掌握着英宗，随时可以向明朝勒索财物。英宗被俘后第一次送信给郕王和朝廷确认自己被俘的消息时，皇太后、皇后就在宫中到处搜罗金银珠宝，想赎回英宗。也先并不反对这种一手交钱一手交人的解决方法，但这一仗他没有动员全蒙古的军事资源，原以为能用驴子驮回一些零散的战利品就不错了，万万没想到竟然能俘虏皇帝。但事已至此，怎样利用英宗才能实现也先和整个蒙古的最大利益呢？

也先出兵大概只是为了试探长城沿线明军的防御，不但逼迫明军后退，还能通过谈判得到不少经济上的好处，好让其他蒙古酋长佩服。这是他将自己打造成新的全蒙古共主、历代大汗的继承人的第一步。

外线长城的诸据点是明朝的开国皇帝于14世纪最后的二十五年间修建的，有些远在长城以北二三百里。这些据点各自独立，难以维持；15世纪早期，大部分据点已经废弃或后撤了。在将它们移近长城的过程中，明廷希望更加依靠政治手段对蒙古各部分而治之，坐收渔利，并且尽可能地以使用政治手段为主。同时明廷必须更加依靠长城上的一连串堡垒。只有汉族王朝统治中国时，长城才会发挥作用。

10世纪早期，契丹人曾突破长城，从此少数民族开始进入长城以内地区，控制的范围时大时小，直到1368年汉人王朝建立为止。那时长城已经废弃多年，不再连续。从15世纪早期起，明廷开始修复长城。它并非牢不可破，蒙古人常常突破没有防守的关口。

宣府和大同是长城上的两个重要关口，相距二三百里（宣府更近北京，在京西北）。这两镇是捍蔽京师的重镇，也是出击塞外的基地。五百年前契丹人首次突破长城便发生在这两处。1449年夏，也先将大军分作四路，中间两路主力分别剑指大同和宣府。第三路攻略东翼的热河，第四路攻略西翼的甘肃，为的是分散明军的兵力。如果蒙古进攻得手，可以迫使明军放弃大同，继续后撤据点，甚至退到草原边缘之外。这对于也先塑造自己的共主地位，或论证自己的共主资格已经足够了。

然而，现实是他俘虏了明朝皇帝，歼灭了五十万明军，缴获了大量的战利品。整个形势好得出乎意料。也先还俘虏了一个叫喜宁的宦官。他是汉化的蒙古人，也是王振的心腹。喜宁竭力讨好也先，向他透露了很多明朝的政治军事内情。接下来几个月，他变成了蒙古人的大军师。也先被喜宁的建议弄得晕头转向。喜宁鼓励他扮演一个更重要的角色，他却没有多少时间理解这个角色。喜宁建议他利用英宗赚开边关的大门，告诉也先向大明朝廷发送什么样的书信可以勒索更多的赎金，还建议以护送英宗回京为借口，率大军越过长城直逼北京城下。如果也先能够见好就收，取得的成功肯定比任何人预想的都大；但他总是举棋不定，得陇望蜀，结果新目标没有达到，旧的成就也一并丧失了。

也先没能从土木堡的大胜中获得立竿见影的好处，就暂时返回了草原。他要将铺得太散的兵力聚拢起来。当时的明朝史书记载，五十万明军是被不到两万蒙古骑兵歼灭的。[①] 即使考虑误差，这个记载也说明了也先只是率领自己大军的一部，而在土木堡作战的只是这一部分的前锋。土木之役后，他必须回撤，同主力会合，与其

① 这个数字可能来自《否泰录》（收入《纪录汇编》）。不少史书引用了这一数字，比如《国榷》页1777。中国文献记载的战争人数是出名的棘手问题，事实上，任何描述战争细节的材料都语焉不详。将军出征留别妻子或友人的诗作大多保存至今，但都没有提到敌我双方的路线、兵力、装备。当史书中记载这样一个人物的时候，目的不是要为读者提供军事上的细节，而是为了以土木堡的惨败来鞭挞王振。

他酋长谋划下一步的行动。10月末，他听从喜宁的建议，挟英宗为挡箭牌，进逼北京。

土木之变结束了宦官腐败无能的统治，一批进取有为的官员走上前台。土木之变后的一个半月，本来是也先可以利用的时间。但是前兵部侍郎、现兵部尚书于谦团结了一批能干的官员，掌握了朝局，拥戴郕王继位（年号景泰）。朝廷遥尊英宗为“太上皇”，意为前任皇帝。这样一来，也先能利用英宗得到的东西就大大减少了。于谦等人还重整军队，修筑防御工事，将通州的存粮全部移入北京城内，坚定了守城胜利的信心。10月27日，也先率军包围北京。他让英宗一同到北京城外等待谈判。明廷的答复是：“社稷为重，君为轻。”[①] 明朝不会为赎回英宗答应什么条件。

交涉失败了，也先就开始武力进攻，结果每一次战斗都以失败告终。围城五日之后，也先于10月31日退兵，沿途烧杀抢掠，却没有攻克一处卫所。蒙古军的挫败似乎证明了土木堡的胜利只是天上掉馅饼；在真正的战争中，也先难以战胜组织严密、指挥得当的明军。13世纪蒙古人横绝一世的武力并没有保持到15世纪。

喜宁之于也先，简直像王振之于英宗。他仍然不断地向也先提出宏大的目标。第一个方案是，在中国的蒙古人（北直隶和山东尤其人数众多）将揭竿而起，响应蒙古兄弟从草原杀入。也先可以从山西突破长城，而另派一路骑兵直趋大运河，切断北京到长江的运输线，然后夺取南京，拥英宗在南京复位，与北京分庭抗礼。第二个方案

① 这段史料出自《明史纪事本末》卷三三，谷应泰还在文末阐发了这段话的含义。近人赖家度和李光璧（见文献说明）的解读则是违反历史的、民族主义的解读。两帝并存的状况让传统的忠君思想受到前所未有的考验。细心研究土木之变带来的压力和各方不同反应，可以澄清我们对中国晚期帝制的认识。又见《国榷》，页1801，癸丑日。《英宗实录》并没有记载“社稷为重，君为轻”这句话。

是，武力逼迫明朝从北京迁都南京，恢复北京在忽必烈定都时的“大都”之名。这些想法显然误导了也先。也先派他与明朝谈判，明方不再讲“不斩来使”的规矩，将他处死。[①] 也先失去了喜宁这个“中国通”，没有人再为他谋划宏大的战略。他退回草原，重新与北京谈判，还正式恢复了极少中断的朝贡关系。次年（1450年9月），他将英宗送还北京，没有附带任何条件。从他的角度讲，这一事件就此结束。他在蒙古的领袖地位遭到质疑，影响力随之下降，几年之后被自己人杀死。一个多世纪以来最宏大的蒙古崛起的努力失败了。

明朝人未能吸取教训

总的说来，明廷对土木之变的应对收效不大，甚至有副作用。在于谦的英明领导下，几乎在土木之变的消息传到京师的同时，一个崭新的朝廷就建立起来了，于谦处理危机的高超能力展露无遗。明朝士气很快重振起来，并且天才地完成了规模巨大的重建和防御任务。儒家的道德和正气也得以重振。同时发生的是中国帝制时代最不寻常的事件：士大夫在朝堂上报复宦官。

士大夫对宦官恨之入骨。但一方面儒家士大夫的矜持限制了恨意的表达，另一方面让他们害怕的是，宦官集团控制着内廷，也控制着强力机关锦衣卫，攻击宦官集团的首领是什么后果可想而知。土木之变后数日，一班新人掌握了权力，否定先前朝政的气氛

① 北京的明廷认识到了喜宁对也先的重要。《国榷》正统十四年十二月甲寅日（页1821）记载，朝廷反复传谕边关，有蒙古人声称送英宗回京的，“勿堕其计”，而且“如喜宁随至，即诱杀之”。《国榷》又记载（页1841），景泰元年（1450）春二月壬辰，喜宁被擒，送往北京处死。史书还记载，英宗曾向明朝边将发出密信，让他们不要答应蒙古人以送还自己的名义打开城门的要求；英宗还策划了要求喜宁为蒙古人送信的计策，为明军创造机会擒杀他。可能这只是对英宗被俘经历的浪漫演绎，事情只是自然而然发生的。

迅速抬头（郕王很快就会继承大统已经是明摆的事）。百官面见郕王，请求将王振灭族抄家。他们跪下并呈上奏章，历数王振罪恶，声言宁愿身死当场，也不愿收回奏请。郕王紧张地承认他们“所言皆是”，承诺“自有处置”，但是群臣见不得拖延，依然跪地不起，要求降下明诏。锦衣卫指挥使马顺是王振党羽，他意识到这次上奏是针对整个宦官集团的。为了控制局面，他傲慢地宣布百官行为不当，厉声呵斥他们退下。在这剑拔弩张的时刻，百官心中平素的戒慎恐惧突然崩塌。给事中王竑一跃而起，冲上前去揪住马顺的头发，喊道：“是非奸人党？”随后与马顺扭作一团，将他扳倒在地撕咬。在场百官见状，争相起身殴打马顺。他们没有携带武器，于是脱了马顺的朝靴痛打他，将他的眼珠打落，血流满地，片刻便把他打死了。两个著名的东厂宦官也被当场殴毙。郕王惊惧，站起身想一走了之。于谦知道，这件事如果任其发展，会导致残酷的政治斗争。他赶到郕王面前，拉住他的衣服告诉他，如果置之不理，后果不堪设想。他请求郕王宣布马顺等罪当死，杀马顺者无罪，并族诛王振。[①] 经此一役，反王振的势力完全掌握了朝政。

八年后，英宗夺门复位，将于谦等人以谋逆之罪论斩，还立祠祭祀王振。土木之变标志着明朝前期生机勃勃、锐意进取的政治局面结束了，[②] 但明朝的政府和社会一直保持稳定和强大。除了在土木

① 见《英宗实录》（1964年版），页3520ff；《国榷》，页1783—1784。这件史无前例的事件的爆炸性说明，朝臣对宦官集团及其在锦衣卫的党羽的憎恨已经接近顶点。曹鼐在宣德八年（1433年）状元及第，又是翰林学士，以品行端正闻名，就连他都曾考虑自己否有责任采取极端手段挽回危局。9月9日，百官对王振的冗长参奏演变成对马顺的殴打，还说无人不欲王振死，军中无人不欲割其心，碎其肝。这些指控异常激愤，说明百官早已考虑对宦官采取暴力行动了。又见《古穰杂录》，页15a—b。

② 孟森：《明代史》（台北，1957），第133及以后数页，进一步论证了土木之变为何成为明代历史的转折点。

之变中，明朝的弱点和无能没有产生那么直接的影响。

北方边境的军事设施有效地重建了。土木之变后的百年间，明朝人庆幸长城足以抵挡蒙古人的进一步入侵。事实上，在这百年间长城并没有经受严格的考验。16 世纪中后期，长城就没能阻挡蒙古人闯入京畿。1550 年，蒙古人再次突破长城，但为时甚短，没有引发全面的危机。北方边塞始终是采取守势的明朝的心病，是明朝防御关注的焦点，是一直悬而未决的问题。晚明长城的军事机器愈发膨胀、臃肿而靡费。明廷在土木之变中千钧一发的危机，熄灭了这种防御是否必要的争论。这使得明政府既不能做毕其功于一役的军事解决，也无法做理性和平的政治解决。

土木之变后几个世纪中，宣府和大同的历史告诉我们发生了什么。长城中段的数百里的地区都归此二镇直接管辖。1449 年之后，长城经过重整成为真正的军事防线。土木之变大大加速了明朝将草原上的卫所撤回长城以内的进程。17 世纪中期，顾炎武曾经多次实地考察宣府大同一带。他认为回撤卫所破坏了洪武、永乐二帝的大战略。明初设东胜卫（从大同延伸到绥远）就是为了让明军的力量像汉唐时一样，越过长城延伸到草原，然而，“正统十四年九月，虏寇拥逼，诏徙诸卫内地，遂弃东胜，此我朝不复四郡之实也（秦汉时代，四郡控制着北方边境的中段，本文引用的正是顾炎武论述四郡的段落）。洪熙宣德之间，玩常而不思其变；景泰天顺之际，守近而不谋其远”[①]。

顾炎武还引用明代著名政治家邱濬（1418—1495）的《大学衍

① 顾炎武：《天下郡国利病书》卷45，页13a；顾氏对东胜的位置的描述，源自严从简在进呈自己的著作《殊域周咨录》时上的一封奏疏（进士，1559），转引自《国榷》，系在正统十四年十二月的最末一条，页1826，只简略地记载着“弃东胜州”。谈迁引用严氏对放弃东胜的后果的检讨，作为对这一事件的注释。

义补》[①]讨论这个问题。顾氏痛惜明朝开国短短几十年就将长城以北诸卫所迁回内地，放弃了“吾中国之地”，于是京师和北方诸省暴露在蒙古人的直接威胁之下。“往者有大宁都司、兴营、义会等卫在山之后以为外障，其后移入内地，以此之故京师东北藩篱单薄之甚。”[②] 1487 年，邱濬进呈《大学衍义补》时，敦请在长城以北重建强大的边防，却未能实现。按 1782 年《大同府志》的说法，长城以内靠近京师和人口中心的州县成了“四战之地”,《府志》还说这种情况“自古已然”。[③]顾氏记载，晚明时每个村子都是一个防御据点，每个县都是防御网的节点，修筑堡寨，招募戍卒，耗费了大量人力物力。1449 年时每个人都能切身感受蒙古的威胁，这种感受在 16 世纪中期重新抬头。那时或更早时候，朝廷命令无论大小村屯一律修筑围墙和堡垒，小一点的地方则鼓励百姓自己修筑。[④]顾氏列出了山西一千多座堡的名字，大多数都属于 17 世纪中期时暴露在敌军威胁之下的边境州县。顾炎武还在《天下郡国利病书》中列举了大同府辖下的十三个县的 918 座堡，而且推测这还不是全部。[⑤]他加按语说，这些堡有的是官府修的，有些是百姓自建的。他还列出了一百多个检查异言异服的路卡，这在边境地区是必要的。[⑥]

简而言之，我们能够清楚地看出，长城沿线各省的北部地区，形成了一个军事化的社会。防务耗费了大量人力物力，民众生活在紧张的氛围中。如果你拿这些地区和同时代明朝的其他地区相比

① 关于邱濬的著作，见 Franke 9.2.1
②《天下郡国利病书》卷九，“北直隶”八，页 22a—23b。
③《天下郡国利病书》卷一六，页 1a。
④《天下郡国利病书》卷四九，页 2a。
⑤《天下郡国利病书》卷四九，页 21a—b。
⑥《天下郡国利病书》卷四九，页 16b。

较，比如和16世纪中期饱受倭患的东南比较，就可以看出长城地区和腹地的情形差别巨大。腹地通常是没有设防、畅通无阻的。明中后期北方省份的贫穷也与大规模的非生产投入，以及在那种气氛下催生的限制性状况有关。

防御的焦点集中在离京师近在咫尺的地区。从京师到这个地区用驿站传信只要一两天。明朝人认为这个地区一直受到毫无信义的强邻的威胁。用军事术语讲，土木之变让明朝人深刻地认识到，他们的北方边疆多么危险地暴露在进攻之下。

然而，土木之变没能让明朝人理解内地与草原关系的规律，也没有高瞻远瞩的人物来推动这个问题的根本解决。在1449年的事变中，居住在内地的蒙古人遭到怀疑、戒备和前所未有的歧视。从那时起，反蒙的社会氛围就形成了，并且一直笼罩着明蒙关系。[①] 双方关系中的非理性敌意由此激化。要达成务实的解决比以往任何时候都难。1449年激起的反蒙氛围，还生发出一种泛化的排外情感。元朝百年的统治，纵然无能、粗暴且压榨严重，但都没有激起如此强烈的敌意。我们开始在一些明人15世纪50年代之后的著作中找到极端的排蒙思想，体现在对时事的评价上，也体现在对历史的评价上。中国历史上第一位具有强烈种族主义倾

---

①《明史》卷一五六里收录了一些明初效力于明朝的蒙古人的传。这些传说明了两件事，一是蒙古人在明朝有极大的社会上升空间并有机会取得成功，如果出任军职，帮助汉人抵御蒙古人，成功机会尤其巨大。第二件事是即使对成就平平的人，明朝人也很愿意奖赏，为的就是避免种族的隔阂，如果将汉蒙关系简单看作损害汉族人的关系，这种隔阂就会出现。《明史》中提到的某些蒙古人痛苦地意识到了这些难处，记录了毛忠的一生怎样反复绕开互相猜疑的深刻问题；1450年吴瑾（土木之变的英雄吴克勤的儿子、吴克忠的侄子）拒绝出任甘肃的要职，因为自己是蒙古人，在那个位置上容易引起人们的误解。司律思（Henry Serruy）的文章《明朝早期的蒙古贵族》（“Mongols Ennobled during the Early Ming”）收录了本文提到的蒙古人和其他人的传记，为本研究提供了宝贵的背景信息。

向的儒家思想家是王夫之，主要活动的年代在1650年之后。他的准民族主义和种族主义的主要抨击对象就是北方草原的异族。这大概是大势所趋吧。[①]

明中后期以来，北方的边防成为许多明朝大臣的主要困扰。虽然有少数人提倡理解蒙古人的生活方式，进而互相妥协，但大多数人对此还是鄙夷的。朝廷偶尔也会有政策反映对蒙古人的理解，但是基本没有机会执行。惩罚和报复才是常用的方法。现在看来，格局宽广的外交和贸易关系在中国历史上先例极多，最有可能缓解紧张、降低风险、节省军费。长城防务是明朝军费中最大的一项开支。

明中期起，对于应对东部海疆前所未有的问题，具有远见的对外交往和贸易更有现实意义。而明朝将在北方边疆发展出的一套眼界狭窄的防御措施，不假思索地强行套用在其他边界。明蒙关系的恶化影响到当时整个中外关系，限制甚至损坏了中国对外关系。对于国防，“余下的世界”第一次成为蒙古草原之外的第二件大事。

---

① 在与司律思的一次谈话中他提到，明朝人在1449年之前对蒙古人的憎恨更加强烈，虽然总体上反蒙的情绪无疑是因为土木之变激化的。陈学霖提醒我注意刘子健的《岳飞》一文（《中国学人》第二期，页45，我无法找到该杂志）。本文指出，将岳飞作为抗击异族将领的典型来崇拜，是土木之变后几个月，由明朝官方将其制度化的。

找出土木之变后明中期反蒙情绪的具体表现，分析其内容和影响，将是非常有意义的。钱穆的一些文章已经提到这些问题，如《读明初开国诸臣文集》（《新亚学报》第六卷第二号，1964年8月，页243—326）讨论了宋濂等跨元明两朝人的生平，对比了14世纪的宽容与中晚明的不宽容。《实录》和《国榷》之类的史料，在直接记录土木之变后果的部分，充满了反映憎恨和恐惧的记载。并且提出了一些降低在汉地居住的蒙古人威胁的办法，例如《国榷》第1778页对土木之变的评论，第1800页（己酉日）、1809页（壬申日）记载着处决不服管束的蒙古人的建议，有些已经执行，以儆效尤；第1810页乙亥日录有翰林院侍讲刘定之谈应变办法的奏疏（见页1811—1812），他的一个提议是，在平民和军人两个层面将蒙古人打散，将平民分散到南方省份，逐步将其强制同化。谈这个问题时，他开宗明义地讲“非我族类，其心必异”。这句话表达的是一种古老的情绪，见《左传·成公四年》（前586年）。注意“族”字，在这里是“种族”的意思，在先秦的宗法社会，“我族类”的含义更为狭窄。《英宗实录》也收录这篇奏疏，但文字颇有不同，见《英宗实录》（1964年版），页3657—3658。

甚至在草原上，专注于蒙古掩盖了草原以及长城沿线的其他情况，以至于明朝纵容管理不善的边疆军务扰乱北方省份，尤其是西北诸省，那里更为贫穷，也更加远离北京的控制。爆发在西北的明末起义，就是被边境的军事安排激起的，并且一发不可收拾，推翻了明朝。取明而代的清朝，最晚在1620年就已经取代蒙古，成为北方边境真正的军事威胁。明朝人陷于对蒙古的关注不能自拔，直到清军入关前几年，都没能正确地估计满人的威胁。

满人试图兼收长城内外的文化，将明朝解决蒙古问题的办法，同自身的草原扩张政策相结合。他们对卫拉特的战争就是不必要的、与中国传统迥异的扩张主义行为，也使得满人作为中华和草原共主的成就打了折扣。

后来的历史显然不能统统归结为这一个原因。但如果要找一个事件视作第一块多米诺骨牌，这个事件非土木之变莫属。①

① 和田清深入研究了16世纪中期对明朝构成威胁的俺答汗的生平之后，指出土木之变如何被人们牢牢记住，当后世史家讨论蒙古的威胁时，如何无意识地拿土木之变来打比方，见《東亞史研究：蒙古篇》，页754。

胡宗宪平徐海，1556年

贺凯（Charles O. Hucker）

1556年春夏时节，一个名叫徐海的中国匪首，率领着一伙倭寇在浙江东北一带烧杀抢掠。这伙人中有日本人也有中国人。官军多年来都不是他们的对手。但是这一年，有抱负、有智略的胡宗宪担任总督。1556年，这群倭寇攻城略地，打得官军闻风丧胆，抢夺了大量财物和人口。胡宗宪用智取而不强攻，一边挑拨匪徒的头目自相残杀，一边用金帛和封赏引诱他们，最终将他们消灭。在中国历史上，甚至在明史上，这场战役的影响都算不得多么深远，但在当时声名远播，留下了很多相关记载。[①] 我们可以从这场战役了解到，帝制时期

① 阅读本文的专业人士都清楚，本文并没有穷尽1556年战役的所有史料，使用的明代总述倭寇问题的史料就更少了。吴玉年编有一份明代讨论倭寇问题的文章目录《明代倭寇史籍志目》，收入包遵彭主编《明史论丛》卷六，页231—252（台北，学生书局，1968年）；田中健夫：《倭寇と勘合貿易》（东京，至文堂，1961年）是最新的相关日本史料的文献目录。王婆楞：《历代征倭文献考》（上海，正中书局，1940年），是对历来倭寇活动以及抗击倭寇的文献编年。现代中国学者对这一问题的有价值的研究有：黎光明：《嘉靖御倭主客军考》（《燕京学报》1933年第4号）；陈懋恒：《明代倭寇考略》（《燕京学报》1934年第6号）；吴重翰：《明代倭寇犯华史略》（长沙，商务印书馆，1939年）；李光璧：《明代御倭战争》（上海，人民出版社，1956年）；陈文石：《明洪武嘉靖间的海禁政策》（台北，台湾大学，1966年）；陈文石：《明嘉靖年间浙福沿海寇乱与私贩贸易的关系》（《中央研究院历史语言研究所集刊》第36本上册，页375—418，1965年）。彭安多（A.Tschepe）的著作*Japans beziehungen zu China seit den Altesten Zeiten bis zum jahre 1600*（Jentschoufu，Katholischen Misson Sud Schantung）是一部极其详尽的史事编年，遗憾的是没有注出史料出处。相关的现代西文研究有：Y.S.Kuno，*Japanese Expansion on the Asiatic Continent*，2 vols（Berkley，

的中国人在面临非常的军事问题时，会采取怎样的非常手段。

军事问题的性质

应对军事威胁的传统模式

千百年来，中国人逐渐适应了三种主要的军事威胁：（1）臣民心怀不满，发动叛乱。这种叛乱一旦成了气候，会有改朝换代的危险；（2）具有高度机动性的北方游牧民族的小股劫掠，或偶尔大举内犯；（3）汉人的居住范围和政治社会组织在华南和西南稳步扩展，引起原住民的反抗。庞大的官僚机器释放着一股令人敬畏的道德至上的气息，朝廷对这种气氛压制内外挑战的功效很有信心。中国人风雅自赏的表象背后，是长城沿线和内地的水陆要冲驻扎的重兵。面对危险，朝廷的政策在两种行为之间摇摆。一是军事手段：瓦解有威胁的军事联盟、占领自然缓冲区、炫耀武力震慑敌人；二是政治手段：招抚、威胁、利诱、迷惑、声东击西，以使得自己的安全免受威胁。

无论是边疆还是内地，冲突爆发时，官府一般都会考虑两种可能：一是直截了当的军事解决（“剿”或“灭”）；二是用间接的政治经济手段解决（“招安”或“招抚”），而辅之以不动声色的武

University of Califonia, 1937—1940); Wang Yi-tung, *Official Relations between China and Japan*, 1368—1549, Harvard-Yenching Institute Studies (Cambridge, Mass, Harvard University Press, 1953); Bodo Wiethoff, *Die chinesische Seeverbotspolitik und der private Uberseehandel von 1368 bis 1567*, Mitteilungen de gesellschaft fur Naturund Volkerkunde Ostasiens, vol.45 (Hamburg, 1963); Benjamin H. Hazard, “Japanese Marauding in Medieval Korea: the Wako Impact on Late Koryo,” PH.D dissertation, University of California, 1967); Hazard, “The Formative Years of Wako, 1223—1263”, in *Monumenta Nipponica*, 22: 260—277 (1967); James Mill-inger, “ Chi Chi-kuang Chinese Military Official,” PH.D dissertation, Yale University, 1968。

力威胁。实践中，只有当国家的关键利益受到威胁，又不存在招抚的可能，且招抚的后果令人无法接受时，官员才会考虑使用最后的手段——剿。在解决内部叛乱时，中原王朝更青睐“抚”，而不是“剿”，只有少数穷兵黩武的君主例外。在家庭中和邻里间，中国人倾向于不惜一切代价也要让事情“过得去”，力图通过调和妥协让大家都有面子。对“抚”的偏好无疑是这种倾向的反映。

前所未见的以日本为基地威胁中国的倭寇

日本是不与中国接壤却威胁中国安全的国家。从12世纪早期开始，日本海贼就开始劫掠朝鲜半岛。1274年和1281年，忽必烈两度征讨九州失利，随后日本人将劫掠的范围扩展至中国沿海。明前期诸帝用艰苦的外交和军事努力降低了日人劫掠的影响，将中日交流纳入朝贡体系。在中国人看来，外国人的行为在纳入朝贡体系之后才算是可以接受的。然而1548年后，由于日本朝贡使团状况频出，中日正式的朝贡贸易中止了。[①] 朝贡中止之前，日本人在中国沿海的劫掠就已经重新抬头，而且规模持续扩大，顶峰出现在16世纪50年代（巧合的是，此时的西欧沿海也同样饱受北非海盗的困扰）。

以下因素使得解决倭寇问题十分棘手：

中国海岸线漫长，要在全线保持武备充足，事实上难以办到。[②]

---

① *Official Relations between China and Japan*, p. 80.

② 关于明代海防的附有大量地图的史料有郑若曾的《郑开阳杂著》和《筹海图编》。《筹海图编》虽然署名胡宗宪，但无疑主要出于郑若曾之手。参看Wolfgang Franke, *An Intoduction to the Sources of Ming History* (Singapore and Kuala Lumpur, University of Malaya Press, 1968), pp.223—224，以及王庸《明代海防图籍录》，收入包遵彭《明史论丛》卷六，页231—252。

明朝皇帝想建一座“沿海长城”，从朝鲜到安南，用城垣、碉堡、栅栏、瞭望塔、烽火台连成一道防线。此外，长江三角洲以南的河口、港湾、海岛多不胜数，须编练水师巡弋。明朝水师的舰船比倭寇的船只先进，在面对面的海战中胜算很大。明政府明白，在海上截住倭寇，比等他们登陆之后再追击要好。然而，即使是一支强大的岸防舰队，也没有信心能够保证安全。追击满载赃物的海盗船诚然简单，但是预判这些船的来路并将其击退，则不那么容易了。无论如何严防死守，中国的沿海地区都极易渗入。

如果想捣毁倭寇巢穴，就必须占领琉球列岛、台湾岛，甚至日本的一部分。明初，大名鼎鼎的太监郑和率舰队横越印度洋，那时明朝有可能建立一个海洋帝国。太祖（1368—1398）和成祖（1402—1424）都曾以出兵征讨来威吓日本，[①] 不过他们并没有鲁莽到当真去征讨。明朝后来的皇帝都更关注北方的边患，放任中国的海上力量衰落下去。16 世纪 50 年代，没有人认真考虑以攻为守的战略。[②] 当海盗袭扰东南时，朝廷的注意力却灌注在北疆。当时蒙古在俺答汗的统治下再度崛起，成为中国百年来仅见的严重的军事威胁。[③] 1550 年，俺答汗率军杀入北京近郊。之后直到 1570 年，北方边境一直警报频传，北方的边防牵制了明朝大量兵力。所以 16 世纪 50 年代的中国在其他地区没有主动出击。

倭寇劫掠沿海并不是一个单纯的对外关系问题。最初实施劫

---

① *Official Relations between China and Japan*，pp.10，16—17，48，50.

② 关于明代中国海上力量的衰落原因的分析，可参考Lo Jung-pang：“The Decline of the Early Ming Navy,” *Oriens Extremus*，5：149—168（1958—1959）。

③ 见司律思（Henry Serruys）、房兆楹（Fang Chao-ying）在《明代名人传》（*Draft Ming Biographies* [published by Association for Asian Studies, Inc.], no. 1[1964]）中所写的俺答汗的传记。

掠的是日本人，但倭寇并不是日本的政府派出的。16世纪时（当时日本还没有有效的中央政府），日本浪人只占沿海倭寇的一小部分，而且这些人往往是由中国匪徒率领，还受到其他中国匪徒支持。海岛的居民、大陆的流浪者都在铤而走险，寻找发财的机会；葡萄牙人，以及随葡萄牙人而来的马来人也会参与其中。16世纪50年代明朝官府所称的倭寇，其实是一个国际联合体，包括被卷入劫掠的走私者及其大陆上的同谋，甚至包括一些颇有名望的人。这些倭寇很清楚大陆的情形，和各城镇都有密切的联系，明显得到了当地人的协助和引导，和官军的待遇并无二致。简而言之，入侵的“蛮夷”和团结御侮的地方百姓并不存在一条泾渭分明的界线。就像镇压现代的游击队一样，想用军事手段毕其功于一役是很难办到的。

受倭寇蹂躏的地区财富丰饶，交通便利，使得问题更加棘手。倭寇重点劫掠的地区，传统上称为江南或者东南，包括今天上海到江苏苏州，以及浙江杭州到宁波一带，在中国的地区和国际关系上都有着重要的战略地位。唐宋以来，杭州和宁波就是对外贸易的中心。16世纪早期，宁波还是葡萄牙人在华活动的中心。19世纪的鸦片战争中，英国人特别重视江南。宁波附近的舟山岛是当时英军的主要海军基地，以此为据点，英军攻占了宁波、乍浦（浙江北部邻近江苏的良港），以及拱卫宁波的定海。宁波和上海都属于向近代西方开放的第一批条约口岸，而上海则迅速成为近代中国最繁忙的口岸和人口最多的城市。

江南是明代倭寇劫掠的天然目标。春秋时节的盛行风使得从日本航行到浙江十分方便。江南又是一片河网纵横的平原，很容易乘船深入，沿岸又有无数条件良好的锚地。早在明代，江南就已经人口繁庶，农产业发达，手工业兴盛，产生了许多豪门巨室和书香门第，至今也是如此。江南还是明朝的粮仓，税粮通过运河从杭州北运京师和边疆。对于16世纪的倭寇来讲，到东南非常容易，又有大量财富可供掠夺。

1555年的东南防务

16世纪40年代，东南地区已经饱受匪徒蹂躏，防御也稳步增强。[①] 1547年，朝廷首次向浙江派出了巡抚，掌管浙江全省及福建沿海诸府州军务。1554年，杭州被大掠之后，朝廷又设立新的职位——浙直总督（辖区包括南直隶［今江苏、安徽］、浙江、福建等地），统领整个东南沿海的抗倭事业。1550年初，许多内陆城镇由于受到掠夺和威胁，历史上首次修筑了城墙。[②] 虽然当时北方边疆也需要内地增援，[③] 但为了补充江南兵力，朝廷还是从遥远的省份调兵前来。1555年，战局不断恶化，朝廷派工部侍郎赵文华（1529年进士）[④] 到东南监军。不久，总督张经（1517年进士）下狱论死，[⑤] 南直隶巡抚周玩（1532年进士）成为新的总督。[⑥] 上任甫月余，周玩就同浙江巡抚李天宠（1538年进士）一道被革职，李天宠和张经

① 《明史》卷九一，页10a ff（百衲本，上海）中概述了明代海岸防御。关于浙江海岸防御的具体情况，见《筹海图编》卷五，页8a—17。范涞等著《两浙海防类考续编》（全八卷，1602年）第二卷记载尤详细；又见*An Intoduction to the Sources of Ming History*，p.227；*Official Relations between China and Japan*，pp.212—213。

② 陈懋恒：《明代倭寇考略》，《燕京学报》1934年第6号，页139—142。

③ 黎光明：《嘉靖御倭主客军考》，《燕京学报》1933年第4号；《明代倭寇考略》，页151 ff。

④ 见《明史》卷三〇八赵文华本传，页17b—21a。

⑤ 见《明史》卷二〇五张经本传，页4a—6a。

⑥ 见《明史》卷二〇五周玩本传，页4a—6a。

被处斩。[1]南京户部尚书杨宜（1523年进士）[2]，成为当年的第三位总督。胡宗宪当时只是都察院巡按浙江的监察御史，超擢为浙江巡抚。嘉靖三十五年（1556）二月，杨宜被革职，于是胡宗宪升任总督，浙江巡抚之缺由浙江提学副使阮鹗（1509—1567）继任。[3]但是在前线待了不到一年的赵文华，信心满满地认定局势已经得到控制，于是返回京师。

无论怎么看，1555年都是东南倭乱史上灾难最为深重的一年。[4]浙江的十一府州中，只有三个最偏远的内陆府州——中部的金华府、西部毗邻江西的衢州府、西南毗邻福建的处州府，在这一年中似乎没有受到侵扰。六个沿海府州，从北到南依次是嘉兴、杭州、绍兴、宁波、台州、温州，都惨遭劫掠，处于内陆的两个州——杭州西南的严州和杭州西北的湖州，也未能幸免。处于内陆的嘉兴府崇德县，县城被攻破，损失惨重。南至福建，北至上海、苏州地区，甚至长江三角洲的北岸也受到袭扰。一伙匪徒向西深入，穿过安徽，到达南京郊外，南京是明朝的陪都，无论是战略意义还是象征意味都非常重要。

官军面对1555年的劫掠活动并非毫无作为，但是总体上效果并不好，除了极少一些例外。官军最得意的行动要属王江泾大捷。王江泾位于浙江的最北部，一伙倭寇五月从沿海巢穴柘林（位于南直隶的金山卫以北）出发，在王江泾被总督张经设伏歼灭。张经不久就因为督战不力论斩。据记载，此役斩杀倭寇一千九百多人，归

---

① 见《明史》卷二〇五李天宠本传，页6a—b。
② 见《明史》卷二〇五杨宜本传，页7a—b。
③ 见《明史》卷二〇五阮鹗本传，页13b—14a。
④ 倭寇在16世纪中期在东南沿海活动大事编年，见《筹海图编》卷八。又见《明代倭寇考略》，页78—81；《明代倭寇犯华史略》，页63ff。

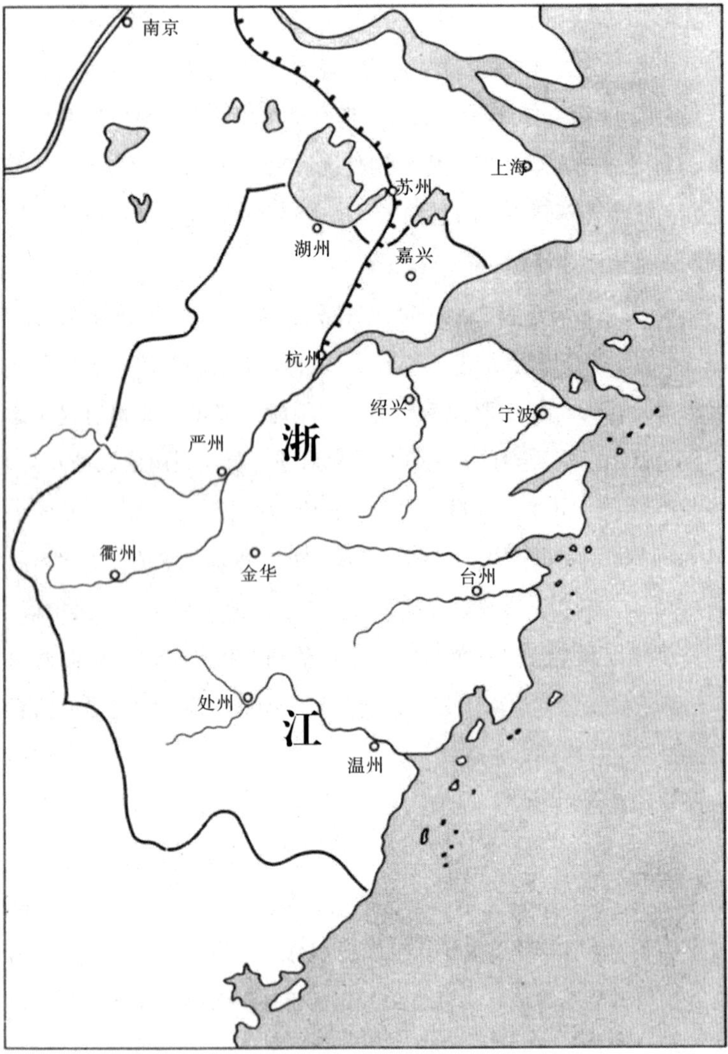

图 7-1　明嘉靖时期浙江的府城

功于新到来的永顺、保靖土兵投入战斗，也归功于抗倭宿将卢镗、俞大猷（1503—1579）的指挥。[①]

1555年对苏杭要地的劫掠主要由徐海指挥，不久前在王江泾遭到重创的就是他的主力。徐海原是杭州古刹虎跑寺的僧人，法号“明山”，时人常常用法号称呼他。落草时间不详。落草后，因算卦灵验受到倭寇的尊敬，被奉为“天差平海大将军”。16世纪50年代初，他是倭寇诸头领中名头最响亮的。另外一个倭寇头领王直，号称“倭寇王”，盘踞在九州的五岛列岛。徐海的地盘在九州岛最南端的萨摩藩，他的手下主要来自萨摩和附近的出水、肥前。他在1555年的赫赫战功使他一跃成为最重要的倭寇首领。[②]

胡宗宪的难题与策略

1556年初，胡宗宪接过了抗倭的重担。他是江南徽州府人，嘉靖十七年（1538）进士，[③]做过两任知县，而后奉调入京，升任监察御史。曾出任北直隶巡按御史，巡按北方边境的宣大地区，之后调任浙江巡按御史，不久就参与到了抗倭的斗争中，并被超擢为总督。

史书上对胡宗宪的评价，大体是有智略、有雄心。他在浙江的

---

① 见《明史》卷二一二卢镗和俞大猷本传，页1a—9b，以及*Draft of Ming Biographies*（no.6 [1966]）中Bodo Wiethoff为卢镗写的传。关于王江泾之捷，见夏燮：《明通鉴》（第三册，卷六一），北京，中华书局，1959年，页2336—2337；王婆楞：《历代征倭文献考》，上海，正中书局，1940年，页58；《筹海图编》卷九，页2a—3b。

② 关于徐海的生平，见《明代倭寇考略》，页103—104；谷应泰：《明史纪事本末》（万有文库版），长沙，商务印书馆，1936年，卷五五，页54—55。关于王直，见《明代倭寇考略》，页102—103；陈文石：《明嘉靖年间浙福沿海寇乱与私贩贸易的关系》，页395—405；《倭寇と勘合貿易》，页200 ff；Bodo Wiethoff，*Die chinesiche Seeverbotspoitik und der private Uberseehandel von 1368 bis 1567*，pp. 188 ff；傅维鳞：《明书》，长沙，商务印书馆，1937，卷一六二，页3213—3217；《王直传》，收入《玄览堂丛书续集》（1947年），与《筹海图编》卷九，页24a—29b“擒获王直”条几乎完全相同。

③ 见《明史》卷二〇五胡宗宪本传，页8a—14b。

任职是由于严嵩的提携，这很容易被解释为政治投机。无论是在当时还是后世，他都因此饱受争议。嘉靖朝政局复杂，宦途险恶。世宗皇帝（1522—1566年在位）即位之初，就因为“大礼议”与满朝文武对抗，后来反复地表现出酷虐不仁、喜怒无常的性格。16世纪50年代他沉迷于炼丹修道，将朝政交给大学士严嵩（1480—1565）[1]打理。严嵩把持朝政二十年（1542—1562），其子严世蕃（1513—1565）是他的帮手。严世蕃贪腐的恶名早已远扬，那时就被视作阿谀奉承、贪得无厌、私心自用的权奸。无论这个评价是否公允，在当时，如果一个人没有严氏父子的支持，不帮着他们中饱私囊，那他在朝中什么事也办不成。

1555年在浙江督师的赵文华就是严嵩的门生。赵氏为人傲慢贪婪，是抗倭的一大阻碍。总督张经和巡抚李天宠因为对他不够恭顺便遭到革职，但胡宗宪却很得赵文华宠信（事实上很可能是胡宗宪主动巴结），还通过赵氏得到了严嵩的信任，于是一举飞黄腾达。然而，胡宗宪的权位是岌岌可危的。就冲着他和严嵩、赵文华的关系，随时随地可能遭到弹劾。无论军情如何，弹劾的机会都俯拾即是，因为胡宗宪必须压榨自己的下属和百姓，才能给自己的恩公源源不断地“上供”。所以，1556年初徐海率部卷土重来时，胡宗宪面临的问题是多面的。首先，他处于动辄得咎的境地，落马的前任总督就是前车之鉴。为了防止朝中的弹劾给自己招祸，他必须维持严嵩对自己的信任；为了达到这个目的，他必须避免军事灾难；为避免军事灾难，鉴于上一年一连串的惨败，他必须非常善用谋略。无论朝廷和百姓多么渴求一战“剿”灭倭寇，事实

① 见《明史》卷三〇八严嵩本传，页10a—17b，以及K. W. So在*Draft of Ming Biographies*, no.9 [1968] 中为严嵩作的传。

都反复证明，即使各省军队汇集江南，这一点也是难以办到的。而“抚”，对于朝廷或者倭寇双方，都不一定能够接受。北方边疆的俺答汗受抚就是因为边境贸易正常化，但16世纪50年代的明廷是坚决反对贸易正常化的。所有东南地区寇乱的根源，都是朝廷不肯给外人以常规贸易的机会。如果朝廷政策有变，并且赦免犯禁者，那么倭寇的大头领王直随时可以受抚。而1555年徐海抢掠得盆满钵满，他显然对现状特别满意。即使朝廷开出了招抚条件，他也不会觉得有什么好处。1554年年中就有人建议用开放贸易之外的办法招抚，[①] 并且朝廷也尝试批准了，但是招抚的风险仍然极大。

招抚的主要风险有三：(1)抚寇而没有足够的军力可恃，东南地区将可能出现大溃败；(2)招抚容易给胡宗宪落下“纵寇”的口实，这个罪名已经断送好多人的前程；(3)士气已极端低落，招抚可能会使士气瓦解。他们似乎相信，不管上一场战斗如何惨败，下一仗一定大胜。浙江巡抚阮鹗和浙江总兵俞大猷是胡宗宪的直接下级，都极力反对招抚。[②]

除了这些看得见的风险，1555年，时任浙江巡抚的胡宗宪向赵文华进言，倭寇不是单凭军事手段就能消灭的。他派出一个使团前往五岛列岛与王直谈判，借口是侦查倭寇在日本的巢穴，并争取日本官方与中国合作剿倭。这场谈判的结果又是另外一个重要而有趣

① 《明通鉴》（第三册，卷六〇），页2327。

② 参见《明史》卷二〇五阮鹗本传和卷二一二俞大猷本传；还可参见桐乡之围时阮鹗写给胡宗宪的信，收入采九德：《倭变事略》（中国历史资料研究丛书版，卷一五，页69—117）。俞大猷是一位理想的传主，调任浙江前，曾多次招抚西南的少数民族；1555年曾经劝张经不可对倭寇贸然用兵，然而，1557年他却强烈反对用开放贸易的办法招抚王直。

的事件了，它的高潮是1557年末王直在宁波自首。[①] 和本文直接相关的是，1556年和徐海的整个较量中，胡宗宪一直在与王直谈判，劝服他帮助自己对付徐海。他一面向王直隐瞒朝廷的真实意图，一面向朝廷隐瞒他对王直的许诺。结果证明，胡宗宪是骗人的好手。

1556年徐海来到江南之前，胡宗宪派出与王直谈判的一名使者已经从五岛列岛返回，还带着几个倭寇首领，包括宁波人毛海峰，他又名王激，是王直的义子和心腹。另外一名使者留在日本，事实上是留在王直处作为人质。而表面的理由是，日本列国林立，没有统一的政权，胡宗宪要求"日本王"镇压倭寇的信函需要逐个递送，速度自然会变慢。胡宗宪殷勤地款待王激，努力让王直相信自己的真诚。而朝廷下令王激亲自参与剿倭，以证明王直的忠心。

1556年初王激在浙江与胡宗宪接触时，他透露，徐海带着他的萨摩手下要再次劫掠江南，对于王直无法干预此事表现出明显的歉意。二三月间，徐海果然在乍浦一带登陆，剿灭他成为胡宗宪的当务之急，直到八月，胡氏的精力都灌注在这件事上，虽然也不能完全搁置与王直谈判以及对付自己辖境内的其他倭寇的任务。

再谈谈浙西的可用之兵。整个战役展开的地区在传统上称为"浙西"，即杭州和杭州湾以北的地区。当时胡宗宪在这一地区可以依靠三类人。一是地方官吏：杭州、湖州、嘉兴三地的知府及其属吏（嘉兴尤其重要，是主要战场所在）；嘉兴府七属县的知县；省级衙门，布政使司、按察使司、浙江都指挥使司；都察院派驻浙江的监察御史；浙江巡抚。府县官员有守土之责，所以掌握着一部分武

① 《王直传》和《明书》卷一六二，页3213—3217尤其详细，还可参考《明史》卷二〇五胡宗宪本传，页13b—14a；Ryusaku Tsunoda，trans.，*Japan in the Chinese Dynastic Histories：Later Han Through Ming Dynasties*，ed. Carrington Goodwich (South Pasadena，P. D. and Ione Pekins，1951)，pp.128—137。

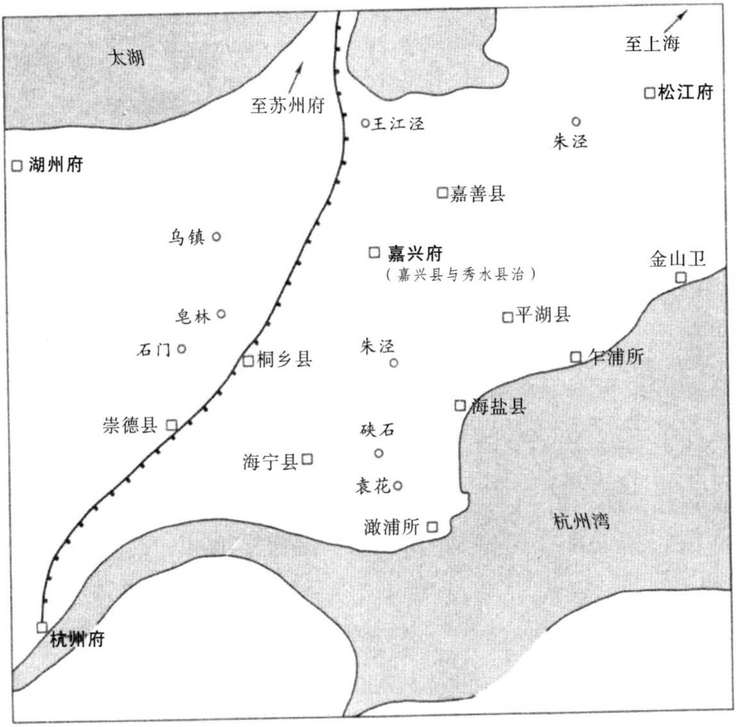

图 7-2　浙西地区

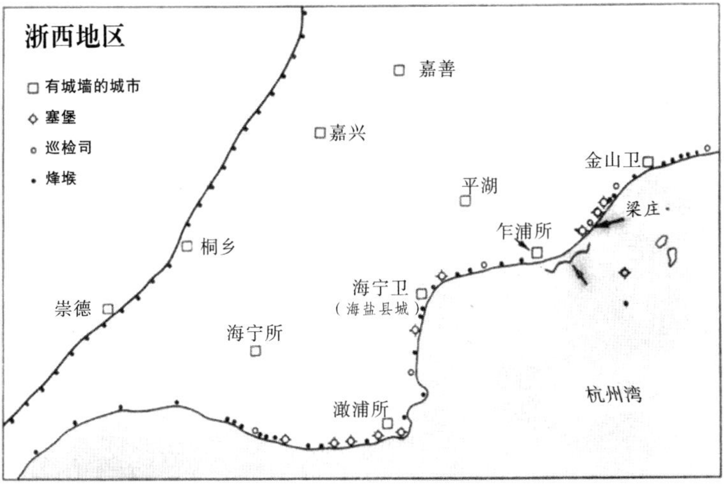

图 7-3　浙西地区的主要卫所

装；监察御史和巡抚对本省军务有监督之责。

二是浙江都指挥使司掌握着浙江的常备军。[①] 浙西有三个卫（官兵都是世袭），杭州前卫和杭州后卫，治所在杭州城中；海宁卫，治所在浙江东北沿海的海盐县城。理论上讲，每个卫都有五千六百名世袭的士兵和二十九名世袭军官。但是到了16世纪中期，卫所缺员的情况已经尽人皆知，而且各卫士兵是分散部署的。大约同时的史料表明，海盐驻军员额是一千二百四十人，海盐总部下辖人数不固定的卫所，驻守在南部澉浦和北部乍浦的有护墙的堡垒中。杭州卫辖下的一个卫所，驻扎在杭州和乍浦之间的海宁县城中。其他的卫所军队，常规的是七十人一队，分驻沿海的六个巡检司，给养由杭州和嘉兴两府供应。[②] 其他卫所的士兵一定有派出任务，分作小队，驻扎海边星罗棋布的堡垒或哨所。杭州郊区有一个小堡，还有五个堡垒在澉浦周围，两个在海盐附近，十三个在乍浦与浙江东北省境之间。

哨所分布得更加均匀：杭州和海宁之间有六个，海盐和乍浦之间有五个，乍浦和东北省境之间有九个。[③] 守卫内陆城镇的城垣和衙署，也需要卫所派人。假设浙西三卫基本满额，有一万至一万两千兵力，大部分兵力以及临时组织的团练，也是在固定据点守卫，不能轻易撤防。所以，可以调动的机动兵力肯定只占总兵力的一小部分。而且非常明显是，世袭的卫所军队早已不堪使用，即使是守卫据点，也恕难胜任。要想追击歼灭倭寇，需要组

---

① 关于明代军事机构的性质，见Hucker，"Governmental Organization of the Ming Dynasty，" pp.56—63；Romeyn Taylor' s "Yuan Origins of the Wei-so System，" in *Chinese Government in Ming Times：Seven Studies*，ed.，C.O.Hucker (New York，Columbia University Press，1969)，pp.23—40；and Millinger，pp.14—19。

② 关于16世纪50年代浙江的军事组织，见Millinger，pp. 26—40；《筹海图编》卷五，页8a—17b，以及范涞《两浙海防类考续编》卷二。

③《筹海图编》卷五，页11a—17b。

建特殊武装。[1]

第三类可依靠的人可以称为机动力量，[2] 包括地方官、军官和非正规武装。巡抚和监察御史可以视为这个机动力量的组成部分，而浙江省的常规行政管理层则不属于。更特别的是，一名按察副使被任命为嘉湖兵备道，统辖浙西军务。浙西机动力量的军官——有正式的武官职务但是另有差遣——包括浙江总兵官（浙江的最高前线指挥官），以及副总兵官；驻扎海盐的杭州、嘉兴、湖州三府参将；驻杭州的浙江游击将军。这些军官统率的机动部队，无疑是从各卫所和部队抽调的，但是可能更为重要的是，这里还包括了特别招募的当地雇佣兵（募卒），以及外省派来支援浙江的军队。明代的惯常做法，就是将华中或者西南部的少数民族军队派出支援外省，但在16世纪50年代的抗倭战争中，这些军队也并不那么可靠。

据当时的史料记载，1556年初胡宗宪就任总督时，他的前任总督从四川、湖广（包括今天的湖北和湖南两省）、山东、河南借来的军队都已解散且返回原籍了，原因是赵文华向朝廷保证，沿海的倭寇已经得到控制。胡宗宪手下的主力只有三千募卒，不堪作战。他唯一的专门预备队是一千名来自今天湖北容美的土兵，以及游击将军宗礼（1510—1566）从华北地区招募的八百人。[3] 以上估计可能不包括总兵官俞大猷和副总兵官卢镗所部，俞卢二人都是在沿海地区久历战阵的宿将。以上的估计还不包括胡宗宪管辖范围内可以调派的常备军和非常备军，比如现在江苏省境内的部队和杭州湾以南的浙江省军队。在浙西一地，能够立即投入进攻徐海的战斗的机

---

① 参见黎光明:《嘉靖御倭主客军考》,《燕京学报》1933年第4号。

② 《筹海图编》卷五，页11a—17b。

③ 茅坤:《记剿除徐海本末》(《茅鹿门先生文集》，明万历刻本，卷三〇，页20a—30b)。关于宗礼，见《明史》卷二〇五，页9b。

动部队接近一万人。

1556年胡宗宪和徐海的较量

关于16世纪50年代的抗倭战事，史料非常丰富，有当事人自己的记载，也有其他时人的记载。朝廷非常重视倭患，当时官方的编年中收录了很多相关文献。东南是人文渊薮，当时东南的士大夫对倭患有亲身的经历与观察，留下的关于倭患的文字甚至更多，例如著名的文学家归有光（1506—1571）、唐顺之（1506—1560）等都有关于倭患的文章。[①] 不幸的是，对于理解范围如此广泛的众多事件，这些史料的价值是不确定的；它们对某一事件的时间和结果的记载，常常语焉不详，甚至相互抵牾。后世的中日史学家披览搜辑甚勤，力图书写可信的倭乱大事记，做出可信的分析。但不是所有问题都能解决，甚至简单的时间问题都没有厘清。

据我所知，目前尚无人深入研究1556年讨徐海的战事。原因大概是史料常常自相矛盾，令人无所适从。为了在下文的概述中确定这场战役中一些主要事件具体时间，我主要依靠两种当时的史料。第一种是《记剿除徐海本末》，专门记述平徐海之役，作者茅坤（1512—1601）是胡宗宪的幕友；[②] 第二种是《倭变事略》，记载的是

① 见《明史》卷二八七归有光本传，页20b—21b；卷二〇五唐顺之本传，页20b—22b。另见吴玉年：《明代倭寇史籍志目》，收入包遵彭《明史论丛》卷六，台北，学生书局，1968年，页231—252。

② 见《明史》卷二八七茅坤本传，页12b—13a。他的文章以《徐海本末》广为人知，这一文本主要取自《记剿除徐海本末》。其他早期的文本还包括《筹海图编》卷九，页12a—19a；《浙江通志》（胡宗宪主修，前言作于1561年）卷六〇，页21b—25a。这文章已经收入《借月山房汇钞》和《中国历史研究资料丛书》，关于文献上的讨论，见《明代倭寇史籍志目》，页242，以及Wolfgang Franke' s *An Intoduction to the Sources of Ming History* (Singapore and Kuala Lumpur，University of Malaya Press，1968)，pp.223。

1553—1556 年浙西抗倭之役，序言作于 1558 年。[1] 此书范围更广，细节或更翔实，作者是来自海盐的采九德。我相信，将这两种史料与朝廷编纂的《实录》[2] 之类的史料结合起来，就可以大体了解徐海在 1556 年的活动，以及胡宗宪的应对。胡宗宪的战略一向是后发制人，战争第一个阶段以徐海的活动为主。

第一阶段　徐海来寇

概述　嘉靖三十五年（1556）二月，在王直的统一指挥下，几支倭寇在东南沿海分数处登陆。据记载，第一支倭寇数千人，登陆江北，掠扬州、镇江二府，威胁大运河的心脏地带；第二支人数相仿，在上海登陆，沿吴淞河内犯；第三支人数也是数千，登陆杭州湾以南，袭扰宁波地区。这三支人马规模较小，官军不久就发现他们是牵制部队，目的是诱开浙西的官军。徐海亲率人马万余，想先下杭州，再北掠湖州、苏州，最终威胁留都南京。徐海的人马首先进犯乍浦，轻而易举地消灭了当地水师，登陆后焚毁自己的海船，以示有进无退的决心。其后乘小船从金山卫附近北犯，到倭寇的巢穴柘林，陈东、叶麻率领的倭寇在柘林与徐海会合。陈、叶的巢穴在萨摩，当时已经蹂躏了上海地区。三四月间，两股倭寇合流，南下围攻乍浦，大概一周后撤围而去。同时，其他两支

① 采九德，也作宋九德或朱九德，他的《倭变事略》据说是根据官方文书写成的。本文所引用的版本是《中国历史研究资料丛书》版，页69—117，《盐邑志林》《胜朝遗事》和《丛书集成初编》，见《明代倭寇史籍志目》，页235—236；*An Intoduction to the Sources of Ming History*，p. 223。

② 本文所引的《世宗实录》是1940年影印本。其他史料还有：《明史》卷二〇五胡宗宪本传，页8a—14a；夏燮《明通鉴》；谷应泰《明史纪事本末》卷五五；《王直传》。

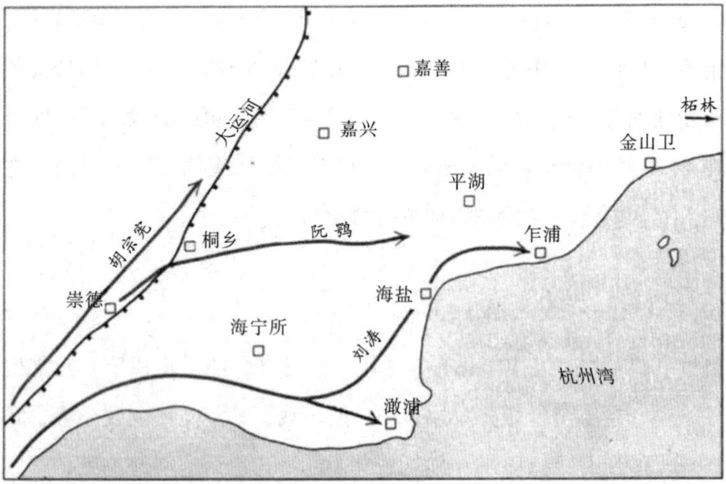

图 7–4 明军应对乍浦敌军的部署

策应的倭寇分别从柘林、上海进逼嘉善。

正当倭寇在乍浦及其以北地区登陆时，胡宗宪刚接任总督，身在杭州的总督衙门。他提醒所有的部下警惕倭寇，并派兵到澉浦至海盐一线支援。嘉兴和湖州的守备刘焘（1538 年进士）离开驻地海盐，增援乍浦。浙抚阮鹗将崇德附近的可调之兵统统带走，驰援乍浦。胡宗宪则亲率一支人马到嘉兴居中策应，既可以警戒北面沿吴淞河方向来犯之敌，又可以向东支援乍浦。③

最首要、最直接的威胁来自北面，倭寇经过嘉善直指嘉兴。胡宗宪认为在这种情况下，智取胜于强攻，便用小舟载满毒酒，让两名军士扮作为官军送酒的差役，故意让倭寇前锋发现。倭寇截获这

③ 茅坤记载，胡宗宪亲自率兵屯于运河边靠近嘉兴的塘栖，见《茅鹿门先生文集》卷三〇，页 20b。

船酒后，停止前进，开怀畅饮。此时，数千名保靖土兵（来自今天的湖南省）刚刚开到，归胡宗宪指挥。他们求战心切，胡宗宪警告他们倭寇诡计多端，土司却没放在心上，结果中了埋伏。胡宗宪收拢残部，也设了一个埋伏，给敌军以重创。敌军匆匆撤往苏州。[①]

三四月时，刘焘已经身陷乍浦之围，很可能率领军民做了英勇的抵抗。不久，徐海侦知胡宗宪、阮鹗正率部驰援乍浦，很快解围而去。

第二阶段　深入内地

概述　四月初徐海从乍浦撤围后，即率部内犯。他们击败了海宁和海盐官军，在硖石、袁花烧杀抢掠，如入无人之境。四月中旬，徐海经杭州继续深入内陆。四月十八、十九日，掠皂林、乌镇。乌镇地处嘉兴、湖州、苏州三府交界的要冲，1555年，徐海曾以乌镇为巢穴劫掠苏州、嘉兴。倭寇与官军在皂林、崇德之间激战三次，受到重创，徐海受伤。二十三日，徐海所部已经到了土崩瓦解的边缘；倭寇的谍人侦知，官军也已经筋疲力尽，粮饷告罄，附近也没有援军。于是徐海又率军血战一场，杀得官军尸横遍野。

胡宗宪从探子口中得知徐海部向乌镇移动，于是调兵准备在乌镇包围徐海。他下令：（1）苏州方面的官军南下到乌镇以北；（2）湖州方面的军队乘船进至乌镇以西；（3）在嘉兴的河朔兵到乌镇附近构筑防御工事。他亲率募卒和容美土兵，小心翼翼地向乌镇移动。

① 《倭变事略》，页98—99。

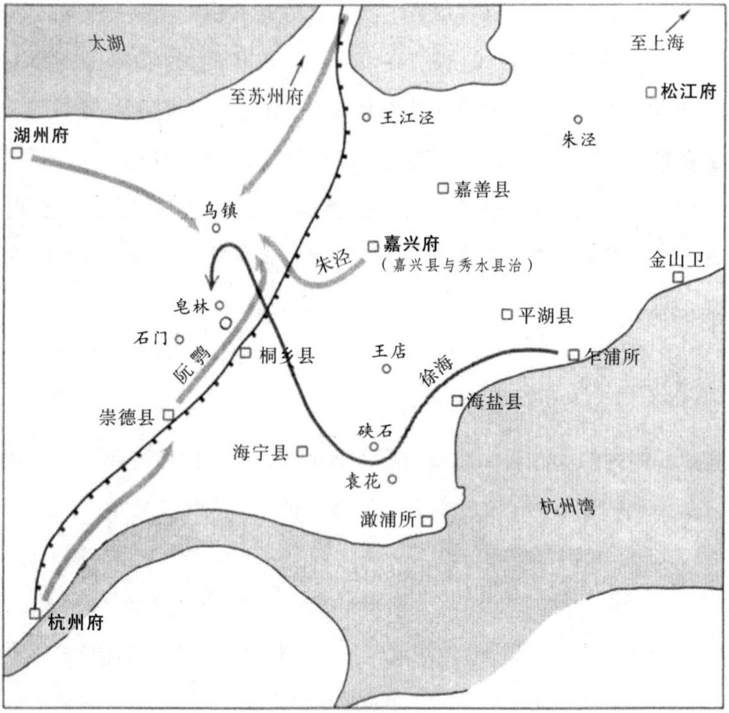

图 7–5 向乌镇集结的各路人马

巡抚阮鹗同时从崇德北上，中途正遇游击将军宗礼率领河朔兵从嘉兴西移，于是率河朔军一道行动。

宗礼率领的九百河朔兵在皂林附近遭遇优势兵力的倭寇，连战数日，几乎全军覆没。史臣称赞宗礼“兵兴以来，用寡敌众，血战第一功”。[①] 茅坤记载，第一场遭遇战后阮鹗就逃离了皂林，而采九德记载，阮鹗是在宗礼部覆没之后才赶到的。当时胡宗宪正向乌

① 《世宗实录》卷四三四，页 7a。

镇进发，最远不会超过崇德。

从徐海乍浦解围到宗礼皂林覆军的这段时间，东南地区其他各路倭寇非常活跃。一路倭寇沿长江北岸烧杀，掠无为、瓜洲。瓜洲是大运河“过江”的地方。倭寇在上海周边也不断兴风作浪，最终被浙江总兵官俞大猷和苏松海防佥事董邦政合力击败。杭州、宁波间，倭寇肆意劫掠，七日之内两次洗劫诸暨县城。最南一路倭寇攻略温州府。

第三阶段　桐乡之围

概述　徐海打败宗礼之后，所部损失严重，本人也受了伤。随后他率兵将阮鹗包围在桐乡。因为知道桐乡有诱人的粮草物资，徐海包围桐乡将近一月，动用了楼橹、撞竿、将军筒等各式武器攻城。桐乡城墙为1553年新筑，又有知县金燕（1553年进士）以过人气魄胆识拼死守城，倭寇很快对损失巨大的攻城失去了兴趣，改为围困，同时在周边劫掠。阮鹗利用倭寇的疏忽大意，乘夜逃出城去。倭寇首领之间也相互猜疑。徐海和他的有力盟友陈东势同水火，最终在五月十九日到二十三日之间，双方各自撤围，分道扬镳。

身在崇德的胡宗宪得知宗礼全军覆没，阮鹗被困桐乡的消息后，面临着艰难的抉择。

据茅坤记载，胡宗宪是这样考虑的：

> 河朔之兵既败，我兵皆气夺莫敢战，东南之事无复可支矣！贼已困桐乡，假令复分兵困崇德以劫我，我两人譬之抱

而自沉也。国家且奈何！[①]

为谨慎起见，胡宗宪退回杭州，但是摆出要解桐乡之围的阵势（见下图），命各路人马向桐乡附近集结：一路从嘉兴南下，一路从湖州到乌镇，一路从海盐到王店，一路从崇德到石门。[②] 他还命宗礼的河朔残部在崇德附近集结。他知道，皂林败后，所有部队都士气低落，于是请奏朝廷速派保靖、永顺土兵支援。围城中的阮鹗派人偷偷送信求援，[③] 言辞激烈，颇有责难之辞，胡宗宪不为所动。他决定一边静待援军，一边对徐海使用已然对王直奏效的"抚"的办法。茅坤记下了胡氏的想法：

直与海虽顺逆不同，其势固唇齿也，直既悔悟，海独不可以大义说之乎？不然被贪人也，诱之以利，或可以狙其心。闻桐乡城小而坚，缓之数十日，则永保戍兵至，固可破之矣。[④]

于是总督大人开始通过中间人和徐海谈判。

徐海负伤后，又陷入旷日持久的围城，此时胡宗宪的使者又带来消息，王直的义子王滶归降已久，在宁波当人质，保证王直本人正为准备接受招抚（桐乡之围结束之前，王滶还协助官军打败了一支从诸暨撤退的倭寇）。胡宗宪的使者劝告徐海，避免玉石俱焚的

① 《茅鹿门先生文集》卷三〇，页22a。
② 《茅鹿门先生文集》卷三〇，页24a，原文是"自嘉兴入壁斗门"。"斗门"是一常见地名，浙江有多处，难以确定原文所说的哪一处。
③ 《倭变事略》，页101—102；《明代倭寇犯华史略》，页69。
④ 《茅鹿门先生文集》卷三〇，页22b。

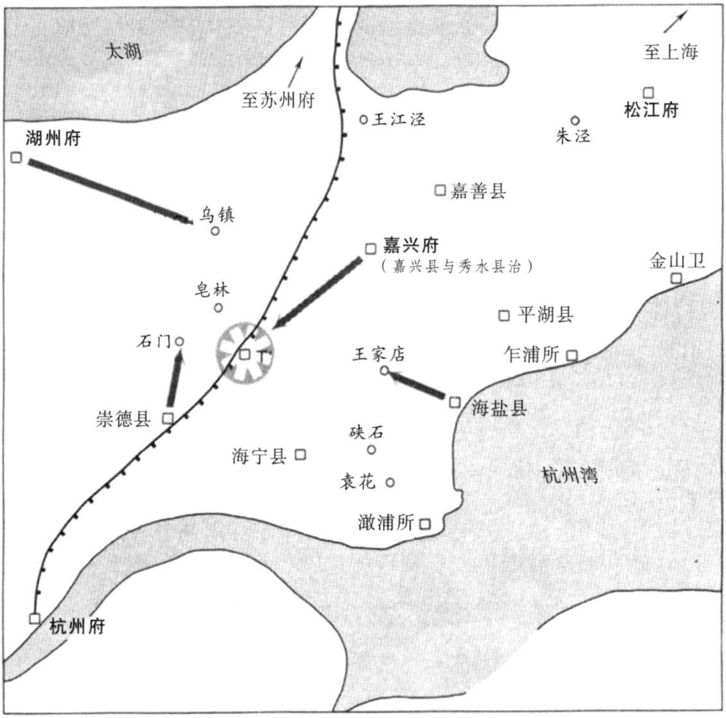

图 7-6　支援桐乡的各路兵马的部署

唯一办法就是和总督大人合作，徐海则说，他不是一个人，他没办法说服自己的盟友陈东。但是胡宗宪的使者告诉他，胡宗宪已经和陈东达成了协议，这使得徐海非常愤怒，对陈东信任全无。此时，陈东得知官府的使者络绎不绝地拜访徐海，也对徐海疑心大起。徐海最终答应，如果胡宗宪给他足够的财物让他安抚日本部下，并且上奏朝廷赦免自己，那么他就接受招抚。胡宗宪很痛快地同意了这两个条件。使者带着大量的金银布帛送到桐乡城外徐海的大营。徐海的代表反复表达他们的感激，为表诚意，徐海交还了两百多名俘虏。[①] 撤离桐乡时，他故意告诉守城的军民小心陈东。看到盟友背叛了自己，陈东怒不可遏，又铆足气力攻城一天，随后也撤退了。

得知皂林之败和桐乡之围后，朝廷随即传檄全国，派兵支援东南。五月八日，赵文华再次赴东南督师。十七日，应胡宗宪之请，拨六千保庆、永顺土兵归胡氏调遣。[②]

第四阶段　退守海滨

概述　五月，倭寇弃围桐乡，满载而归，已经无心再挑起大战。据采九德记载，他们掠来的财货装了上千条船，行至嘉兴府城外时，整个船队迤逦二十里。[③] 这肯定只是徐海的部队，因为陈东和叶麻已经撤往柘林以北的金山，在金山海滨安了营寨。而徐海则经硖石地区撤退，[④] 他的人马分别在王店、袁花、海盐扎营。之后他命令各部在乍浦附近重新集结，陈东、叶麻也率部来会（见下图）。倭寇退向海滨的途中发生了若干小战。有一队很可能是陈东、叶麻所部的倭寇，在途经嘉兴时与官军交战，损失二三十艘船只。徐海在海盐击败了一支海宁卫的官军。[⑤] 六月初，各路倭寇会于乍浦，首领之间的猜忌愈发强烈，进而互相陷害，到七月底，只有徐海还没有落网。

---

① 《世宗实录》卷四三五，页5b。
② 《世宗实录》卷四三五，页3a—b；《明史纪事本末》卷五五，页53。
③ 《倭变事略》，页102。
④ 茅坤记载徐海和陈东是分别从桐乡撤退的，但没有记载撤退的路线。采九德说法一样，但是表述含混。
⑤ 《倭变事略》，页102；《明史纪事本末》卷五十五，页54。

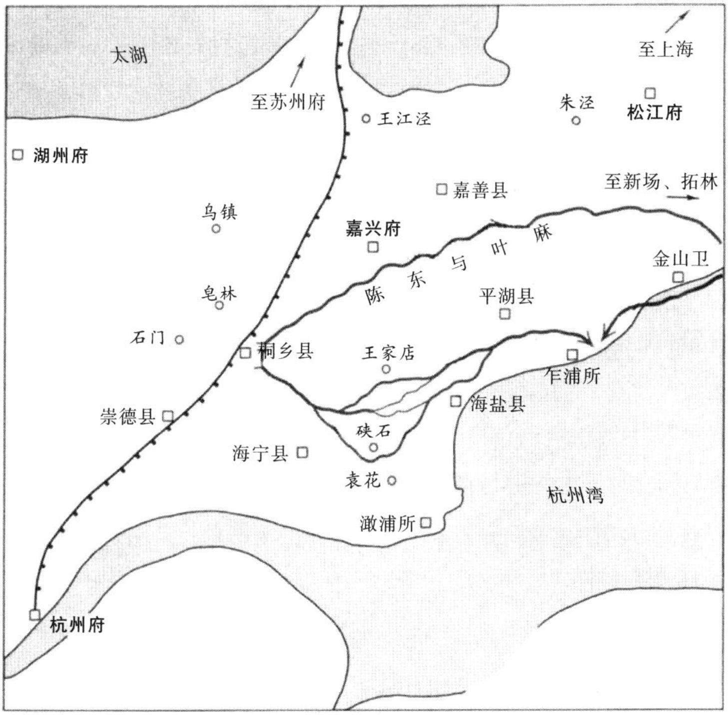

图 7–7　倭寇从桐乡退往乍浦

倭寇从桐乡撤往海滨时，胡宗宪的一些部下力请纵兵截击。胡宗宪认为，官军仍寡不敌众，即使局部的胜利也可能导致全局的溃败，所以坚持继续推行抚绥之策，让倭寇首领鹬蚌相争，主动请降，官府坐收渔利。徐海口头上已经答应受抚，然而行动上并没有兑现。胡宗宪一直派使者不断地造访徐海，许了很多承诺，劝他效法王激，再做一些实际的事以表忠心。

诸暨劫掠之后，六月以来王激一直帮助官军围剿舟山岛、里朴湾的倭寇。官府让他帮助围剿徐海时，王激拒绝了。他说，这件事只有他干爹王直有权决定。[①] 胡宗宪将王滶的立功事迹上奏朝廷，请求重赏。兵部尚书主张给胡宗宪以便宜行事之权："兵法用间用饵，或招或抚，要在随宜济变，不从中制。"[②] 朝廷准许了这一奏请。于是胡宗宪决定给王滶重赏，并将他送回日本，让他劝说王直亲自来受抚。

胡宗宪向徐海及其同党抛出的诱饵是船只。徐海在年初登陆乍浦时就焚毁了船只。陈东、叶麻上岸更久，也缺乏海船。倭寇们无不抢掠得盆满钵满，都很担心坐困海角，难以携财全身而退。胡宗宪想到了这一层，于是向他们抛出了这个诱人的条件：愿降者开诚接纳，授以武职；愿回日本者供给海船。

正如采九德所说，倭寇绝对不蠢，但是他们别无选择，最起码受抚的姿态是要做的。六月二日，徐海遣使报知胡宗宪，接受他的条件。[③]

胡宗宪此时已经料定徐海意志已经动摇，开始向他施压。胡氏派使者告诉徐海，松江一带活动的倭寇已经抢得盆满钵满，现在又要掉头内犯。言下之意是，如果徐海能表现出诚意，解决松江一带的倭寇，那么他不但可以将松江倭寇的资财据为己有，还可以获得一些海船。徐海同意了，他的想法无非是此举既能尽快获得海船，又能多捞一把。徐海率部西进，截击松江倭寇时，胡宗宪一定想到，如果徐海反水而与松江倭寇合流，南入浙西，局面将不可收拾，所以他心头悬着大石，接连数日惴惴不安。而徐海一直遵守着约定。他在紧邻浙江的朱泾大败松江倭寇，而令他沮丧的是，大部

① 傅维鳞：《明书》卷一六二，页3216；《王直传》，无页码。
② 《世宗实录》卷四三七，页1a—b；《明通鉴》卷六一，第三册，页2358—2359。
③ 《倭变事略》，页102。

分敌军乘船载着财物连夜逃走。总兵官俞大猷正准备伏击松江倭寇，胡宗宪将新情况紧急告知了他。于是，俞大猷趁两伙倭寇激战正酣时，纵火烧掉了徐海的内河小舟。松江倭寇残部撤至海滨，想浮海逃走，被俞氏率领水军全歼。[①] 徐海逃回了乍浦的巢穴，感到胡宗宪兵力极厚，自己仿佛已经跳进了如来佛掌中，于是特意向胡宗宪赠送精美的礼物表示恭顺，还派出弟弟“洪”到胡宗宪处作为人质。[②]

在此前后，副总兵官卢镗在台州府战胜了刚攻破仙居的倭寇。[③] 一方面，赵文华率领朝廷组织的大军向江南进发，另一方面，浙西一带南北两面的倭寇都遭大败，所以胡宗宪越来越能集中力量对付徐海。他的策略是，怂恿徐海背叛自己的主要盟友陈东、叶麻，把他们交出来。

当时叶麻在袁花掳得一个容貌艳丽的妇人祝氏，纳为侧室，徐海因此与他产生了嫌隙。有些倭寇计划得到海船后返回日本，有些要留在中国，叶麻在一众头领中掠获最多，却不肯在分别之际平分战利品，这也使得徐海颇为恼怒。于是徐海在胡宗宪的敦促下，于六月二十六日、七月三日两次到嘉兴府，讨论官府调集海船的进展。两次会谈徐海都带上了叶麻，嘉兴知府款待殷勤，解释了海船迟迟难以交付的原因。采九德记载，此时叶麻已经迫不及待地要离开中国，很容易就上钩了。第二次嘉兴会谈时，叶麻喝得酩酊大

---

① 《世宗实录》卷四三六，页2b。

② 《茅鹿门先生文集》卷三〇，页25a—b。采九德认为，倭寇分为三股，分别由徐海、洪东冈等人、陈东、叶麻等人率领（《倭变事略》，页102—103）。采九德还强调，徐海劝到胡宗宪处做人质的“洪”是洪东冈（《倭变事略》，页105），而不是茅坤所认为的“洪”是徐海的弟弟徐洪。采九德的说法没有别的史料支持，其他史料里也没有出现过“洪东冈”这号人物。

③ 《世宗实录》卷四三六，页3a。

醉，官府不费吹灰之力就捉住了他。[①] 他的百余名随从对此十分气愤，但没有证据证明徐海就是内贼。徐海很快找到理由将他们也绑起来交给了官府。

此时，胡宗宪要求徐海背叛陈东，陈东是比叶麻更狠的角色。桐乡之围以来，徐海和陈东之间就起了猜疑。叶麻被擒，更加深了陈东对徐海的不信任，所以让他上钩并不容易。而且陈东长期担任萨摩藩主的军师，而萨摩藩主又是徐海的庇护人，藩主的弟弟也是倭寇的一员。虽然徐海为了拖住胡宗宪佯装恭顺，但绝不乐见与日本人的关系被破坏，所以他不想公然与陈东翻脸。胡宗宪也体察到了他的难处。徐海有两个最宠爱的侍女，胡宗宪送给她们"簪珥玑翠"之类的首饰玩物，让她们劝徐海尽快动手。胡宗宪还让狱中的叶麻写信给陈东，揭发徐海的叛卖，劝陈东除掉徐海。叶麻当然乐意为之。胡宗宪故意让这封信落入了徐海的手中，这样一箭双雕。其一，激怒徐海，使他下定决心除掉陈东；其二，让徐海相信胡宗宪是真心站在他的一方保护他，觉得自己欠了胡部堂好大一个人情。

这个当口，七月六日，赵文华到达嘉兴。他带来的军队很快入驻嘉兴至海滨的各个据点。巡抚阮鹗逃出桐乡围城之后，一直在杭州湾以南地区防倭，此时也率军来到嘉兴。朝廷大员联翩而至，徐海被震住了。然而，胡宗宪、赵文华并没有把握以武力直接解决徐海。抚倭的办法拖用久了，胡宗宪一定会遭到弹劾。所以胡氏派人送信给徐海，信件的署名是赵文华：

汝连兵以来，罪不容死，非缚陈东及斩千余级以献，恐无

① 《倭变事略》，页104—105；《茅鹿门先生文集》卷三〇，页25b。

以谢朝廷，若能，吾当同督府诸公疏释之，不然，若且齑粉矣。[①]

徐海无奈，致送萨摩王弟黄金千余两，借用陈东做自己的书记。于是陈东来到徐海大营，被徐海捉住，交给官府。徐海明白，眼下已经难以安然返回日本了，纵使回去，同陈东交好倭寇首领也必欲除掉自己而后快。

此时，胡宗宪的心理攻势越来越猛，他写给徐海一封私信：

> 我固欲宽若，赵尚书爷以若罪孽大，何不听我，舣数十艘海上，若且诱之逐海上艘，令俘斩千余级以谢赵公，而若因得以自完乎？[②]

据茅坤观察，徐海并不情愿走这一步，但别无办法。[③] 他与驻海盐的兵备副使刘焘商定，官军将船只泊在乍浦港，刘焘在乍浦城中埋伏一支人马。徐海通告各路倭寇，官府的海船已经备好，将他们引到乍浦海边，暗中则约束自己的部众按兵不动。当倭寇争相抢夺船只时，徐海挥动旗帜向城中官军发出信号，官军从城中杀出，将海边乱作一团的倭寇悉数歼灭，登船的倭寇则很快被水师围住。乍浦的倭寇巢穴被端，徐海率部移驻梁庄附近，为自己争取一个最好的出路。[④] 此时已经是七月末了。

---

① 《茅鹿门先生文集》卷三〇，页26b。

② 《记剿除徐海本末》卷三〇，页27a。采九德记载，用船只诱歼倭寇是徐海本人的主意（《倭变事略》，页107）。

③ 《茅鹿门先生文集》卷三〇，页27a。

④ 《茅鹿门先生文集》卷三〇，页27a；《倭变事略》，页107；《世宗实录》卷四三七，页3b—4a。

第五阶段 投降身死

概述 徐海见自己的诚意经受住了考验，于是要求正式招安。八月初一，徐海率百余人入平湖城，面见诸位朝廷大员。大员们对待他颇为温和有礼，允许他暂住平湖附近的沈家庄。在沈家庄，徐海终于意识到自己上当了。他想从附近地区的汉人中纠集一批新的人马，但是已经被官兵团团围住。二十五、二十六两日，官军同时从梁庄和乍浦发动进攻，徐海投河而死。

官军在乍浦歼灭大批倭寇之后，徐海移驻梁庄，要求在平湖正式投降，约定的时间是八月初二。督师赵文华、总督胡宗宪、巡抚阮鹗、浙江道监察御史赵孔昭（1544 年进士）齐集平湖受降。令大员们不快的是，徐海提前一日到来，令部众列阵平湖城外，要求带甲士一百人入城投降。大员们害怕节外生枝，答应了他的要求，在街道两边盛陈甲兵，以资威慑。他们在平湖县衙接见了徐海。茅坤将这一幕生动地记录了下来：

> 海与诸酋长北向面四公，按次稽首呼："天星爷，死罪死罪！"海欲再为款胡公，而未之识，因顾谍，谍目示之，海复面胡公稽首呼："天星爷，死罪死罪！"胡公亦下堂，手摩海顶，谓之曰："若苦东南久矣，今既内附，朝廷且赦若，慎勿再为孽。"海复稽首呼："天星爷，死罪死罪！"于是四公厚犒遗之而出。[①]

---

① 《茅鹿门先生文集》卷三〇，页 27b—28a；又见《明史纪事本末》卷五五，页 54。

采九德的记载几乎同茅坤一样，只是多了一个细节：巡按赵孔昭怒火难遏，向徐海喝道："汝害我无数百姓，当伏何罪！"[①]

此时，赵文华带来的大军、总兵官俞大猷和副总兵官卢镗率领的浙江当地军队，都集中在浙西。但是平湖的四位大人仍然对徐海充满疑惧，"计（徐海）部下尚余千余人，猛鸷难即破"[②]。另外，六千保靖、永顺兵尚未赶到。大员们请徐海在平湖附近选择便利的地方暂住，等他们将事情上奏朝廷。徐海为寇时，曾经过平湖城外的沈家庄，[③]印象深刻，于是官府在沈家庄为徐海赁了一所住处。八月八日，徐海入住沈家庄。他曾经说，一旦朝廷裁准了自己招抚的事，他愿买下沈家庄及附近田地三千亩。[④]胡宗宪又劝说他让陈东余党紧挨着他的部众驻扎，安慰他说："官兵防东党，尔勿恐。"[⑤]

据采九德记载，此时徐海祸未及身。八月十一、十二日，他还招来四周乡民饮宴，诱使二三百壮丁加入自己的队伍。十五日，徐海拒绝了平湖守备官赏月的邀请，多少显得有点大胆。十七日，他斩了胡宗宪的来使。[⑥]胡宗宪这边每天派人催促保靖、永顺兵，当徐海给他两百两黄金买酒时，胡宗宪派人在酒中下了毒。[⑦]

保靖、永顺兵赶到是二十日。徐海的驻地附近发生了零星冲突。官军还不具备决一死战的士气，所以胡宗宪让陈东写信给自己的余党，警告他们，徐海同官府联合，准备两面夹击歼灭他们。这封信挑起了徐海和陈东两部人马二十五日的冲突，徐海负伤。

---

① 《倭变事略》，页107—108。
② 《茅鹿门先生文集》卷三〇，页28a
③ 难以确定沈家庄（或称"沈庄"）的位置，史料只说沈家庄在平湖县城附近。
④ 《倭变事略》，页108。
⑤ 《明史纪事本末》卷五五，页54。
⑥ 《倭变事略》，页108—109。
⑦ 《茅鹿门先生文集》卷三〇，页29a。

二十五、二十六日，官军四面合围，沈家庄倭寇尽数歼灭。俞大猷派兵消灭了梁庄的徐海余部。徐海的尸体在一条小溪中被捞起，头颅已经不在了。据云此役消灭了一千二百至一千六百名倭寇。[①]

接下来就是肃清残寇。当初徐海让一个叫辛五郎的日本人离开沈家庄返回日本，结果辛五郎被副总兵官卢镗抓获。次年冬，俞大猷平定了南路倭寇的巢穴舟山。

九月十九日，赵文华、胡宗宪平湖大捷的奏报传到了北京，朝廷封赏有差。二十七日，嘉靖帝以东南平倭事祭告郊庙社稷。[②] 囚犯叶麻、陈东、辛五郎等人连同徐海的首级被送往京师，嘉靖亲自过目。[③] 十二月，处决叶麻等人。

结局

1556年平定徐海，并不是明代倭乱的结束，但是东南最坏的局面从此过去。1557年，胡宗宪用同样的计谋消灭了王直。此后倭寇的组织就不似从前严整了，他们经常越过南直隶和浙江，劫掠福建和广东。胡宗宪一直手握东南大权，深得嘉靖倚畀，1557年赵文华倒台、1562年严嵩倒台，都没有影响他的地位。不过他一直被批评贪墨擅权。1562年末，他解职回京受审。嘉靖替他说话，夸他是忠诚能干的官员，让他光荣地致仕了。但对他的攻击没有停歇。虽然皇帝一直同情他，他还是在1565年下狱瘐死了。[④]

《明史》这样评价胡宗宪："宗宪以奢黩蒙垢。然令徐海、汪直

---

① 《茅鹿门先生文集》卷三〇，页29b；《倭变事略》，页109—112；《明史纪事本末》卷五五。
② 《世宗实录》卷四三九，页5b—7a。
③ 《明史》卷二〇五，页10b。
④ 见《明史》卷二〇五胡宗宪本传，页8a—14a。

之徒不死，贻患更未可知矣。”[①] 后来的史学家也认为没有必要抓着他短处不放。《四库全书总目提要》的编者认为胡宗宪不能小视："其人虽不醇，其才固一世之雄也。"[②]

结论

胡宗宪平徐海的一段史事，牵扯的学术问题无边无际，例如东南的社会经济发展、中外关系尤其是中日关系、日本与外部世界的关系、日本16世纪的经济文化发展、官员在中国传统政府任供职的情形、嘉靖朝的政治气候，以及传统中国的军事史与军事制度。

本文自然无力解决这么多问题，但是简单谈一下胡宗宪总督权力的性质及其在总督任上的作为，以收结本篇，大概是合适的。罗荣邦教授近期发表的《关于战与和的谋划与决策》（Policy-Formulation and Decision-Making Respecting War and Peace）一文，很有价值。罗教授指出，明廷的决策，并不是出于"某个人的心血来潮"。[③] 1556年的战例正好从地方和下层军事决策方面，为罗教授的研究补充了证据。

最为明显一件事是，胡宗宪这个总督和现代的军阀并不是一回事，他直接听命于朝廷，也要受赵文华这样的代理人节制。另外，虽然事情的这一面没有在之前的叙述中明确提到，他同朝廷的关系非常容易受到干扰，通过越过常规指挥系统的办法——例如，通过朝中的私人关系，这种关系很容易被胡的部下和浙江有势力的人物利用。他还要受朋友和熟人建议的困扰，这种情况随时都可能化作

① 《明史》卷二〇五，页23a。
② 转引自《明代倭寇犯华史略》，页88。
③ C. O. Hucker, ed, *Chinese Government in Ming Times: Seven Studies*, p.72.

尖锐的批评，传入朝中那些想听到这些话的耳朵中。

同样明显的是，嘉靖很少对胡宗宪处理倭乱提出特别具体的指示。朝廷想要结束倭乱，却不考虑招抚的可能，但是赋予了胡宗宪便宜行事之权。

1556 年的战事说明，对于胡宗宪来说，让徐海坚信两点非常重要：一、始终认为胡氏握有重兵；二、某些时候觉得胡氏是自己的朋友。当兵力不足、无法力取时，胡宗宪会毫不犹豫地改用财物收买、交换情报、许愿封官、送船、挑拨离间等手段，而避免硬碰硬地正面决战。而条件允许时，胡宗宪也会给敌人下毒，勾结徐海身边的人对付他，半逼半诱地让徐海做一些不愿做也不利于自己的事，并盛陈甲兵以震慑敌人。当武力对比对胡宗宪有利时，胡宗宪就立刻换上一副咄咄逼人的面孔，最后用武力彻底消灭了徐海的势力。

除了最后消灭徐海的行动，胡宗宪的其余各种做法都没有奏请朝廷或禀报赵文华许可，就连胡氏的部下对他的做法也不是完全拥护。胡宗宪决策依靠的是随机应变，他会询问下属的意见，但是最后决定由自己做出，并为此背负全责。军事解决最终成为可能，这当然是他所乐见的。然而，从史料中不难看出，胡宗宪是一个现实主义者，如果招抚一途可行，他同样乐于继续推行自己招抚的策略。

总督胡宗宪的下属也颇有独立自主的意识。很明显，乍浦和桐乡的官员在城池被围时，全靠自己想办法支持。值得注意的是，巡抚阮鹗不待胡宗宪下令，就径自率军离开崇德，驰援乍浦，[①] 游击将

① 《茅鹿门先生文集》卷三〇，页 20b。

军宗礼在皂林进攻徐海也没有奉胡宗宪的命令，甚至在各路兵马会剿徐海的最后一战中，浙江总兵官俞大猷也有相当大的自主权。据记载，统率保靖兵的酋长不顾总督的警告，在嘉善迎击倭寇大败，酋长十分后悔。[①] 这件事虽不出人意料，但同样说明问题。只要朝廷或者赵文华没有明确地下达相反的指令，胡宗宪就会便宜行事；他的下属也一样，有时当着他的面就自作主张。

有人会说，一线指挥官的独立性，除了说明他们可以免受上级的不当指挥，也说明他们缺乏纪律。须得记得，无论是朝廷还是地方，都对倭寇非常了解；要想成功地对付倭寇，各个指挥层级都需要一定的自主权。这在其他情形下就未必适用了。不管本文能够在这一点上说明什么问题，给出如下结论“一线明军的特点就是准独立的指挥单位的集合体”还是太早。

最后值得注意的一点是，胡宗宪在达成目的的过程中，并不受道德的束缚，无论是来自外部还是发自内心。他的任务就是除掉徐海，在完成任务的过程中，信义、个人和朝廷的声誉，都不在他的考虑之内。他心中所存的目标只有生存和胜利，显然嘉靖抱有同样的想法。他认为胡宗宪忠诚、有才干，这个想法从未真正动摇过。以上几点对于评价传统中国的军事风格是不无帮助的。

---

① 《倭变事略》，页99。

出版后记

本书的英文原版由哈佛大学出版社在1974年出版，是海外汉学研究中军事战争史研究领域的奠基之作。虽然距今已有将近半个世纪，但书中讨论的问题在今天仍然值得被继续关注。“文主武从”的观念在汉代萌芽，至宋代发展完备，成为古代中国军事传统的特征。可能是潜移默化中受此影响，当代人对军事史的研究热情也远不如对文官科层制度。

八位蜚声国际的汉学家（费正清、小弗兰克·A. 基尔曼、鲁惟一、毕德森、傅海波、爱德华·L. 德雷尔、牟复礼、贺凯）围绕着野战与围城、外征与内讨、御侮与平乱等问题，挖掘了从先秦到明代的七个战争片段，包括城濮之战与井陉之战、汉武帝与匈奴的拉锯、唐代淮西藩镇与朝廷的对抗、宋元时期的围城战、元末朱元璋与陈友谅的鄱阳湖水战、明代土木堡之变、胡宗宪灵活运用权谋以剿寇，说明战争不是单纯的武力对抗，更需要政治军事智慧和社会组织才能，在这个过程中探讨了古代中国的军事传统和军事风格。

书名中的“战争之道”，说明了这不是一本战争史，讨论的核心不仅在于战争本身，而是更多地将政治哲学、经济、社会、文化的视角引入军事研究。希望这本书能够对为读者带来一些新的启发和思考。

服务热线：133-6631-2326 188-1142-1266

读者信箱：reader@hinabook.com

后浪出版公司

2019 年 4 月

图书在版编目（CIP）数据

古代中国的战争之道 / (美) 费正清
(John K. Fairbank) , (美) 小弗兰克 · A. 基尔曼
(Frank A. Kierman,Jr.) 编著 ; 陈少卿译. -- 北京 :
民主与建设出版社, 2019.8
书名原文: CHINESE WAYS IN WARFARE
ISBN 978-7-5139-2309-5

Ⅰ. ①古… Ⅱ. ①费… ②小… ③陈… Ⅲ. ①军事史
—中国—古代 Ⅳ. ①E291

中国版本图书馆CIP数据核字(2018)第220323号

古代中国的战争之道

GUDAI ZHONGGUO DE ZHANZHENG ZHIDAO

出版人　李声笑
著　者　［美］费正清　小弗兰克 · A. 基尔曼
译　者　陈少卿
特约编辑　林立扬
责任编辑　王　颂
装帧制造　墨白空间
封面设计　徐睿绅
出版发行　民主与建设出版社有限责任公司
电　话　（010）59417747　59419778
社　址　北京市海淀区西三环中路 10 号望海楼 E 座 7 层
邮　编　100142
印　刷　北京盛通印刷股份有限公司
版　次　2019 年 8 月第 1 版
印　次　2019 年 11 月第 2 次印刷
开　本　889 毫米 × 1194 毫米　1/32
印　张　10.75
字　数　250 千字
书　号　ISBN 978-7-5139-2309-5
定　价　68.00 元

注：如有印、装质量问题，请与出版社联系。